JOHANNES GUTENBERG-UNIVERSITÄT MAINZ

Interdisziplinärer Arbeitskreis
Dritte Welt

Veröffentlichungen Band 14

© bei den Autoren und Herausgebern

2001
ISBN 3-927581-14-3

Druck des Textes: Hausdruckerei der Universität Mainz
Umschlag, Verarbeitung:
Buchbinderei Schulz GmbH, Am Heckerpfad 12, 55128 Mainz

JOHANNES GUTENBERG-UNIVERSITÄT MAINZ
INTERDISZIPLINÄRER ARBEITSKREIS DRITTE WELT
VERÖFFENTLICHUNGEN BAND 14

Ethnische Konflikte in der Dritten Welt

Ursachen und Konsequenzen

Herausgegeben von
Günter Meyer und Andreas Thimm

Mainz 2001

INHALT

ANDREAS THIMM
Vorwort 7

SIEGMAR SCHMIDT
Ursachen ethnischer Konflikte in der Dritten Welt – einige Thesen 11

SUSANNE SCHRÖTER
Nationale oder lokale Identität?
Ethnische und religiöse Interpretation sozialer Konflikte in Indonesien..... 39

CHRISTIAN WAGNER
Demokratie, Ethnizität, Globalisierung: der Fall Sri Lanka 61

ERHARD FRANZ
Unregierbares Volk ohne Staat – die Kurden: das Beispiel Nordirak 81

JÖRG STADELBAUER
Krisenregion Kaukasien: Ethnographische Differenzierung, politische
Konfliktpotentiale und wirtschaftliche Entwicklungschancen 99

ANNA-MARIA BRANDSTETTER
Die Ethnisierung von Konflikten in Zentralafrika 131

RICHARD ROTTENBURG
Tod am Gazellenfluss.
Staat, Souveränität und Repräsentation im heutigen Sudan 151

ANDREAS THIMM
Ethnisch-politische Probleme der Modernisierung
in den peruanischen Anden 189

MARTIN TRAINE
Zur Instrumentalisierung von Ethnizität: Der Fall Chiapas 209

Anschriften der Autoren und Herausgeber 229

Dank

Diese Publikation enthält die überarbeiteten Referate und Poster einer Tagung, die der Interdisziplinäre Arbeitskreis Dritte Welt der Johannes Gutenberg-Universität Mainz am 28. und 29. Januar 2000 gemeinsam mit dem Zentrum für Interkulturelle Studien (ZIS), dem Zentrum für Wissenschaftliche Weiterbildung (ZWW) und der Fridtjof-Nansen-Akademie Ingelheim durchgeführt hat. Die Herausgeber danken dem Präsidium der Universität und insbesondere dem Präsidenten, Herrn Prof. Dr. Josef Reiter, sowie dem Koordinationsausschuss des ZIS für die finanzielle Förderung des Arbeitskreises, ohne die weder die Tagung noch die Publikation möglich gewesen wäre. Ebenso danken wir dem Leiter des Studium generale, Herrn Prof. Dr. Andreas Cesana, der Leiterin des ZWW, Frau Astrid Sänger, dem Direktor der Fridtjof-Nansen-Akademie, Herrn Dr. Peter Becker, sowie dem Direktor der Landeszentrale für Politische Bildung in Rheinland-Pfalz, Herrn Hans-Georg Meyer, für die Unterstützung bei der Durchführung der Tagung. Den Referenten der Tagung danken wir für die Überlassung der überarbeiteten Vortragstexte. Frau Irene Langer-Zerbe hat mit Sorgfalt und großem Engagement die Druckvorlagen erstellt, wofür wir ihr danken. Frau Dr. Gertraude Brodersen (Erlangen) danken wir für das intensive Korrekturlesen.

Günter Meyer und Andreas Thimm

Vorwort

Andreas Thimm

In Zeiten schnellen sozialen Wandels wächst die individuelle und kollektive Unsicherheit. Damit steigt der Bedarf an unveränderlicher Zugehörigkeit, die der eigenen Existenz gesellschaftlich Stabilität verleiht. Indem die Ethnie eine gemeinsame Abstammung behauptet, die sich von derjenigen der „anderen" unterscheidet – ob historisch zu recht oder nicht ist belanglos – kann sie diese soziale Stabilität psychisch gewährleisten. Gleichzeitig werden die anderen für die eigenen Schwierigkeiten verantwortlich gemacht. Indem man diese feindlichen anderen unschädlich macht, sichert man das eigene Überleben und eine glückliche Zukunft.

So etwa lautet das konventionelle Argument, mit dem gewaltsame ethnische Konflikte interpretiert werden. Und in vielen Fällen hat diese Hypothese tatsächlich eine erhebliche Erklärungskraft. Trotzdem greift sie häufig zu kurz, weil sie unterstellt, dass die jeweiligen Konfliktparteien eindeutig einer klar umrissenen Ethnie zugewiesen werden können. Das aber ist keineswegs immer der Fall, worauf zurückzukommen sein wird. Und um die Analyse weiter zu komplizieren, stellt SCHMIDT infrage, ob es überhaupt eine allgemein anerkannte Definition des Begriffs Ethnie gibt. Die dann von ihm in Anlehnung an Scherrer eingeführte Definition erscheint zunächst plausibel, ist aber nicht auf alle Fallstudien dieses Bandes anwendbar, weil das in der Definition umschriebene besondere Gefühl der Zusammengehörigkeit nicht immer gegeben ist.

Selbst da, wo im konventionellen Sinne von Ethnien gesprochen werden kann, wie im Falle des Bürgerkriegs und des Genozids in Rwanda, kompliziert sich das Bild bei näherem Hinsehen: In ihrem Beitrag weist BRANDSTETTER darauf hin, dass „Hutu" und „Tutsi" in Rwanda erst durch die Kolonialwissenschaft von sozialen zu ethnischen Kategorien „befördert" wurden. Wir haben es also nicht mit einer „Ethnogenese" zu tun, sondern mit einer „Ethnofaktur" aus dem Geiste des Kolonialismus, dessen Ordnungsbedürfnis Tatsachen schuf, die mörderisch wurden.

Die Berichterstattung der westlichen Presse, so SCHRÖTER in ihrem Beitrag, deutet den Konflikt auf Kalimantan (Indonesien) als einen ethnisch-religiösen zwischen christlich missionierten Ureinwohnern und moslemischen Zuwanderern. Dabei wird zum einen unterstellt, dass die Ureinwohner als ethnische Einheit anzusehen sind, was durchaus zweifelhaft ist, und zum anderen unterschlagen, dass auf Seiten der

Ureinwohner auch Muslime an den Auseinandersetzungen beteiligt sind. Ein durchaus komplexer sozioökonomischer Konflikt wird so auf die einfache, aber gleichzeitig unlösbare Schiene eines ethnische Konfliktes geschoben.

Aus ROTTENBURGs Beitrag ergibt sich die überraschende und verstörende Einsicht, dass erst die Katastrophe des Genozids eine Zusammengehörigkeit der Opfer schafft, die es erlaubt, von einer Ethnie zu sprechen.

Ethnisches, so muss man folgern, bietet ein klares Erklärungsmuster für sonst unverständliche Konflikte. Gleichzeitig aber kann – wie sich aus den Ausführungen von FRANZ über die Kurden ergibt, und wie auch SCHMIDT erwähnt – die Benennung eines Konfliktes als ethnisch auch verdecken, dass es sich tatsächlich mindestens ebenso sehr um einen innerethnischen Machtkampf handelt, in dem die einzelnen Fraktionen je nach Situation Allianzen mit größeren „auswärtigen" Mächten schließen, um die je eigene Position zu stärken.

Inklusion der Zugehörigen und Exklusion der Fremden sind die gesellschaftlichen Mechanismen, die ethnische Identität konstituieren. Wie die demokratische Konkurrenzdemokratie instrumentalisiert werden kann, um Mehrheiten zu privilegieren und Minderheiten auszuschließen, zeigt WAGNER am Beispiel Sri Lankas. Das Beispiel ist besonders brisant, weil demokratischen Verfahren gemeinhin nachgesagt wird, sie seien gegen Missbrauch solcher Art immun. Offensichtlich ist dies nicht der Fall. Vielmehr kann die Parteienkonkurrenz innerhalb der Mehrheit die Exklusion der Minderheit verschärfen und damit denkbare Kompromisse erschweren.

Die Dialektik von Inklusion und Exklusion ist offenbar das Zentrum der hier betrachteten Konflikte. Mehrheiten schließen Minderheiten von der Teilhabe an Macht und/oder (potentiellem) Reichtum aus. Zu kriegerischen Auseinandersetzungen kommt es dann, wenn die Minderheiten darauf mit dem Anspruch reagieren, in einem Territorium ihrerseits Angehörige der Mehrheit auszuschließen.

Aber selbst diese abstrakte und deshalb sehr verschiedene Konflikte umfassende Interpretation versagt, wenn sie auf Verhältnisse trifft, die durch eine grundsätzliche Inkompatibilität der Formen von Vergesellschaftung gekennzeichnet ist. Die soziopolitischen Verhältnisse im Norden und im Süden des Sudan sind in dieser Weise inkommensurabel. Ein Befriedung erscheint nur möglich, wenn zum einen der Norden darauf verzichtet, im Süden zu intervenieren, was als sehr unwahrscheinlich gelten muss, und zum anderen die Warlord-Attitüden von Anführern der Aufständischen im Süden aufgegeben werden, worauf ebenfalls kaum gehofft werden kann.

Einer gütlichen Einigung am ehesten zugänglich sind – guten Willen der Beteiligten vorausgesetzt – Konflikte, die eindeutig auf einen wirtschaftlichen Kern reduziert werden können. Ökonomische Konflikte sind Streitigkeiten um Ressourcen und lassen sich deshalb durch Teilungskompromisse lösen. Das bedeutet gleichzeitig, dass bei raschem wirtschaftlichem Wachstum die Chancen einer Konfliktlösung steigen. Aber gewaltsam ausgetragene Konflikte machen die Hoffnung auf wirtschaftliches Wachstum in der Regel zunichte.

Diese Problematik ist im Kaukasus relevant, wo – wie STADELBAUER ausführt – die Versuche Russlands, seinen Großmachtanspruch aufrechtzuerhalten bzw. wiederherzustellen, in eine ohnehin schon komplizierte Situation einen katastrophalen Krieg hineintragen.

Die Dialektik von Exklusion und Inklusion scheint besonders geeignet, die lateinamerikanischen Beispiele Mexico und Peru zu beleuchten, die von TRAINE und THIMM erörtert werden. In beiden Fällen spricht die Mehrheitsgesellschaft diskriminierend von „Indios" oder „Indígenas" (Eingeborenen), obwohl die politischen Systeme inklusiv als Demokratien mit periodischen Wahlen angelegt sind. Ökonomisch sind die Indígenas Kleinstbauern oder landlose Arbeiter, also in einer unterprivilegierten Position, weitgehend ausgeschlossen von gesellschaftlicher Partizipation. Ihre Forderungen an das politische System zielen nicht auf ethnische Sonderrechte, sondern auf vollständige Integration in die Gesellschaft mit sozialer und politischer Partizipation, aber unter Anerkennung der Andersartigkeit der jeweiligen Kulturen. „Indio" ist keine ethnische Bezeichnung, sondern eine soziale Stigmatisierung; die Indígenas der lateinamerikanischen Staaten zerfallen in sehr viele und sehr unterschiedliche Ethnien. Das wird am deutlichsten in Ecuador, wo es einen Interessenverband der Indígenas auf der gesamtstaatlichen Ebene gibt: Confederación de Nacionalidades Indígenas del Ecuador (CONAIE) – Konföderation der Eingeborenen-Nationalitäten Ecuadors. Der Plural verdeutlicht, dass von einer Ethnie „Indígenas" nicht die Rede sein kann.

Die höchst unterschiedlichen Fallstudien, die der vorliegende Band versammelt, in griffigen Thesen zusammenzufassen ist unmöglich; zu vielfältig sind die historischen Voraussetzungen und zeitgenössischen Abläufe, zu „eigen-artig" die politischen, sozialen und wirtschaftlichen Begleiterscheinungen jedes einzelnen Konflikts. Aber Versuche, zur Lösung dieser Konflikte beizutragen, insbesondere durch vermittelnde Intervention von außen, sind angewiesen auf detaillierte Analysen.

Ursachen ethnischer Konflikte in der Dritten Welt – einige Thesen

Siegmar Schmidt

1 Einleitung

Mit diesem Beitrag wird das Ziel verfolgt, grundsätzliche Begriffe zu präzisieren sowie einige Erklärungsansätze zu den Ursachen und Charakteristika von ethnischen Konflikten zu systematisieren. Damit soll der Rahmen für die folgenden Fallstudien dieses Bandes abgesteckt werden. Der Beitrag ist folgendermaßen aufgebaut. In einem einleitenden Abschnitt werden zunächst die Relevanz des Themas und die quantitative Zunahme ethnischer Konflikte in den zurückliegenden Jahren deutlich gemacht. Im zweiten Abschnitt werden die Begriffe Ethnie[1] und ethnischer Konflikt definiert. Das dritte Kapitel stellt zunächst theoretische Ansätze zur Erklärung der Herausbildung von Ethnizität und indirekt von ethnischen Konflikten vor. Der Schwerpunkt dieses Kapitels liegt dann auf der Darstellung und Analyse von fünf verschiedenen Faktoren bzw. Argumenten, mit denen Ursachen für ethnische Konflikte begründet werden[2]. Es wird also danach gefragt, welche Faktoren dafür verantwortlich sind, dass blutige Konflikte in ethnisch heterogenen Gemeinwesen ausbrechen, in denen vorher friedliches Zusammenleben verschiedener Ethnien möglich war.

Wenngleich die einzelnen Argumentationsstränge oftmals inhaltlich eng verschränkt sind und in der Literatur kombiniert werden, sollen sie aus analytischen Gründen hier getrennt wiedergegeben werden. Diese fünf (und möglicherweise weitere zusätzliche) Faktoren können als Elemente einer bislang ausstehenden Theorie zu ethnischen Konflikten betrachtet werden. Bislang ist es nicht gelungen, die Vielzahl der Beobachtungen und Erklärungsansätzen für ethnische Konflikte, die ihren Ursprung in den unterschiedlichen sozialwissenschaftlichen Disziplinen haben, zu

---

[1] Ethnie wird im Folgenden synonym mit ethnischer Gruppe verwendet.
[2] Angesichts des limitierten Umfanges dieses Beitrages und der Konzeption des Bandes mit zahlreichen Fallstudien muss auf empirische Belege im Folgenden weitgehend verzichtet werden. Ferner ergibt sich ein gewisser „Afrika-bias" des Beitrages, da der Verfasser sich in erster Linie mit Schwarzafrika beschäftigt hat.

einer Theorie zu integrieren³. Eine leistungsfähige „grand theory", sofern es sie in diesem Bereich aufgrund der Vielzahl miteinander verknüpfter Variablen geben kann, müßte zumindest Ursachen und Verläufe von ethnischen Konflikten erklären können, die Ableitung operationalisierbarer Hypothesen sowie Prognosen erlauben. Davon ist die sozialwissenschaftliche Forschung und besonders die politikwissenschaftliche Forschung, welche die Brisanz ethnischer Konfliktpotentiale deutlich unterschätzt hat, noch weit entfernt. Das abschließende Kapitel benennt einige Spezifika und Charakteristika gewaltsamer ethnischer Konflikte, die Konfliktbearbeitung erschwert und fasst anschließend die Ergebnisse dieses Beitrages zusammen.

2 Ethnische Konflikte als Element der „Neuen Welt(un)ordnung"

Nachdem der amerikanische Präsident George Bush vor dem Hintergrund des militärischen Sieges der Golfkriegsallianz Anfang der 90er Jahre die Entstehung einer auf dem Völkerrecht und gemeinsamen Interessen zwischen den Staaten basierenden „Neuen Weltordnung" propagiert hatte, machte sich Mitte der 90er Jahre Pessimismus in Politik und Forschung breit. Der wichtigste Grund dafür war die starke Zunahme interner Konflikte, die häufig als ethnische Konflikte perzipiert wurden. Autoren wie Hans Christoph BUCH (1996) und, noch weitaus einflussreicher, Robert D. KAPLAN (1994) entwarfen düstere Szenarien für zahlreiche Staaten und ganze Regionen, die in einem Teufelskreis von Unterentwicklung, Kriminalität und nicht zuletzt ethnischer Gewalt zu versinken drohten. Der grausame Bürgerkrieg im ehemaligen Jugoslawien, mitten in Europa, und der Genozid in Rwanda demonstrierten die Hilf- und Konzeptlosigkeit der Staatengemeinschaft und wurden als Menetekel für weitere derartige Konflikte gedeutet: Patrick MOYNIHAN (1993) schließlich bezeichnete Ethnizität und ethnische Konflikte sogar als Ursache für den Beginn eines Zeitalter des Chaos, des neuen Pandämonium. Angesichts der, je nach Definition, geschätzten Zahl von 2500-8000 Ethnien und damit tausender potentieller ethnischer Konflikte sowie der traumatischen Erfahrung des grausamen jugoslawischen Bürgerkrieges für die westlichen Staaten wurde befürchtet, dass ethnische Konflikten gerade zu einem Charakteristikum der neuen Weltunordnung werden würden. Neben den realen Konflikten lenkte auch der Bestseller von Samuel HUNTINGTON (1996) über den Zusammenprall von „Zivilisationen" die Aufmerksamkeit der politischen und wissenschaftlichen Diskussion wieder stärker auf Faktoren wie

---

[3] WIMMER (1994, S. 512) konstatiert zu Recht eine allgemeine „Verunsicherung und theoretische(n) Hilflosigkeit angesichts der weltweiten Konjunktur nationalistischer Gesinnungspolitik."

Kultur, Religion und ethnische Zugehörigkeit zur Erklärung der an Zahl und Intensität zunehmenden Konflikte, besonders auf dem afrikanischen Kontinent. Die empirische sozialwissenschaftliche Forschung bestätigte die eindrucksvollen, doch eher essayistisch und impressionistisch angelegten Darstellungen von KAPLAN und anderen Autoren. Nach der umfangreichen Untersuchung von GURR (1993) ist eine Zunahme von ethnopolitischen Konflikten bereits seit den 70er Jahren zu beobachten. Die erhöhte Aufmerksamkeit für ethnische Konflikte in den 90er Jahren erklärt sich auch mit der geographischen Nähe der (partiell) gewaltsamen Auflösung der Vielvölkerstaaten Sowjetunion und Jugoslawien und den spürbaren Folgen (Flüchtlinge) dieser Konflikte für die Nachbarstaaten und die westeuropäischen Staaten, insbesondere Deutschland.

Laut einer neueren Untersuchung von SCHERRER (1999, S. 26) besaßen im Zeitraum zwischen 1985 und 1994 ethnische Konflikte einen Anteil von 64,7% an der Gesamtzahl der Konflikte[4]. Der ethnische Faktor kann bei unterschiedlichen Kriegs- und Konflikttypen die zentrale Rolle spielen. Während bei Entkolonialisierungskriegen und Völkermord der ethnische Faktor durchaus eine wichtige oder sogar entscheidende Rolle spielen kann, weist die Statistik im Falle von Anti-Regime-Kriegen, zwischenstaatlichen Kriegen und Bandenkriege keine signifikante Bedeutung des ethnischen Faktors auf. In weit über 50% der ethnischen Konflikte finden die Auseinandersetzungen entweder zwischen verschiedenen Ethnien (in 13% der Fälle) oder zwischen einer Ethnie und der staatlichen Autorität (in 44% der Fälle) statt. Zwar ist das quantitative Ausmaß ethnischer Konflikt klar ersichtlich, doch macht die Statistik noch keine Angaben über die den ethnischen Konflikten zugrunde liegenden Ursachen. Bevor Ansätze zur Erklärung für den Ausbruch ethnischer Konflikte und Faktoren, die Art und Weise ihres Verlaufes erklären können, näher bestimmt werden, erscheint es nötig, eine zumindest rudimentäre Definition der Begriffe Ethnie und ethnischer Konflikt zu geben.

2.1 Zu den Begriffen Ethnie und ethnischer Konflikt

Die Medienberichterstattung und die öffentliche Diskussion zeichnen sich durch eine relative Beliebigkeit in der Verwendung der Begriffe Ethnie und ethnischer Konflikt aus. Häufig wird dabei für Ethnie auch noch Begriff Stamm, für ethnischer

---

[4] SCHERRER argumentiert im Grunde genommen differenzierter, indem er die jeweils drei wichtigsten Komponenten der in der Regel vielschichtigen Konflikte betrachtet. Die Anzahl der Konflikte mit primär („dominant") ethnischer Komponente erhöhte sich für 1995/1996 auf 67,5% aller Konflikte (SCHERRER 1999, S.26).

Konflikt der Begriff Stammeskonflikt oder Tribalismus benutzt. Auf Seiten der Sozialwissenschaftler ist hingegen ausschließlich von Ethnie die Rede, da Stamm und Tribalismus als von Eurozentrismus und kolonialem Überlegenheitsgefühl belastete Begriffe gelten. Erschwerend für die Analyse von Ethnien, Ethnizität[5] und ethnischen Konflikten wirkt sich das Fehlen einer allgemein anerkannten Definition dieser Begriffe selbst in der Fachwissenschaft, der Ethnologie aus. Der Begriff Ethnie teilt damit das Schicksal anderer Grundbegriffe, wie z.B. Politik, für die es keine allgemeine verbindliche Definition gibt. Dieser Mangel an definitorischer Schärfe des zentralen Begriffes hat markante Konsequenzen: Für viele Staaten ist noch nicht einmal die exakte Anzahl der ethnischen Gruppen bekannt, da die Anzahl von der jeweils zugrundeliegenden Definition von Ethnie und dem Zeitpunkt der Erhebung abhängt. Letzteres weist darauf hin, dass „ethnische Gruppen (...) variabel, flexibel und mit der Zeit veränderlich" sind (TETZLAFF 1991, S. 13. Eine Ethnogenese kann sich sogar während der oftmals über Jahre andauernden Konflikte vollziehen, wie das Beispiel der muslimischen Bosniaken demonstrierte.

Die systematische Erfassung der Anzahl der vorhandenen ethnischen Gruppen in einem Land stellt bis heute ein Desiderat der ethnologischen Forschung dar. Aufgrund der definitorischen Schwierigkeiten soll im folgenden nur eine rudimentäre Definition von Ethnie bzw. ethnischer Gruppe gegeben werden. In Anlehnung an SCHERRER (1994, S. 7-8) ist eine Gruppe als Ethnie zu verstehen, wenn sie
1. „als eine historisch gewachsene oder wiederentdeckte Gemeinschaft von Menschen verstanden wird, welche sich größtenteils selbst reproduziert,
2. über eine spezifische, andersartige gemeinsame Kultur, insbesondere eine eigene Sprache verfügt,
3. (an) ein kollektives Gedächtnis oder eine geschichtliche Erinnerung (....) anknüpft,
4. dadurch über Solidarität und Wir-Gefühl verfügt."

Als ein fünftes Kriterium lässt sich mit Kathrin EIKENBERG (1987, S. 70) noch ergänzen, dass die Mitglieder einer Ethnie „untereinander häufigere und engere Kontakte als mit Mitgliedern anderer Ethnien" haben[6]. Im Unterschied zu sozialen Klassen und den meisten Interessengruppen umfassen Ethnien Individuen unterschiedlichen Alters, beruflichen Status und beider Geschlechter. Die Zugehörigkeit zu einer bestimmten Ethnie ist aus der Perspektive der objektiven Kriterien im Un-

---

[5] Ethnizität wird im Folgenden synonym als Ausdruck für ethnisches Bewußtsein verwendet.
[6] Die Anzahl der Angehörigen ethnischer Gruppen kann dabei im Extremfall von einigen tausend Menschen bis zu dreistelligen Millionen (Han-Chinesen) reichen.

terschied zu anderen sozialen Organisationsformen nicht freiwillig gewählt, sie ist vielmehr askriptiv, indem sie von den Mitgliedern als von Geburt an gegeben betrachtet wird (TETZLAFF 1991, S. 13). Aufgrund der offensichtlichen Differenz zu anderen Gruppen spielt neben der Selbstidentifikation als Ethnie auch die Einordnung von außen eine Rolle für die Konstituierung einer Ethnie. Mit Rainer TETZLAFF (ebd., S. 12) lässt sich festhalten: „Ethnizität entsteht im Wechselspiel von Selbstidentifikation und Fremdeinordnung."

Die obengenannte Definition umfasst neben den objektiven Kriterien auch subjektive Merkmale. Objektiv bedeutet, dass Angehörige einer Ethnie durch bestimmte Äußerlichkeiten (Trachten, Schmuck etc.), Symbole oder Verhaltensweisen und Einstellungen (z.B. religiöser Art) identifizierbar und von anderen Gruppen unterscheidbar sind. Die subjektive Dimension des Begriffs Ethnie hebt auf das Bewusstsein von Gemeinsamkeit, der gemeinsamen Abstammung und Geschichte ab. Die Mitglieder einer Ethnie besitzen demnach ein kollektives, historisches Gedächtnis: Die Gemeinsamkeit kann dabei nur „erdacht" bzw. gesellschaftlich konstruiert sein, indem sie z.B. auf gemeinsam geglaubten Mythen basiert. Benedict ANDERSON (1988) spricht hier bei seinen Analysen des Nationalismus auch von „imagined communities"[7]. In der Ethnologie ist die Vorstellung, Ethnizität sei Ausdruck gesellschaftlicher Konstruktion von Wirklichkeit sehr umstritten. Für das Ziel dieser Untersuchung ist die Frage nach realen (objektiven) oder gedachten (subjektiven) Ursprüngen von Ethnizität nicht zentral, sondern es ist das primäre Interesse, Faktoren zu identifizieren, die zum Ausbruch gewaltsamer ethnischer Konflikte führen, die Ethnizität politisch wirkungsmächtig werden lassen.

Für die folgenden Fallstudien wichtig ist der Hinweis, dass Ethnien nur selten homogene Gruppen darstellen. Innerhalb einer Ethnie können durchaus Interessenunterschiede und Konfliktlinien zwischen Angehörigen z.B. unterschiedlicher sozialer Klassen und Familienclans verlaufen. Für wissenschaftliche Untersuchungen zu innerstaatlichen Konflikten können Ethnien als Analyseeinheit daher zu undifferenziert sein.

Als ethnische Konflikte können diejenigen Konflikte bezeichnet werden, in denen „mindestens eine der Konfliktparteien eine ethnische Gruppe ist und in denen die Unterscheidung von „Freund und Feind" anhand ethnischer Zugehörigkeit vor-

---

[7] In diesem Sinne definiert auch Georg ELWERT (1989, S. 447) Ethnien „als familienübergreifende und familienerfassende Gruppen, die sich selbst eine (u.U. auch exklusive) kollektive Identität zusprechen."

genommen wird" (EIKENBERG 1987, S. 75). Folgende drei Typen ethnischer Konflikte lassen sich unterscheiden:
1. interethnische Konflikte zwischen verschiedenen Ethnien,
2. Konflikte zwischen einzelnen Ethnien und dem Staat[8],
3. intraethnische Konflikte zwischen Angehörigen einer Ethnie.

Die Spannbreite der Konfliktgegenstände[9] und Ziele der beteiligten ethnischen Gruppen ist dabei sehr weit. Die Ziele ethnischer Bewegungen können von der Gewährung kultureller oder sprachlicher Autonomie über soziale und ökonomische Gleichstellung bis zum Extremfall dem Streben ethnischer Gruppen nach Sezession und Eigenstaatlichkeit reichen. Nach SCHERRER (1994, S. 46) lassen sich die Ziele ethnischer Bewegungen folgendermaßen quantifizieren: Forderungen nach kultureller oder territorialer Autonomie wurden in 60% aller Fälle erhoben. Weitgehende Autonomie mit Selbstregierung bildete in 20% der Fälle das Ziel. Die Erlangung von Eigenstaatlichkeit bzw. völkerrechtlicher Unabhängigkeit stellte bei den restlichen 20% das Ziel dar.

Das Streben nach einem eigenen Staat kann als Ethnonationalismus bezeichnet werden, da das Ziel die Gründung einer eigenen, zumeist ethnisch homogenen („reinen") Nation mit eigenständiger politischer Organisation auf einem abgrenzbaren Territorium beinhaltet. In jedem Falle ist ein ethnischer Konflikt mehrdimensional, da die Zugehörigkeit zu unterschiedlichen Ethnien an sich keine Konfliktursache ist, sondern zwischen einzelnen Gruppen Interessenunterschiede bestehen, die sich ethnisch artikulieren bzw. mobilisiert werden. Anstatt von einem ethnischen Konflikt zu sprechen, wäre es daher angemessener von einem Konflikt mit ethnischer Komponente auszugehen. Der Begriff des ethnischen Konflikts soll im folgenden in diesem Sinne verwendet werden, aus sprachlicher Vereinfachung aber beibehalten werden.

3   Erklärungsansätze zu den Ursachen ethnischer Konflikte

Der von zahlreichen Untersuchungen in der Tendenz bestätigte eindeutige empirische Befund einer deutlichen Zunahme ethnischer Konflikte widerspricht den Annahmen bisheriger sozialwissenschaftlicher Theorien[10].

---

[8] Sofern der Staat von einer bestimmten ethnischen Gruppe dominiert wird, handelt es sich auch um einen interethnischen Konflikt.
[9] Neben der Konkurrenz um politische Macht kommt ökologischen Faktoren (Wasserknappheit, Naturkatastrophen) und Konflikten über die Verfügungsgewalt über Rohstoffe (Angola, Kaukasus) eine zunehmende Bedeutung zu.
[10] Vgl. zum Folgenden den kurzen Abriss bei LONSDALE (1993) sowie ESMAN (1994, S. 1-26).

Modernisierungstheoretische Ansätze waren davon ausgegangen, dass infolge der technischen, wirtschaftlichen und kulturellen Modernisierung das Denken in ethnischen Kategorien zugunsten einer neuen, modernen nationalen Identität überwunden werden würde. Die Überwindung des „primordialen" Denkens in ethnischen Kategorien und die Zerschlagung traditioneller, „primitiver" Sozialstrukturen galt im Verständnis der Modernisierungstheoretiker des Westens geradezu als eine Voraussetzung für eine erfolgreiche nachholende Entwicklung der Staaten der Dritten Welt.

Die marxistische Modernisierungstheorie, die ebenfalls auf Urbanisierung und Industrialisierung als Strategien für erfolgreiche Entwicklung setzte, ging in ihrer Analyse noch einen Schritt weiter: Das Denken in ethnischen Kategorien war „falsches Bewusstsein", das zur Manipulation der ausgebeuteten Arbeiter und Bauern gezielt von den herrschenden Klassen zur Rechtfertigung ihrer Herrschaft eingesetzt wurde. Ethnizität erscheint aus dieser marxistischen Perspektive manipulierbar und als politische Ressource instrumentalisierbar. Als Folge von erfolgreichen sozialistischen Revolutionen, so die klassische marxistische Annahme, würde dieses „falsche Bewusstsein" dann quasi von selbst beendet werden.

Von den neuen afrikanischen Eliten wurde beispielsweise – zumindest rhetorisch – die scharfe Ablehnung des rückwärtsgewandten „Tribalismus" der Modernisierungstheorie und der marxistischen Theorie übernommen, auch wenn ihre Herrschaft häufig im Kern doch die Dominanz einer Ethnie bedeutete (MOLT 1999, S. 89-90)[11]. Unbestreitbar ist es in vielen postkolonialen Staaten zu einer gewissen Homogenisierung der Kultur und Lebensweise der Bevölkerungsgruppen gekommen, doch hat dies nicht automatisch zu einem Verschwinden von Ethnizität und Konflikten mit ethnischen Komponenten geführt.

Während ethnische Identifikation und ethnische Konflikte aus der Sicht der marxistischen Schule letztlich instrumentellen Charakter besitzen – sie lassen sich nur relational mit einem Rekurs auf Herrschaft und Klasseninteressen erklären – betrachten modernisierungstheoretische Ansätze ethnische Konflikte im Kern als festen Bestandteil einer primordialen Entwicklungsphase, als Ausdruck einer traditionellen und primitiven Kultur. Der primordiale Erklärungsansatz argumentiert, dass Ethnizität konstitutionell für die menschliche Existenz an sich gesehen werden muss. Das Bewusstsein, zu einer abgrenzbaren Gruppe zu gehören, die durch gemeinsame Geschichte, Riten und Solidarität zwischen den Individuen geprägt wird, ist so tief historisch verankert, dass es nicht veränderbar ist. Einige „primordial-

---

[11] Vgl. hier Abschnitt 3.1.

istische" Autoren argumentieren „ethnicity is at root, a biological phenomenon, an expression of the powerful drive to extend genetic endowments into future generations" (ESMAN 1994, S. 10). Das soziobiologische Verständnis von Ethnizität, das häufig an bestimmten Merkmalen wie Hautfarbe, Haartracht festgemacht wird, besitzt gravierende Folgen zum einen für die Erklärung ethnischer Konflikte und zum anderen für die Lösungsmöglichkeiten. In einer radikalen Argumentation werden ethnische Konflikte als archaisch, unvermeidbar und nur bedingt durch politische Mechanismen beeinflussbar und schon gar nicht als lösbar betrachtet (GLICKMAN und FURIA 1995, S. 11).

Gegen diese Argumentation lässt sich einwenden, dass in der ganz überwiegenden Zahl der zumeist multiethnischen Staaten und Gemeinschaften Konflikte zwischen verschiedenen Volksgruppen friedlich ausgetragen werden. Ethnische Bürgerkriege haben zwar in der letzten Dekade zugenommen, bilden vor dem Hintergrund der Anzahl potentiell möglicher Konflikte aber Ausnahmen. Auch die Fluidität von Ethnizität spricht gegen die soziobiologische Perspektive. Die grundsätzliche Auseinandersetzung zwischen instrumentalistischen und soziobiologischen Erklärungsansätzen für ethnische Identität und Konflikte, die hier nur grob skizziert werden konnte, ist jedoch nicht Gegenstand dieses Beitrages. Unabhängig davon, ob Ethnizität eine instrumentelle oder soziobiologische Ursache besitzt[12], soll im Folgenden nach den Faktoren gefragt werden, die zu einer Zunahme von gewaltsam ausgetragenen ethnischen Konflikten geführt haben.

3.1 Historisch-strukturelle Ursachen: verfehlte Nationalstaatsbildung, Kolonialismus und Ethnokratie

Historisch-strukturelle Argumentationsketten betonen die Bedeutung langfristiger Entwicklungen, die Voraussetzungen für den Ausbruch ethnischer Konflikte bilden würden. Ethnische Konflikte sind demnach latent über lange Zeiträume vorhanden. Es bedarf allerdings eines konkreten Anlasses (z.B. akute Wirtschaftskrise) bis die Konflikte offen ausbrechen. In der Diskussion finden häufig drei Argumente Verwendung. Erstens wird auf die Unangemessenheit des Nationalstaatskonzeptes als „Geburtsfehler" der neuen Staaten verwiesen. Zweitens gilt der Kolonialismus als

---

[12] ESMAN (1994, 241) kommt zu dem Ergebnis, dass gleichermaßen primordiale wie instrumentelle Erklärungsansätze in den von ihm untersuchten ethnischen Konflikten eine Rolle spielen. In jüngster Zeit zeigt sich eine Renaissance letztlich primordialer Ansätze für die Erklärung des extremen Gewaltpotentials im Zuge von ethnischen Konflikten, vgl. z.B. den Essay von Hans-Magnus ENZENSBERGER (1993) zum Bosnien-Krieg.

eigentliche Ursache von Ethnizität und ethnischen Konflikten. Drittens wird auf die autoritäre und ethnokratische Herrschaftspraxis postkolonialer Staaten verwiesen.

1. Das Nationalstaatskonzept, so lautet die Argumentation, ist ein westlicher Import ohne Verankerung in den jeweiligen Gesellschaften und Kulturen und demzufolge den Strukturen nicht angemessen (SCHERRER 1994, S.13-17). Eine Integrationsleistung im Sinne eines erfolgreichen nation building kann daher nur phasenweise in Perioden starken wirtschaftlichen Wachstums gelingen. Nationalstaaten besitzen bei einzelnen Ethnien nur geringe Legitimität und sind daher kaum krisenresistent. Die Zwangsintegration und kulturellen Assimilierungsversuche sowie die kolonialen willkürlichen Grenzziehungen ohne Rücksicht auf Siedlungsgebiete führen demnach quasi automatisch zu Konflikten und Sezessionsbestrebungen.

2. Die koloniale Herrschaft, vor allem in Afrika, „erfand" ethnische Gruppen um Herrschaft und Verwaltung effektiver ausüben zu können (LONSDALE 1993, S. 6; HAUCK 1997, S. 292-293: WELSH 1996, S. 479-483). Besonders in Gesellschaften, in denen keine zentralisierten Herrschaftsstrukturen bestanden, ernannte die britische Kolonialverwaltung im Rahmen von indirect rule Häuptlinge (chiefs) und untermauerte den Herrschaftsanspruch Einzelner und einzelner Ethnien. Weitere Maßnahmen der Kolonialverwaltungen umfassten eine Arbeitsteilung zwischen Regionen und Gruppen und eine Politik zur Sprachvereinheitlichung. Bei der Definition der Ethnien leistete die Sozialwissenschaft, vor allem die „Völkerkunde" Hilfe, da sie in wissenschaftlichem Eifer[13] z.B. Sprache verschrifteten, Geschichte niederschrieben und dadurch erst den Prozess der Ethnogenese einleiteten, da ihre Ergebnisse von den Ethnien zur Rechtfertigung von Ansprüchen benutzt wurden (EL-WERT 1989, S. 446)[14]. Aus machtpolitischem Kalkül praktizierten die Kolonialmächte in vielen Staaten auch eine divide-et-impera-Politik zwischen verschiedenen Ethnien: Bestimmte Ethnien wurden gegenüber anderen privilegiert oder dienten als ausschließliche Rekrutierungsbasis für den Verwaltungsdienst oder die Armee. Die britische Kolonialverwaltung betrachtete beispielsweise die nilotischen Ethnien im Norden Ugandas als die besseren Soldaten, die Gruppe der Baganda im Süden hingegen als die besseren Verwaltungsangestellten. Diese Manipulation von Ethnizität

---

[13] Wie das Beispiel Zentralafrikas zeigt, spielten dabei auch rassistische Kriterien von Missionaren und Kolonialadministratoren eine Rolle. So wurden die Tutsis von Missionaren und Kolonialverwaltung zu Herrenmenschen, die Hutus hingegen zu einer „dienenden Rasse" erklärt und ihnen daher z.B. qualifizierter Schulunterricht verweigert, vgl. MOLT (1996).

[14] ELWERT verweist auf Gruppen in Sambia und Australien, die Ethnologen für die Rekonstruktion ihrer Geschichte und Mythen bezahlen, um damit materielle Ansprüche abzusichern (ebd.).

und die Anwendung von Gewalt verschärfte die Konkurrenzsituation zwischen einzelnen Gruppen und schürte Aversionen.

3. Entgegen der politischen Rhetorik vieler Befreiungsbewegungen und der Politikergeneration der ersten Stunde, bedeutete die Unabhängigkeit ehemaliger Kolonien keineswegs das Ende ethnischer Politik: „While officially committed to overcoming tribalism, most African leaders manipulated ethnicity in order to keep themselves in power" (OTTAWAY 1999, S. 304). Häufig bevorzugten zahlreiche der neuen politischen Führer ihre Heimatethnie etwa bei der Besetzung von Führungspositionen in der Verwaltung[15] (MOLT 1999, S. 87-90) oder mittels umfangreicher Entwicklungsprojekte in ihren Heimatregionen. Ein extremes Beispiel dafür stellte die Herrschaft Präsident Mobutus in Zaire dar, dessen Leibgarde nur aus den Angehörigen seiner (Minderheiten-)Ethnie, den Nbandis bestand und der seine Heimatregion Equateur extrem bevorzugte. Die bewusste Vernachlässigung von bestimmten Regionen und damit oftmals ethnischen Gruppen führte zu Entwicklungsdisparitäten zwischen einem wirtschaftlich stärkeren Zentrum und relativ unterentwickelten Regionen verbunden mit „kultureller Arbeitsteilung" (NEDDERVEEN PIETERSE 1993, S. 15). Für diese Entwicklung wird in der Literatur auch der Begriff des „internen Kolonialismus" (ebd.) verwendet, der sich ursprünglich auf die durch das Apartheidssystem in Südafrika induzierten Entwicklungsunterschiede zwischen Homelands und „weißen" Gebieten bezog. Der „interne Kolonialismus" bedeutete die bewusste Herbeiführung asymmetrischer Lebensverhältnisse und verschärfte soziale und letztlich damit politische Gegensätze.

Afrikanische Politiker verstanden es, durch ein geschicktes Austarieren von Ansprüchen ethnischer Gruppen zumindest deren Eliten materiell zufriedenzustellen und die Herrschaft nur einer Ethnie zu verbergen. Ämter und Pfründe wurden in einem solchen Fall proportional mit Angehörigen verschiedener Ethnien bedacht, ohne dass die zentrale Machtbasis des Präsidenten berührt wurde: Die zentralen Machtpositionen, vor allem im Sicherheitsbereich, blieben in der Hand von Angehörigen aus der Heimatethnie des Präsidenten[16].

Die Bevorzugung bestimmter Ethnien in den begehrten Arbeitsplätzen im öffentlichen Dienst und die asymmetrische Verteilung von Finanzmitteln demonstrierten, dass der Staat in vielen Ländern keine neutrale Vermittlungsinstanz war, sondern häufig von einzelnen Gruppen okkupiert wurde, die entlang ethnischer Linien mobilisierten. Es entstand in zahlreichen Staaten eine ethnisch weitgehend homogene

---

[15] WIMMER (1994, S. 16) spricht von der „Ethnisierung der staatlichen Bürokratie".
[16] Vgl. ausführlicher Abschnitt 3.2.

Staatsklasse. Peter MOLT (1999, S. 92) sieht in der ethnisch-selektiven Rekrutierungspraxis für die Armee (mit der Folge eines ethnisch homogenen Offizierskorps bzw. sogar der gesamten Armee) oder im Falle ethnischer Säuberungen in der Armee wesentliche Gründe für den Ausbruch von Gewalt. Unzufriedene Militärs bildeten häufig den Kern von aufständischen ethnischen Bewegungen.

Die Folgen der oftmals verdeckten postkolonialen „Ethnokratien" (NEDDERVEEN PIETERSE 1993, S. 14-15) waren sowohl hinsichtlich der Entwicklungsbilanz, als auch im Hinblick auf die Integrationsfähigkeit des politischen Systems fatal. Die ethnokratische Herrschaft besaß kaum Legitimität, da sie zu permanenter Unzufriedenheit mit den mangelhaften Leistungen des Staates führte. Konkurrierende Ansprüche verschiedener ethnischer Gruppen wurden nicht ausgeglichen, sondern die Manipulation von Ethnizität, verdeckt von der Rhetorik des nation building und scheinbarer politischer Stabilität, führte zu latenten Konflikten, die unter den veränderten politischen und weltwirtschaftlichen Rahmenbedingungen in den 90er Jahren ausbrachen[17]. Ethnischen Konflikte sind aus der Perspektive des Ethnokratie-Ansatzes ein Kampf um den Staat (WIMMER 1994) zwischen einer ethnischen Gruppe, die den Staat im Sinne einer „gigantischen Milchkuh" (ebd. S. 523) nutzt, und anderen Gruppen, die ihr Überleben von den Verfügung über die Ressourcen des Staates abhängig sieht und deshalb mit aller Macht danach trachtet, den Staat für sich zu erobern.

Die Analyse des dysfunktionalen Nationalstaatskonzepts, die Manipulationen durch Kolonialismus und ethnokratische Herrschaft in postkolonialen Staaten verweisen auf historisch-strukturelle Ursachen für die Entstehung vor allem latenter ethnischer Konfliktlagen.

Gegen die These von der Unangemessenheit des Nationalstaatskonzepts lässt sich einwenden, dass die Staatsgründung, so künstlich sie in vielen Fällen auch war, nach fast 40 Jahren Staatlichkeit hohe Akzeptanz in weiten Teilen der Bevölkerung genießt (MOLT 1999, S. 94). Die Veränderung von kolonialen Grenzen ist auf nahezu allen Kontinenten selten praktiziert worden und stellt noch immer ein Tabu dar: Die Forderung nach einem eigenen Staat wird in verhältnismäßig wenigen Fällen (Eritrea, Biafra, Sri Lanka) erhoben. Erklärungsbedürftig ist weiterhin die Tatsache,

---

[17] Zu nennen ist hier das Desinteresse der Supermächte bzw. westlicher Staaten an zahlreichen Regionen und Ländern, die im Zuge der Beendigung des Ost-West-Konfliktes ihre geostrategische Bedeutung verloren hatten und die daneben auch als „Randzonen" der Globalisierung marginalisiert worden waren. Auch änderte sich die Haltung der Staatengemeinschaft zum Selbstbestimmungsrecht der Völker, das aufgewertet wurde und Ethnien indirekt bestärkte, Forderungen nach mehr Autonomie oder sogar Sezession zu stellen (vgl. hierzu auch Kapitel 4).

dass ethnische Konflikte auch in den Staaten und Gesellschaften ausbrachen, die wie Liberia und Äthiopien keine Kolonien waren und durchaus über eine Tradition von Eigenstaatlichkeit verfügten. Auch stellt sich die Frage nach der gegenwärtigen Alternative zu einem Nationalstaatskonzept. Bislang ist der Nationalstaat noch immer die zentrale Vermittlungsinstanz zwischen Impulsen aus dem politischen System, und damit von Seiten der Bevölkerung, und den Anforderungen aus der Außenwelt, der internationalen Politik.

Die Ethnokratie-These richtet ihr Augenmerk auf strukturell ungerechte und damit konfliktfördernde politische Herrschaft. Die im einzelnen durchaus überzeugenden Argumentationsketten können jedoch keine Erklärung dafür liefern, warum es in einigen Staaten zum Ausbruch massiver, gewaltsamer Konflikte kam, in anderen hingegen nicht. Die auslösenden Momente für ethnische Konflikte werden nicht erfasst.

3.2 Soziale und ökonomische Deprivation als Ursache ethnischer Konflikte

Für viele Staaten galten die 80er Jahre als „verlorenes Jahrzehnt" hinsichtlich der ökonomischen und sozialen Entwicklung. Insbesondere, aber keineswegs ausschließlich in vielen afrikanischen Ländern waren nahezu alle ökonomischen und sozialen Indikatoren rückläufig. Der Staat, der aus der Perspektive der Modernisierungstheorie die zentrale Entwicklungsagentur sein sollte, war oftmals nicht mehr in der Lage, die Versorgung der Bevölkerung mit elementaren Gütern des täglichen Lebens, wie Gesundheit, Bildung, Nahrungsmitteln und Infrastruktur, sicherzustellen. In vielen Ländern waren die Modernisierungsanstrengungen gescheitert. Rückläufige Kreditgewährung bzw. deren Kopplung durch die Geber von Entwicklungshilfe an die Bereitschaft zu Reformen sowie nachlassende Privatinvestitionen aus den Industrieländern erhöhten den Druck auf Regierungen, die staatlichen Ausgaben zu drosseln. Die von Weltbank und IWF aufgelegten Strukturanpassungsprogramme (SAP) schränkten den wirtschaftspolitischen Handlungsspielraum vieler Regierungen drastisch ein und verschärften durch ihre Auflagen zu Reformen die soziale Lage großer Teile der Bevölkerung. Die soziale Deprivation infolge von Wirtschaftskrisen und SAPs führte zu einer intensivierten Konkurrenz innerhalb der Bevölkerung und zwischen einzelnen Gruppen bis hin zu extremem sozialen Stress in einem täglichen Überlebenskampf.

Gescheiterte Modernisierung und die sich verschlechternden Lebensbedingungen in vielen Ländern erhöhten die Wahrscheinlichkeit für den Ausbruch ethnischer Gewalt aus drei Gründen:

1. Die Frustration über die eigene soziale und ökonomische Lage steigert die Anfälligkeit für radikale, auch ethnische Mobilisierung und senkt die Schwelle der Gewaltanwendung generell (TETZLAFF 1991, S. 26)[18]. Insbesondere wenn ethnische Minderheiten überproportional von den Folgen des wirtschaftlichen Niedergangs betroffen sind, kann eine Mobilisierung entlang ethnischer Linien sehr einfach erfolgen.

2. Die Schwäche des Staates bezüglich elementarer Versorgungsleistungen führt zu einer Rückbesinnung auf andere Formen sozialer Organisation. Weite Teile der Bevölkerung versuchen, den Staat durch Nachbarschaftsvereine, religiöse Vereinigungen und ethnisch definierte Organisationsformen zu ersetzen (CHAZAN 1986, S. 138). Ethnische Solidargemeinschaften und Netzwerke bieten eine Chance zum Überleben in Krisensituationen: Nach Untersuchungen von Naomi CHAZAN in Westafrika entsteht eine „economy of affection" (1986, S. 150), die einer Ethnisierung der Politik Vorschub leistet. Die mangelnden Entwicklungsleistungen in Verbindung mit politischen Legitimationsverlusten machen nach Rainer TETZLAFF (1991, S. 12) die Politisierung von Ethnizität zu einer „quasi natürliche(n) Sache". Denn sie ist „für die von relativer Deprivation betroffenen Minderheiten die kostengünstigste Form ihre eigenen Interessen zu verteidigen." (ebd.). Im Extremfall kann das offensichtliche ökonomische Versagen des Staates als Rechtfertigung für Sezessionsbestrebungen werden.

3. Das Ausbalancieren unterschiedlicher ethnischer Gruppeninteressen ist angesichts der Knappheit an Ressourcen kaum mehr möglich gewesen. Wie Donald ROTHCHILD (1986) in seiner Untersuchung zur politischen Herrschaft afrikanischer Staaten nachgewiesen hat, lässt sich die langanhaltende Stabilität ethnisch fragmentierter Staaten neben der Anwendung von Gewalt und Zwang vor allem durch ein informelles System zur Verteilung vorhandener Ressourcen, das zumindest den Eliten aller relevanten Ethnien und Gruppen Zugang zum Reichtum eines Landes eröffnete, erklären. Dieses von ihm als „hegemonial exchange" bezeichnete System war in hohem Maße von dem Willen und dem Geschick des Staatspräsidenten ab-

---

[18] Bislang liegen kaum systematische Untersuchungen über Zusammenhänge zwischen ökonomisch-sozialen Krisen und ethnischen Konflikten vor; eine Ausnahme stellt die Untersuchung von MOSER (1983, S. 119) dar, der zu dem Schluss kommt, dass ökonomische Ungleichheit in Kombination mit starker ethnischer Segmentierung mit einem Ausmaß der ethnischen Gewaltanwendung korreliert.

hängig, die divergierenden Interessen auszubalancieren. Ressourcen und Entwicklungshilfegelder („Renten") wurden nach einem bestimmten Schlüssel im Gegenzug für ein Mindestmaß an Loyalität „getauscht". Unter den ökonomischen Knappheitsbedingungen der 80er und 90er Jahre und der im Vergleich zu vorhergehenden Dekaden starken Kontrolle der von außen gewährten Kredite etc. war die Fortführung des kostenintensiven Systems des „hegemonialen Austausches" nicht oder nur sehr beschränkt möglich. In der Folge kündigten einige Eliten ihre Loyalität auf und mobilisierten Anhänger entlang ethnischer Linien, da alternative Rekrutierungsmöglichkeiten z.B. in Form sozialer Gruppen oder Schichten angesichts der relativen Unterentwicklung der meisten Länder kaum zur Verfügung standen.

Als Fazit lässt sich festhalten, dass ökonomischer Niedergang innergesellschaftliche Konfliktpotentiale sowohl auf der Ebene der Eliten wie der Bevölkerung generell verschärft und die Bedeutung ethnischer Netzwerke erhöht. Allerdings fehlen bislang Untersuchungen, die systematisch Zusammenhänge zwischen ökonomischem Niedergang und einer Ethnisierung der Politik außerhalb Afrikas belegen[19]. Die relative ökonomische Deprivation ganzer Bevölkerungen oder die besondere Betroffenheit ethnischer Gruppen durch Krisen erklärt noch nicht, warum es in einigen Fällen zum Ausbruch ethnischer Konflikte kam, in anderen Fällen trotz Wirtschaftskrise jedoch nicht, wie z.B. im ostafrikanischen Tansania Anfang der 90er Jahre. Insgesamt kann die ökonomische Lage als eine Hintergrundvariable aufgefasst werden, welche die Gefahr ethnischer Mobilisierung erhöht. Für einen Automatismus zwischen Wirtschaftskrise und ethnischen Konflikten gibt es hingegen keine Anzeichen.

3.3 Die Bedrohung kollektiver Identität

Die Analyse der Ursachen des Krieges im ehemaligen Jugoslawien lenkte den Blick der Forschung auch auf sozialpsychologische Faktoren. Erklärungsbedürftig war u.a. der Zerfall des Vielvölkerstaates und die erfolgreiche Mobilisierung ethnisch-nationalistischer Triebkräfte durch den 1987 an die Macht gekommenen Präsidenten Slobodan Milosovic. Neben der akuten Wirtschaftskrise, der Delegitimierung der autoritären Herrschaft des Bundes der Kommunisten Jugoslawiens und den Unabhängigkeitsbestrebungen durch die nördlichen Republiken Kroatien und Slowenien betonte die Forschung (CALIC 1996) vor allem die Wirkung der geschickten natio-

---

[19] Interessant wäre z.B. die Frage, inwieweit die 1997 ausgebrochene Asienkrise ethnische Konfliktlagen, z.B. in Indonesien verschärft hat.

nalistischen Propaganda. Es gelang dem serbischen Präsidenten zunehmend die serbische Bevölkerung zu einer ethnischen Schicksalsgemeinschaft zusammenzuschweißen. Dabei rekurrierte die serbische Propaganda auf negative kollektive Erinnerungen wie die Niederlage des serbischen Heeres gegen die Türken auf dem Amselfeld (1389) oder die Ermordung Zehntausender von Serben in den Konzentrationslagern der faschistischen kroatischen Ustascha-Bewegung während des Zweiten Weltkriegs. Der expansive Eroberungskrieg der Serben wurde als notwendiger Präventivkrieg gerechtfertigt, um das Überleben des eigenen Volkes in einer außergewöhnlichen Bedrohungssituation zu sichern. Der Psychoanalytiker Vamik VOLKAN (1999) bezeichnete diese kollektiven Negativerinnerungen als „chosen traumas". Die letztlich einseitigen und bewusst ausgewählten Traumata sind gesteuerte Mythologisierungen zur ethnischen Mobilisierung (ROPERS 1995, S. 201). Sie basieren auf dem gemeinsamen Bewusstsein historisch erlittenen Unrechts, dem kollektiven Gedächtnis an gemeinsam durchlebte Katastrophen wie Flucht, Vertreibung, zwangsweiser Assimilation und sogar Völkermord.

Neben chosen traumas existieren auch chosen glories, die kollektiven Erinnerungen an historische „Großtaten", die ein Überlegenheitsgefühl einer ethnischen Gruppe hervorbringen. Chosen traumas bedingen häufig tiefverwurzelte und über einen langen Zeitraum konsistente Feindbilder. Eine Identität von Gruppen, die sich in chosen traumas oder chosen glories manifestiert, bietet über diese Feindbilder ideale Ansatzpunkte für die politische Manipulation und Mobilisierung der Gruppenmitglieder. Die Erinnerungen werden dabei häufig durch mündliche Überlieferung weitergegeben. BROWN (1993, S. 12) macht darauf aufmerksam, dass die Verfestigung von historischen Feindbildern vor allem in Staaten mit langer autoritärer Herrschaftstradition zu finden sei, da die Regierungen die Aufarbeitung von Geschichte verhindern würden, um die Integration nicht zu gefährden oder historische Ereignisse zur Legitimation der eigenen Herrschaft einzusetzen.

Die historisch einseitigen, manipulativ eingesetzten chosen traumas generieren Angst um die eigene kulturelle oder religiöse Identität, im Extremfall um die physische Existenz. Werden Konflikte als Identitäts- und Existenzkonflikte wahrgenommen, so geht es für die Beteiligten um Alles oder Nichts. Ein Nachgeben bedeutet in der Perzeption der Handelnden die Gefahr als Gruppe unterzugehen. Die kompromißlose Härte und Brutalität, mit der ethnische Konflikte ausgefochten werden, erklärt sich aus der Perspektive dieses Ansatzes mit der als existentiell wahrgenommenen Bedrohung (WALDMANN 1998, S. 21).

Identitätskonflikte bzw. Konflikte, in denen eine existentielle Angst vor Verlust von Identitäten besteht, sind nach der bisherigen Erfahrung wesentlich schwieriger zu lösen oder gar einzudämmen als andere Konflikte. Ein rationaler Kompromiss im Sinne eines Interessenausgleich ist zwischen den Konfliktparteien kaum möglich. Die Anerkennung der Legitimität der Interessen anderer Ethnien ist kaum denkbar, da dies in der Nullsummenspiel-Logik von Identitätskonflikten die Sicherheit der eigenen Existenz gefährden würde.

Die Frage nach der Bedeutung von lokalen, regionalen und nationalen Identitäten wird zunehmend auch im Zusammenhang mit den Auswirkungen der Globalisierungsprozesse diskutiert. Ausgangspunkt ist die Annahme, dass Globalisierung ein mehrdimensionaler Prozess ist, der auch kulturelle Faktoren umfasst. Die von Benjamin BARBER (1996, S. 81) publikumswirksam vertretene These lautet vereinfacht, dass die Entstehung einer zunehmend globalen Konsumkultur, die durch die 3-Ms – MTV (Music Television), Macintosh und McDonalds – charakterisiert werde, zunehmend Abwehrreaktionen produziere. Aus Angst vor Werte- und Traditionsverlust und kultureller „Überfremdung" mit der Folge spürbarer Orientierungslosigkeit angesichts der Pluralisierung der Lebensstile setzt eine Gegenbewegung ein, die durch Fundamentalismus und Retraditionalisierungsversuche gekennzeichnet wäre[20]. Beispiele stellen der Iran unter Khomeni und die Herrschaft der Taliban in Afghanistan dar. Der janusköpfige Charakter der Globalisierung – auf der einen Seite Homogenisierung und auf der anderen Seite Fragmentierung – führt zu einer Wiederbelebung auch ethnischer Identitäten. Bislang sind die empirischen Belege für die (indirekte) Förderung von lokalem Denken und Ethnizität durch Globalisierung allerdings nicht überzeugend und beschränken sich auf Einzelbeispiele[21]. Die wichtige Frage nach möglichen Auswirkungen der Globalisierung auf Kultur und Identität ist seit einigen Jahren verstärkt Gegenstand der Ethnologie und Soziologie geworden (FEATHERSTONE 1990). Der Identitätsansatz hebt stark auf die Rolle von Perzeptionen und psychischen Dispositionen (Angst) der Akteure ein. Er kann damit eine Erklärung bieten, warum eine Mobilisierung ethnischer Antagonismen in vielen Fällen gelingt und warum ethnische Konflikte in der Regel mit einem hohen Maß an Grausamkeit und „Irrationalität" ablaufen.

---

[20] MAZRUI (1995) bezeichnet Konflikte in Afrika auch als „retreat from modernity", verzichtet aber auf eine systematische Erklärung dieser These.
[21] So zeigt Stephen ELLIS Untersuchung des Bürgerkrieges in Liberia, dass die jugendlichen Kämpfer der Milizen zum einen auf traditionelle Rituale u.a. zur Rechtfertigung ihrer Verbrechen zurückfallen, zum anderen gewaltverherrlichende Hollywood-Helden „à la Rambo" regelrecht imitieren.

3.4 Die Rolle von Eliten

Im Unterschied zu strukturellen Ansätzen richtet sich die Aufmerksamkeit zahlreicher Autoren auf die Rolle von politischen Akteuren, insbesondere der Eliten[22]. Die Konfliktforschung folgt damit dem Paradigma der Forschung über Systemwechsel, die in hohem Maße akteurszentriert ist (BOS 1996). Eliten wird eine Schlüsselrolle bei der Mobilisierung und für den Ausbruch ethnischer Konflikte zugesprochen. Ethnischer Hass und ethnische Gewalt sind Ergebnis erfolgreicher Mobilisierung von oben: „It is fear and hate generated from the top, and not ethnic differences, that finally push people to commit acts of violence." (BOWEN 1996, S. 8). Ihre Gefolgschaft finden Eliten, so Jakob RÖSEL (1997, S. 179), häufig unter arbeitslosen Universitäts- und Schulabgängern, deren Zahl in den meisten Ländern stark zugenommen hat, sowie unter entlassenen jungen Arbeitern.

Das Schüren von Ängsten und Betonung angeblicher Bedrohungen festigt auch die Identität als ethnische Gruppe. Eliten politisieren bereits vorhandene ethnische Antagonismen gerade in Zeiten ökonomischer und politischer Krisen und mobilisieren entlang ethnischer Grenzen: „Versagt also die Regelungskompetenz des betreffenden Staates und treten neue ethnopolitische Führer, ethnische Ideologen und „Unternehmer" auf, so kann die kalkulierte ethnische Gewalt zu unkontrollierbaren Gewaltkreisläufen, am Ende zum Bürgerkrieg eskalieren" (RÖSEL 1997, S. 162). Sie transformieren damit soziale, ökonomische und politische Gegensätze und Konflikte in ethnische Konflikte (ebd., S. 165). Eliten werden zu den eigentlichen Initiatoren ethnischer Konflikte[23]. Sie politisieren Ethnizität aus materiellen Eigeninteressen und politischem Machtkalkül heraus. Laut TETZLAFF (1991, S. 15) wird Ethnizität als Machtressource im politischen Kampf um persönliche Macht oder um Einfluss in Institutionen zu stärken von Führern instrumentalisiert. Dies gilt in besonderem Maße, wenn die Position der bisherigen Eliten gefährdet ist, z.B. durch Demokratisierungsprozesse[24]. Ethnische Konflikte sind aus der Sicht dieses Arguments nicht auf archaischen Hass zurückzuführen, sondern werden aus rationalem Nutzenkalkül von politischen Eliten inszeniert (GLICKMAN und FURIA 1995, S. 13).

Neben dem Willen, politische Macht zu erringen oder zu perpetuieren, verfolgen Führer ethnischer Bewegungen oder Parteien auch häufig individuelle ökonomische

---

[22] Hier kann es sich sowohl um politische Eliten, Funktionseliten wie Beamte etc. als auch um intellektuelle Eliten handeln. In jedem Fall bestehen diese Eliten aus Angehörigen der Ober- und Mittelschicht.

[23] Andreas WIMMER bringt dieses Argument auf den Punkt: „Keine dauerhafte ethnische Mobilisierung ohne politische Eliten" (1994, S. 520).

[24] Vgl. hier den folgenden Abschnitt 3.5.

Ziele. Neuere Studien über den Verlauf des Jugoslawien-Konflikts zeigen, dass kriminellen Eliten eine Schlüsselstellung nicht nur für die Ursache, sondern auch für den Verlauf des Konflikts zukommt. Hugh GRIFFITHS (1999) zeigt in einem neueren Beitrag der Zeitschrift Civil War, dass die systematischen Plünderungen und Vertreibungen, die „ethnischen Säuberungen" in Bosnien von Kriminellen mit Privatarmeen und internationalen Verbindungen organisiert waren. Die Ziele der Paramilitärs waren häufig die wohlhabenden Gebiete in Serbien. Die oft mafiaähnlichen Strukturen mit Kriegsherren (warlords) an der Spitze haben ein vitales Interesse am Fortgang der Kampfhandlungen. Häufig richtet sich Gewalt dabei auch gegen Angehörige der eigenen Ethnie! (ebd. S. 66). Aber selbst nach Befriedung von Konflikten können die kriminellen Strukturen den Wiederaufbau unterminieren. Im Extremfall kann, wie Beispiele aus Somalia und die Republika Srpksa zeigen, die Proklamation von Eigenständigkeit bis hin zur völkerrechtlichen Souveränität auf kriminelle Organisationen zurückgehen. Ziel ist dabei die Ausbeutung vorhandener Ressourcen und ungestörte Organisation weiterer Aktionen. Die Rolle von kriminellen Eigeninteressen ist bislang gerade im Hinblick auf die Konfliktlösungsmöglichkeiten unterschätzt worden.

Die Fokussierung der politikwissenschaftlichen Betrachtung auf die Eliten hat zu einer Vernachlässigung der Interaktionen zwischen Eliten und Anhängerschaft geführt. Zu untersuchen wäre z.B., in welchen Situationen es Eliten gelingt bzw. nicht gelingt, Anhängerschaft zu mobilisieren und Gewaltbereitschaft zu erreichen[25]. Zu fragen ist auch, inwieweit ethnische Konflikte eine Eigendynamik entwickeln und sich damit der Steuerung durch Eliten entziehen können bzw. neue Kriegseliten hervorbringen.

3.5 Demokratisierung als Auslöser ethnischer Konflikte?

Ausgehend von Südeuropa (Spanien, Portugal) Mitte der 70er Jahre erfasste die dritte Welle der Demokratisierungen (HUNTINGTON 1991) nach und nach alle Kontinente und ließ die Anzahl der demokratisch regierten Staaten[26] auf über 110 (1996) ansteigen.[27] Die parallele Zunahme der Anzahl von Staaten, die Demokrati-

---

[25] BOWEN (1996, S. 8) argumentiert unter Rückgriff auf Bosnien und Rwanda, dass es langanhaltender, aggressiver Propaganda und systematischer Vorbereitung bis zum Ausbruch ethnischer Konflikte bedarf. Dies würde die Möglichkeiten erhöhen, rechtzeitig bzw. präventiv von außen einzugreifen.
[26] Dabei kann die demokratische Qualität einzelner Staaten sehr unterschiedlich sein.
[27] Vgl. zu Ursachen und Verläufen dieser Demokratisierungsprozesse MERKEL (1996), für Afrika vgl. SCHMIDT (1996).

sierungsprozesse durchlaufen und aufbrechender ethnischer Konflikte – vor allem in Afrika und in Osteuropa – in den 90er Jahren führte zur Frage nach möglichen Zusammenhängen zwischen beiden Entwicklungen. Von der Forschung wurden verschiedene Hypothesen aufgestellt, die das Aufbrechen ethnischer Konflikte als direkte oder indirekte Folge von Demokratisierungsbestrebungen betrachten.

Insbesondere für die Staaten, die im Gefolge des Zerfalls des sowjetischen Imperiums und des jugoslawischen Vielvölkerstaates unabhängig wurden, gelangte die sog. „Eisschrank-These" zu Popularität: Demnach war das Ende der autoritären Regime sozialistischer Provenienz der direkte Auslöser für die ethnische Konflikte, die während der kommunistischen Herrschaft keineswegs gelöst waren, wie es die Propaganda behauptete, sondern die regelrecht „tiefgefroren" waren und nun unter den Bedingungen neuer demokratischer Freiräume „auftauten". Im Grunde genommen, so ist implizit in der These enthalten, sind die „neuen" Konflikte identisch mit „alten" Konflikten der Zwischenkriegszeit oder noch früherer Perioden. Die Gegner dieser populären These haben darauf hingewiesen, dass damit keineswegs erklärt werden könnte, warum auch in Osteuropa einige Konflikte gewaltsam eskalierten wie in Tschetschenien, andere, wie z.B. zwischen Tschechen und Slowaken jedoch nicht. Ferner könne die Eisschrank-These weder den Zeitpunkt des Ausbruchs noch den Verlauf – einige Konflikte verliefen friedlich, andere mit einem hohen Maß an Gewalt – erklären.

Abgesehen von der die komplexen Ursachen über den Ausbruch ethnischer Konflikte simplifizierenden Eisschrank-These gibt es eine Reihe von Argumenten, die ethnische Konflikte als indirekte Folge von Demokratisierungsprozessen betrachten. Im folgenden sollen zwei zentrale Argumente der Diskussion genannt werden (GLICKMAN und FURIA 1995, S. 22-24):

Die Gewährung von politischem Pluralismus, Organisationsfreiheit und Möglichkeiten zur freien Meinungsäußerung, so wird argumentiert, führe zur Bildung von Parteien und Interessengruppen entlang ethnischer Linien. Zu einer Formierung dieser ethnischen Parteien kommt es insbesondere in den Ländern, in denen die Ausprägung traditioneller sozialer cleavages, welche die Herausbildung von Parteien befördern könnten (z.B. der Gegensatz Arbeit-Kapital, Kirche-Laizismus) schwach ist. Für Politiker ist vor allem auf der regionalen Ebene die Rekrutierung entlang ethnischer Linien erfolgversprechend. Bei empirischen Untersuchungen afrikanischer Parteien (OTTAWAY 1999, S. 311) und Interessengruppen zeigte sich, dass beide Organisationen in sehr hohem Maße eine ethnische Basis haben, besonders auf dem Land, weniger in den Städten. Ein Pluralismus auf ethnischer Basis ist allerdings kein Problem per se, entscheidend ist, ob jene Parteien und Gruppen die politischen Spielregeln einhalten und Toleranz üben. Die Erfahrung zeigte, dass dies meistens der Fall ist. Wahlkämpfe führten zu politischer Polarisierung und Ethnisierung, da die ethnische Zugehörigkeit von Politikern zum Zwecke des Machterwerb instrumentalisiert werden kann (z.B. in Kenia).

Demokratische Transitionen bedeuten ein hohes Maß an Unsicherheit, da der Ausgang des Prozesses aufgrund von Wahlen prinzipiell offen ist. PRZEWORSKI (1986, S. 56) spricht von Demokratisierung als „process of institutionalizing uncertainty". Keine Gruppe kann unter demokratischen Verhältnissen davon ausgehen, dass der materielle und machtpolitische Status quo, wie er unter autoritären Systemen existierte, weiterhin Bestand hat und Politik kalkulierbar macht. Wie LAKE und ROTHCHILD (1996) argumentieren, führt kollektive empfundene Angst vor möglicher Benachteiligung zu einer latenten Bereitschaft, Gewalt anzuwenden, um bei der Verteilung der meist knappen Ressourcen nicht zu kurz zu kommen. Die Beendigung jahrzehntelanger autoritärer Herrschaft und der schwierige Übergang zu demokratischeren Verhältnissen, der häufig von wirtschaftlichen Krisen begleitet wird, führt zu Verunsicherung und Orientierungslosigkeit, welche die Anfälligkeit für Manipulation durch ethnische Führer erhöht.

Gegen diese Thesen lassen sich eine ganze Reihe von Argumenten einwenden. Zahlreiche Autoren (MOSER 1983, S. 133; de NEVERS 1993; HOROWITZ 1993) betonen, dass der Ausbruch ethnischer Konflikte ein spätes Resultat struktureller Aspekte der autoritären Herrschaftspraxis ist. Insbesondere die Dominanz einer Ethnie, eine divide et impera Politik bzw. die einseitige Rekrutierung der Sicherheitskräfte (damit der „Unterdrücker") aus einer Bevölkerungsgruppe würde zu ethnischer Polarisierung führen, die sich erst unter demokratischeren Bedingungen artikulieren könne. Demokratie biete, so die Argumentation, vielmehr die Chance, die Verwerfungen der autoritären Herrschaft in Form von Gewaltsozialisation, Ausschluss von bestimmten Gruppen von der politischen Macht etc. dauerhaft zu beseitigen: „In principle, democratization presents a golden opportunity for resolving ethnic conflict" (de NEVERS 1993, S. 34). Erforderlich sind aus dieser optimistischen Perspektive dafür eine angemessene Auswahl an demokratischen Institutionen (Verfassung) und Verfahrensweisen[28] sowie die Garantie von Grund- und Menschenrechten für alle Bürger, wobei spezifische Minderheitenrechte nicht ausgeschlossen sind. Das Ziel in Demokratisierungsprozessen, so argumentieren LAKE und ROTHCHILD (1996) müsse es sein, die kollektiv empfundenen Ängste ethnischer Gruppe durch

---

[28] Vgl. die ausführliche Diskussion verschiedener Modelle bei BOS/SCHMIDT (1997).

Institutionenbildung abzubauen und Konflikte in friedliche Bahnen zu lenken[29]. Wie die ersten Erfahrungen mit Friedenskonsolidierungsprozessen in Ländern mit ethnischen Bürgerkriegen zeigen, ist die demokratische Institutionenbildung zwar eine notwendige, aber keine hinreichende Voraussetzung für die dauerhafte Befriedung von komplexen Bürgerkriegen mit häufig ethnischer Komponente.[30]

Wie sich an den Beispielen Zaire (STROUX 1998) und Kenia (SCHMIDT 1997; KREILE 1997) zeigt, kann Ethnizität von herrschenden Autokraten auch gezielt einsetzt werden, um einen möglichen Machtverlust im Zuge von Demokratisierungsprozessen zu verhindern. Ethnische Konflikte wären demnach eher das Ergebnis von Sabotagestrategien gegen die angestrebte und von Bevölkerungen eingeforderte Demokratisierung als deren Resultat. Mit dem Ausspielen der „ethnischen Karte" – der Duldung oder sogar Initiierung „ethnischer" Konflikte – verfolgen die „reformunwilligen Segmente der Staatsklassen" (KREILE 1997, S. 18) die Ziele, sich erstens als Garant von Sicherheit und Stabilität vor der Bevölkerung und der internationalen Gebergemeinschaft zu präsentieren, und zweitens, die politische Opposition entlang ethnischer Linien zu spalten. Da ethnische Konflikte ein hohes Maß an Eigendynamik aufweisen, gleicht diese Machterhaltungsstrategie, wie sie z.B. vom ehemaligen Präsidenten Mobutu in Zaire praktiziert wurde[31], dem Spiel mit dem Feuer.

Eine der wenigen empirischen Studien von Zeric Kay SMITH (2000, S. 34) über mögliche Zusammenhänge zwischen Demokratisierung und ethnischen Konflikten in sub-saharischen Afrika belegt, dass die Liberalisierung eines politischen Systems (z.B. durch Aufhebung der Zensur) keineswegs zu einer Zunahme an ethnischen Spannungen führt, sondern ethnische Spannungen eher reduziert. Bezüglich der Wirkung demokratischer Institutionen stellt SMITH (ebd.) fest „democratized institutions seem to have no statistically demonstrable influence on lowering (or raising) ethnic conflict scores." Die Wechselwirkungen zwischen Demokratisierungsprozessen, der Politisierung ethnischen Bewusstseins und dem Verlauf ethnischer Konflikte bedürfen dringend weiterer systematischer Forschungen.

---

[29] Die Möglichkeiten demokratischer Institutionenbildung hängen u.a. von der Größe, Anzahl und geographischen Verteilung der Ethnien ab. Generell verschlechtern sich die Chancen, durch Aufbau eines demokratischen Systems Konflikte zu befrieden, je stärker die Gewalt bereits eskaliert ist, vgl. hierzu ausführlicher de NEVERS (1993, S. 41-43).
[30] MATTHIES (1997, S. 32) nennt als weitere Voraussetzungen und Erfordernisse für einen dauerhaften Frieden in Bürgerkriegsländern u.a. militärische Befriedung, Aufbau einer Friedenswirtschaft, Entwaffnung und Re-Integration von Kombattanten in die Gesellschaft; vgl. zu den komplexen Herausforderungen der Friedensschaffung KRUMWIEDE und WALDMANN (1998).
[31] Die von der Regierung Mobutu geschürten ethnischen Unruhen u.a. in der Kivu-Provinz bildeten den Ausgangspunkt für die Rebellion von Teilen der zairischen Bevölkerung, die sich mit den Rebellen unter Führung Laurent Kabilas verbündete.

4 Einige Charakteristika des Verlaufes ethnischer Konflikte

Die Verläufe von ethnischen Konflikten, die aus der Perspektive der Kriegs- und Konfliktforschung eine Untergruppe von internen Konflikten bzw. Bürgerkriegen darstellen[32], weisen mindestens vier Charakteristika auf:

1. Ethnische Konflikte besitzen ein extrem hohes Gewaltpotential, das im Extremfall bis zum Genozid reichen kann: In Rwanda wurden in nur wenigen Wochen zwischen 750.000 und 1 Million Tutsis und moderate Hutus umgebracht. Hinsichtlich der Waffentechnik ist festzuhalten, dass ethnische Konflikte keine High-Tech-Kriege sind, sondern Kleinwaffen oder wie im Falle Rwandas sogar Hacken und Macheten verwendet werden. Im Unterschied zu zwischenstaatlichen Kriegen wird bei ethnischen und internen Konflikten generell von Seiten der Kriegsparteien keine Unterscheidung zwischen Kombattanten und Zivilbevölkerung mehr gemacht. Das humanitäre Kriegsvölkerrecht wird kaum beachtet, wodurch auch Hilfsorganisationen nur eingeschränkte Handlungsmöglichkeiten besitzen. Grausamkeiten aller Art und Vergewaltigungen werden bewusst als Teil einer militärisch-politischen Strategie eingesetzt, um Angst und Panik zu verbreiten (CALIC 1998, S. 223). Sie entspringen damit rationalem Kalkül[33]. Durch die exzessive Gewaltausübung verstärkt sich die Gruppenkohäsion und die Identität sowohl auf Seiten der Täter, wie auch der Opfer. Die massive Gewaltanwendung entwickelt durch jeweilige Vergeltungsaktionen leicht eine Eigendynamik, die irrationale Züge entwickelt.

2. Die kämpfenden Akteure sind in der Regel hochmotiviert (SCHERRER 1994, S. 47) und kämpfen bis zur Selbstaufgabe. Wenn ethnische bzw. interne Konflikte zum Zerfall der staatlichen Ordnung insgesamt oder in bestimmten Regionen führen, formieren sich im Verlauf der Konflikte neue Akteure in Form von Warlords[34], die in der Regel keine politischen Ziele, sondern materielle Interessen verfolgen und meistens kriminell agieren (z.B. in Somalia). Im Verlauf der Konflikte entsteht im Falle der Verfügung z.B. über Rohstoffvorkommen eine eigene Kriegsökonomie, die Konfliktparteien von einer Ressourcenzufuhr von außen weitgehend unabhängig

---

[32] Das wichtigste Unterscheidungsmerkmal ist die Bedeutung der politisierten Ethnizität als Ursache der Konflikte, aber auch im Hinblick auf Selbstverständnis, Konfliktverhalten und Ziele der Konfliktparteien.

[33] Dies widerspricht dem Tenor der Schilderungen von BUCH (1996), der das irrationale Moment der Kampfhandlungen vor allem in Liberia hervorhebt.

[34] Der Begriff stammt aus den Bürgerkriegswirren im China der 20er Jahre und greift auf Erfahrungen während des 30jährigen Krieges zurück. Warlords können als Kriegsherren bezeichnet werden, die mit militärischer Gewalt in Phasen eines staatlichen Macht- und Ordnungsvakuums ein bestimmtes Territorium unterwerfen und ausbeuten.

macht. In vom Bürgerkrieg zerrissenen oder völlig zerfallenen Staaten wie z.B. Liberia, Sierra Leone oder Angola sind zudem oftmals Sicherheitsfirmen („Söldner") im Auftrag von transnationalen Firmen im Einsatz, um Firmeneigentum oder die Rohstoffextraktion zu sichern, wodurch sich die Vielzahl der sehr unterschiedlichen Konfliktparteien weiter erhöht. Die Tatsache, dass die beteiligten Kämpfer dabei ihre Zugehörigkeit zu bestimmten Milizen unter dem Kommando eines Warlords wechseln (für Bosnien: CALIC 1996, S. 223), macht die Lage extrem unübersichtlich und variabel. Ferner erschwert dies eine eindeutige Unterscheidung zwischen Aggressoren und Angegriffenen und teilweise auch zwischen Tätern und Opfern.

3. Aufgrund der Siedlungsgeographie der ethnischen Gruppen besitzen ethnische Konflikte in vielen Fällen einen grenzüberschreitender Charakter, so dass die Gefahr eine Ausweitung von Konflikten auf Nachbarstaaten und ganze Regionen besteht. Eine Einmischung von außen findet am ehesten noch durch finanzielle Unterstützung oder Lieferung von Waffen statt, seltener ist eine direkte Einmischung von außen in Form bewaffneter Intervention zu beobachten, bei der Partei für eine Konfliktpartei ergriffen wird.

4. Je länger die Kampfhandlungen andauern, desto mehr zeigt sich eine Tendenz zur Bildung ethnisch homogener Siedlungsräume durch Anwendung von Gewalt. Die brutalen Vertreibungen und Zwangsumsiedlungen, euphemistisch als „ethnische Säuberungen" bezeichnet, können sowohl zur Herausbildung größerer geographischer Entitäten als auch zu ethnisch homogenen abgrenzbaren Territorien innerhalb von Siedlungsgebieten anderer Ethnien führen.

Diese vier Charakteristika und das komplexe Geflecht von mindestens fünf verschiedenen strukturellen und situativen Konfliktursachen erschweren sowohl eine friedliche Konfliktbearbeitung (z.B. durch Mediation) als auch eine militärische Intervention von außen, sei es in Form von Peacekeeping oder einer massiven militärischen humanitären Intervention von internationalen Organisationen (UN, NATO). Die bisherigen oftmals negativen Erfahrungen mit diplomatischen und militärischen Interventionen machen die Bearbeitung von ethnischen Konflikten zu einer der wichtigsten Herausforderungen für die internationale Sicherheit und damit die Friedens- und Konfliktforschung[35].

---

[35] Zum Thema der Konfliktbearbeitung und -prävention erscheinen gegenwärtig zahlreiche Publikationen, vgl. KRUMWIEDE und WALDMANN (1998), SCHERRER (1994; 1999), ENGEL und MEHLER (1998).

5 Fazit

Als Fazit dieses Beitrages lässt sich folgendes festhalten: Ethnizität und ethnische Konfliktlagen lassen sich nicht als Ausdruck tief sitzenden, quasi genetisch verankerten Hasses und archaischer Gewalt begreifen, sondern sie sind moderne Phänomene. Der Ursprung ethnischer Konflikte ist einerseits struktureller Natur, denn er liegt erstens in den modernen Strukturen des Kolonialismus und zweitens der postkolonialen – meistens autoritären – ethnokratischen Herrschaft. Andererseits bedarf es auslösender Faktoren, wie der gezielten Manipulation durch Eliten, die Ethnizität als Machtressource instrumentalisieren können. Die Politisierung von Ethnizität ist vor allem in Situationen raschen politischen und sozioökonomischen Wandels, die mit großer Unsicherheit für alle Akteure verbunden sind, möglich. Damit eine ethnische Mobilisierung durch Eliten und Intellektuelle gelingen kann, bedarf es der Aktivierung oftmals historisch verankerter Feindbilder und kollektiver Mythen. Die Ursachen und Dynamiken ethnischer Konflikte lassen sich daher durchaus als Wechselspiel von Mythen und Durchsetzung realer Interessen begreifen (PSALIDAS-PERLMUTTER 2000).

Im Hinblick auf Zusammenhänge zwischen Demokratisierungsprozessen und ethnische Konflikten sind allgemeine Aussagen kaum möglich. Inwieweit Demokratisierung zu stärkerer ethnischer Polarisierung (z.B. in Wahlkämpfen) führt oder im Gegenteil latente ethnische Konfliktlagen dämpft, ist vom Einzelfall, insbesondere von der Politik des früheren autoritären Systems gegenüber den verschiedenen Ethnie abhängig. Unverzichtbar erscheint eine demokratische Institutionenbildung und die Entstehung einer demokratischen Zivilgesellschaft als ein Element dauerhafter Konfliktlösung. Demokratisierung als Mittel der Konfliktbearbeitung bedarf als Voraussetzung der Befriedung von Konflikten, sie ist angemessene Strategie im Falle massiver Gewaltanwendung.

Konflikte mit ethnischen Komponenten werden auch in Zukunft eine der größten Herausforderungen für die internationale Politik bilden, da die Ursachen ethnischer Konflikte struktureller Natur, mehrdimensional und daher nur schwer einzuhegen sind. Ferner motivieren die „erfolgreichen" ethnischen Bewegungen, die zu einer eigenen Staatsgründung geführt haben, radikale Führer ethnischer Bewegungen zur Nachahmung. Die Erfolgsaussichten radikaler ethnischer Bewegungen, den ersehnten eigenen Staat zu erreichen[36], haben sich auch durch die positivere Haltung der

---

[36] Dabei ist für die Propagandisten eines eigenen Staates unerheblich, ob die notwendige ökonomische Basis für ein Überleben des neuen Staates überhaupt vorhanden ist.

internationalen Staatengemeinschaft (etwa im Rahmen der OSZE) gegenüber Minderheitenrechten und dem Selbstbestimmungsrecht der Völker erhöht (OTTAWAY 1999, S. 305-308). Dadurch wurden Sezessionsbestrebungen politisch in ihren Forderungen gestärkt. Allerdings ist die Verwirklichung des – unter Völkerrechtlern umstrittenen – Rechtes auf Sezession in jedem Fall nur im „Rahmen der vom Völkerrecht vorgegebenen Friedensordnung" denkbar (HEINTZE 1995, S. 35). Die Anwendung von Gewalt ist dafür keinesfalls gerechtfertigt.

Literatur

ANDERSON, Benedict (1988): Die Erfindung der Nation. – Frankfurt a.M.

BARBER, Benjamin (1996): Kann die Demokratie McWorld überleben? – In: WEIDENFELD, W. (Hg.): Demokratie am Wendepunkt. – Berlin, S. 81-100.

BOS, Ellen (1996): Die Rolle von Eliten und kollektiven Akteuren in Transitionsprozessen. – In: MERKEL, W. (Hg.): Systemwechsel 1. – 2. Auflage, Opladen, S. 81-110.

BOS, Ellen und Siegmar SCHMIDT (1997): Politisierte Ethnizität und Verfassunggebung in Afrika. – In: BETZ, J. (Hg.): Verfassungsgebung in der Dritten Welt. – Hamburg, S. 394-441.

BOWEN, John R. (1996): The myth of ethnic conflict. – Journal of Democracy 7, 4, S. 3-14.

BROWN, Michael E. (1993): Causes and implications of ethnic conflict. – In: BROWN, Michael E. (ed.): Ethnic conflict and international security. – Princeton, S. 3-26.

BUCH, Hans Christoph (1996): Die neue Weltunordnung. Bosnien, Burundi, Haiti, Kuba, Liberia, Tschetschenien. – Frankfurt a.M.

CALIC, Marie-Janine (1998): Probleme dritter Parteien bei der Regulierung von Bürgerkriegen: Der Fall Bosnien-Herzegowina. – In: KRUMWIEDE, Heinrich-W. und P. WALDMANN (Hg., 1998): Bürgerkriege: Folgen und Regulierungsmöglichkeiten. – Baden-Baden, S. 217-240.

EIKENBERG, Kathrin (1987): Ethnische Konflikte in der Dritten Welt. – In: BETZ, Joachim und V. MATTHIES (Hg.): Jahrbuch Dritte Welt 1987. – München, S. 69-83.

ELLIS, Stephen (1999): The mask of anarchy. The destruction of Liberia and the religious dimension of an African civil war. – New York.

ELWERT, Georg (1989): Nationalismus und Ethnizität. – Kölner Zeitschrift für Soziologie und Sozialpsychologie, 3, S. 440-464.

ENGEL, Ulf und Andreas MEHLER (Hg., 1998): Gewaltsame Konflikte und ihre Prävention in Afrika. – Hamburg.

ENGEL, Ulf und Andreas MEHLER (Hg. 1998): Gewaltsame Konflikte und ihre Prävention in Afrika. – Hamburg, Institut für Afrikakunde.

ENZENSBERGER, Hans Magnus (1993): Der große Bürgerkrieg und die Grenzen der Verantwortung. – Neue Zürcher Zeitung 12/13.6.1993.

ESMAN, Milton J. (1994): Ethnic politics. – Ithaca and London.

FEATHERSTONE, Mike (ed., 1990): Global culture, nationalism and modernity. – London.

GLICKMAN, Harvey and Peter FURIA (1995): Issues in the analysis of ethnic conflict and democratization processes in Africa today. – In: GLICKMAN, Harvey (ed.): Ethnic conflict and democratization in Africa. – Atlanta, S. 1-33.

GRIFFITHS, Hugh (1999): A political economy of ethnic conflict: Ethno-nationalism and organized crime. – Civil Wars, 2, 2, S. 56-73.

GURR, Ted Robert (ed., 1993): Minorities at risk. A global view of ethnopolitical conflicts. – Washington.

HAUCK, Gerhard (1997): Staat und Gesellschaft in Afrika – historische Kontinuitäten und Diskontinuitäten. – In: BEST, Günther und R. KÖßLER (Hg.): Subjekte und Systeme. – S. 287-299.

HAUCK, Gerhard (2000): Staat und Gesellschaft in Afrika – historische Kontinuitäten und Diskontinuitäten. – In: BEST, Günter und R. KÖßLER (Hg.): Subjekte und Systeme. Festschrift für Christian Sigrist. – Frankfurt a. M., S. 287-299.

HEINTZE, Hans-Joachim (1995): Autonomie und Völkerrecht. – Duisburg (= Interdependenz Nr. 19)

HOROWITZ, Donald, L. (1985): Ethnic groups in conflict. – Berkeley et.al.

HOROWITZ, Donald L. (1993): Democracy in divided societies. – Journal of Democracy, 4, 4, S. 18-38.

HUNTINGTON, Samuel P. (1996): Kampf der Kulturen. – München.

HUNTINGTON, Samuel P. (1991): The Third Wave. Democratisation in the late 20th century. – Norman et al.

KAPLAN, Robert D. (1994): The coming anarchy. – The Atlantic Monthly, 273, S. 44-76.

KREILE, Renate (1997): Politisierung von Ethnizität in Afrika. – Aus Politik und Zeitgeschichte B 9, S. 12-18.

KRUMWIEDE, Heinrich-W. und P. WALDMANN (Hg., 1998): Bürgerkriege: Folgen und Regulierungsmöglichkeiten. – Baden-Baden.

KÜHNE, Winrich (1992): Demokratisierung in Vielvölkerstaaten unter schlechten wirtschaftlichen Bedingungen. – Ebenhausen, Stiftung Wissenschaft und Politik.

LAKE, David und Donald ROTHCHILD (1996): Containing fear. – International Security, 21, 2, S. 41-75.

LEFF, Carol Skalnik (1999): Democratization and disintegration in multinational states. The breakup of Communist federations. – World Politics, 51, S. 205-235.

LONSDALE, John (1993): Staatsgewalt und moralische Ordnung. Die Erfindung des Tribalismus in Afrika. – Der Überblick 3, S. 5-10.

MATTHIES, Volker (1997): Einleitung: Friedenserfahrungen und Friedensursachen. – In: ders. (Hg.): Der gelungene Friede. – Bonn, S. 13-45.

MAZRUI, Ali A. (1995): Conflict as a retreat from modernity: A comparative overview. – In: FURLEY, Oliver (ed.): Conflict in Africa. – London et al., S. 19-27.

MERKEL, Wolfgang (Hg., 1996): Systemwechsel 1. Theorien, Ansätze und Konzeptionen. – Opladen, 2. Auflage.

MOLT, Peter (1996): Die Gefährdung der staatlichen Ordnung auf dem schwarzen Kontinent. – In: WAGNER, W. u.a. (Hg.): Jahrbuch Internat. Politik 1993/1994. – S. 297-311.

MOLT, Peter (1999): Ethnicity and politics in Sub-Saharan Africa. – In: HANF, Theodor (ed.): Dealing with difference: Religion, ethnicity, and politics: Comparing cases and concepts. – Baden-Baden, S. 83-100.

MOSER, Beat (1983): Ethnischer Konflikt und Grenzkriege. Ursachen innen- und außenpolitischer Konflikte in Afrika. – Diessenhofen, Zürcher Beitr. zur pol. Wissenschaft 7.

MOYNIHAN, Daniel P. (1993): Pandaemonium. Ethnicity in international politics. – Oxford.

NEDDERVEEN PIETERSE, Jan (1993): Beherrschung und Befreiung. Die Vielfalt und Mehrdeutigkeit ethnischer Politik. – Der Überblick, 3, S. 11-16.

NEVERS, Renée de (1993): Democratization and ethnic conflict. – Survival, 35, 2, S. 31-48.

OTTAWAY, Marina (1999): Ethnic politics in Africa: Chance and continuity. – In: JOSEPH, Richard (ed.): State, conflict and democracy in Africa. – Boulder, S. 299-318.

PRZEWORSKI, Adam (1986): Some problems in the study of the transition to democracy. – In: O'DONNELL, G. u.a.: Transitions from authoritarian rule – Prospects for democracy. – Baltimore and London, S. 47-64.

PSALIDAS-PERLMUTTER (2000): The interplay of myths and realities. – Orbis, 1, S. 237-244.

RÖSEL, Jakob (1995): Ethnic nationalism and ethnic conflict. – Internationale Politik und Gesellschaft, 2, S. 117-130.

RÖSEL, Jakob (1997): Vom ethnischen Antagonismus zur ethnischen Bürgerkrieg. – In: TROTHA, Truth v. (Hg.): Soziologie der Gewalt. – Sonderheft der Kölner Zeitschrift für Soziologie und Sozialpsychologie. Opladen, S. 162-182.

ROPERS, Norbert (1995): Die friedliche Bearbeitung ethno-politischer Konflikte: Eine Herausforderung für die Staaten- und die Gesellschaftswelt. – In: DEBIEL, T. und N. ROPERS (Hg.): Friedliche Konfliktbearbeitung in der Staaten- und Gesellschaftswelt. – Bonn: Stiftung Entwicklung und Frieden, S. 197-232.

ROTHCHILD, Donald (1986): Hegemonial exchange: an alternative model for managing conflict in Middle Africa. – In: THOMPSON, Dennis L. and Dov RONEN (eds.): Ethnicity, politics, and development. – Boulder, S. 65-104.

SCHERRER, Christian P. (1994): Ethno-Nationalismus als globales Phänomen. Zur Krise der Staaten in der Dritten Welt und der früheren UdSSR. – Duisburg (INEF-Report 6).

SCHERRER, Christian P. (1999): Structural prevention of ethnic conflict. – Institute for Research on Ethnicity and Conflict Resolution Study, 23, Moers.

SCHMIDT, Siegmar (1996): Demokratisierungsprozesse in Afrika. – In: MERKEL, W. (Hg.): Systemwechsel 1. Theorien, Ansätze und Konzeptionen. – Opladen 1994, S. 229-271.

SCHMIDT, Siegmar (1997): Parteien und demokratische Konsolidierung in Afrika unter besonderer Berücksichtigung der Entwicklung Kenias. – In: MERKEL, W. und E. SANDSCHNEIDER (Hg.): Systemwechsel 3. Parteien im Transformationsprozeß. – Opladen, S. 251-292.

STROUX, Daniel (1998): Die Ethnopolitisierung von Konflikten. Das Beispiel von Kongo (Ex-Zaire). – In: Friedensbericht 1998. Afrikanische Perspektiven. Theorie und Praxis ziviler Konfliktbearbeitung in Osteuropa. – Bern, S. 236-256.

TETZLAFF, Rainer (1991): Politisierte Ethnizität – eine unterschätzte Realität im nachkolonialen Afrika. – Afrika-Spectrum, 1, S. 5-28.

TETZLAFF, Rainer (1993): Staatszerfall und staatliche Neugliederung. – In: HOFMEIER, R. (Hg.): Afrika-Jahrbuch 1992. – Opladen 1993, S. 22-33.

VOLKAN, Vamik D. (1999): Das Versagen der Diplomatie. – Gießen.

WALDMANN, Peter (1998): Bürgerkrieg – Annäherung an einen schwer faßbaren Begriff. – In: KRUMWIEDE, Heinrich-W. und P. WALDMANN (Hg., 1998): Bürgerkriege: Folgen und Regulierungsmöglichkeiten. – Baden-Baden, S. 15-36.

WELSH, David (1996): Ethnicity in sub-Saharan Africa. – International Affairs, 72, 3, S. 477-491.

WIMMER, Andreas (1994): Der Kampf um den Staat. – In: MÜLLER, Hans-Peter (Hg.): Ethnische Dynamik in der außereuropäischen Welt. – Zürich, S. 511-538.

Lokale oder nationale Identität? Ethnische und religiöse Interpretationen sozialer Konflikte in Indonesien

Susanne Schröter

Einleitung

Seit dem Sturz Suhartos im Jahr 1998 wird Indonesien von Unruhen erschüttert, die kein Ende zu nehmen scheinen. Angehörige unterschiedlicher Religionsgemeinschaften massakrieren sich gegenseitig, Minderheiten werden eingeschüchtert, und verschiedene Provinzen fordern ihre Unabhängigkeit. Das Projekt einer auf unterschiedlichen Lokal- und Regionalkulturen aufbauenden Nation und damit auch der Fortbestand des Staates scheint ernsthaft gefährdet.

In diesem Beitrag wird zunächst ein kurzer Überblick über die wichtigsten Konfliktherde gegeben. Anschließend werden einige rhetorische Muster aufgezeigt, die von unterschiedlichen Gruppen in Indonesien, aber auch der internationalen Presse und diversen Nichtregierungsorganisationen verwendet werden, um die Konflikte zu klassifizieren und zu deuten. Da sich diese Diskurse der Bilder des Ethnos und der Religion bedienen, werde ich im Anschluss daran der Frage nachgehen, ob und inwieweit solche Modelle hilfreich für die Erforschung der Ursachen der gegenwärtigen Spannungen und die Entwicklung eventueller Lösungsvorschläge sein können.

Einleitend jedoch einige Vorinformationen: Indonesien ist flächenmäßig das drittgrößte Land Asiens, es umschließt 3,3 Mio. km^2 Territorialgewässer, 1,9 Mio. km^2 Landfläche und besteht aus 13.667 Inseln, die Hälfte davon bewohnt. Die Größe der einzelnen Inseln reicht von winzigen baum- und strauchlosen Korallenatollen bis zu Neuguinea und Kalimantan, die – nach Grönland – die zweit- und drittgrößten Inseln der Welt darstellen.

Die Bevölkerung Indonesiens setzt sich aus einer Vielzahl kulturell und sprachlich unterschiedlicher Gruppen zusammen, die verschiedenen Einwanderungswellen entstammt. Die überwiegende Mehrheit der Populationen wird zur austronesischen Sprachfamilie gerechnet, die sich allein in Indonesien in etwa 350 unterschiedliche Sprachen gliedert. Nichtaustronesische Papua-Sprachen werden auf den Inseln Halmahera, Alor, Pantar und in West-Papua (Irian Jaya) gesprochen.[1]

---

[1] Vgl. NOTHOFER 1999.

Der linguistischen Vielfältigkeit entspricht die historische Autonomie der einzelnen Regionen. Bis zur Unabhängigkeit im Jahr 1945 und der anschließenden Herausbildung des indonesischen Nationalstaates hatten in der südostasiatischen Inselwelt zwar einige einflussreiche Königreiche und Sultanate – vor allem auf Java, Sumatra, Sulawesi und Borneo – versucht, ihren Einflussbereich auszudehnen, doch dies hatte nicht zur dauerhaften Integration eroberter Territorien geführt. Selbst im unmittelbaren Umfeld fürstlicher Residenzen war die Kontrolle der Zentralgewalt gering gewesen, und tradierte Adatgemeinschaften[2] hatten ihre Autonomie stets zu verteidigen gewusst. Lokale Gemeinschaften waren auf der Grundlage von Verwandtschaft organisiert, wobei Klane und Häuser[3] eine besondere Rolle einnahmen.

Vielfalt herrscht auch hinsichtlich der Religion, und alle fünf Hochreligionen werden als gleichwertig akzeptiert. Heute gehören alle Indonesier formell einer dieser Glaubenssysteme an, da der Glaube an einen Gott zur offiziellen Staatsdoktrin gehört. Innerhalb jener Vorschrift, welche die traditionellen Religionen diskriminiert und zur staatlich verordneten Konvertierung großer Bevölkerungsgruppen führte, war die Regierung allerdings stets um Toleranz bemüht und interpretierte auch den hinduistischen Polytheismus der Balinesen im Sinne einer Ein-Gott-Kultur. Die Anerkennung und Aufrechterhaltung des religiösen Pluralismus bedarf jedoch bis heute einer fortwährenden Anstrengung, da er von islamischen Gruppen, die eine Hinwendung zum Islam als Staatsreligion anstreben, immer wieder in Frage gestellt wird.

1 Wichtige Konfliktfelder

Ost-Timor

Am bekanntesten ist der Konflikt um die ehemalige 27. Provinz Ost-Timor, die gerade mit internationale Unterstützung ihre Unabhängigkeit errungen hat. Timor umfaßt 30.000 km² und wurde bis zur Ankunft der Portugiesen im 16. Jahrhundert von lokalen Fürsten beherrscht. Seine strategisch günstige Lage und die reichen Sandelholzvorkommen ließen es in den Blickpunkt der Kolonialmächte Portugal und Holland geraten, die sich die Insel nach einer Zeit militärischer Streitigkeiten um die Vorherrschaft aufteilten, so dass die westliche Hälfte mit der Hauptstadt Kupang

---

[2] Adat bedeutet die Summe aller tradierten Sitten und Gebräuche; Adatgemeinschaft ist demnach eine lokale Gruppe mit ausgeprägtem Wir-Gruppen-Gefühl, gemeinsamen Werten und Normen sowie einem besonderen Rechtskodex.

[3] Lévi Strauss und eine Reihe von ForscherInnen, die sich auf seine Verwandtschaftshypothesen beziehen, haben die indonesischen Gesellschaften aufgrund ihrer Überschreitung von Lineagegrenzen als „Hausgesellschaften" bezeichnet.

niederländisches Kolonialgebiet wurde, während die östliche mit der Hauptstadt Dili zu Portugal zählte. Während Westtimor zusammen mit dem holländischen Ostindien 1945 seine Unabhängigkeit erzielte, bekam Ost-Timor den Status einer portugiesischen Überseeprovinz. Nach der Nelken-Revolution in Portugal formierte sich in Ost-Timor eine Unabhängigkeitsbewegung, und die Bevölkerung organisierte sich in verschiedenen Parteien, um ihre Interessen in dem zu erwartenden Machtvakuum durchzusetzen. Die politisch radikalste dieser Organisationen war die FRETILIN, die sich im Verlauf der Auseinandersetzungen von einer sozialdemokratischen Partei zu einer kommunistisch orientierten wandelte. Die wichtigsten Kontrahenten der FRETILIN hatten sich dagegen in einer sog. Antikommunistischen Bewegung *(Gerakan Anti Kommunis)* zusammengeschlossen.

Im März 1975 entließ Portugal Timor in die Unabhängigkeit und der Kampf um die Vorherrschaft unter den Parteien begann, ab Mitte des Jahres auch in Form bewaffneter Zusammenstößen. Zu jener Zeit nahmen Vertreter der indonesischen Regierung Kontakt mit den antikommunistischen Kräften auf und warben mit dem Argument einer gemeinsame Kultur und eines gemeinsamen Territoriums für eine Integration mit Indonesien.

Bereits am 17.6. unterzeichnete Suharto das Gesetz No. 7, das die Eingliederung als 27. Provinz besiegelt. Die offizielle Doktrin bezeichnete Indonesien und Ost-Timor als zwei Geschwister, die durch den Kolonialismus getrennt wurden und jetzt endlich wieder vereint seien. Ungeachtet dessen wurden die Auseinandersetzungen zwischen den Konfliktparteien fortgesetzt, und am 28.11.1975 übernahm die FRETILIN die Macht in Dili und erklärte die Unabhängigkeit der Demokratischen Republik Timor. Der Traum vom eigenen Staat währte indes nicht lange. Mit Duldung der USA und Australiens, die ein asiatisches Kuba verhindern wollten, marschierten indonesischen Streitkräfte ein, und einer der brutalsten Unterwerfungskriege des 20. Jahrhunderts begann, infolge dessen ein Drittel der Bevölkerung ausgerottet wurde.

Die Vereinten Nationen haben die Annexion Ost-Timors niemals anerkannt, und Portugal blieb de jure die legitime Verwaltungsmacht.

Bis zur Unabhängigkeit im Jahr 1998 dominierten indonesische Militärs die gesamte Wirtschaft und kontrollierten insbesondere den Kaffee- und Sandelholzhandel. Das Verwaltungspersonal wurde in seiner Mehrheit von Nichttimoresen gestellt, und ein Klima der Unterdrückung und Einschüchterung beherrschte das gesellschaftliche Leben. Trotzdem blieb eine politische Opposition virulent. Die Mitglieder der FRETILIN zogen sich nach ihrer Niederlage in die Illegalität zurück und formierten sich zu einer Untergrundarmee, die in den Bergen und abgelegenen Dörfern ihre Rückzugsgebiete fand. In den Städten wurden immer wieder Demonstrationen durchgeführt, deren Teilnehmer der militärischen Übermacht zwar nichts entgegenzusetzen hatte, die aber doch so offenkundig verdeutlichten, dass der Wille zur Autonomie ungebrochen war. Bei allen Auseinandersetzungen mit der indonesischen Armee hatte sich die katholische Kirche von Anfang an auf die Seite der Bevölkerung gegen die Militärs gestellt und mit dieser Parteinahme einen schnellen Missionserfolg zu verzeichnen gehabt.[4]

Alle Anstrengungen zum Trotz wurde der Weg in die Unabhängigkeit erst nach dem Sturz Suhartos frei. Im Jahr 1999 ließ Präsident Habibie die Einwohner in einem Referendum über ihre weitere Zukunft entscheiden. Ungeachtet aller Versuche seitens des Militärs und der proindonesischen Milizen, die Abstimmungen mit Terror und Einschüchterung zu beeinflussen, stimmte eine überwältigende Mehrheit für die Trennung von Indonesien. Auch das anschließende Wüten von Armee und Milizen, bei dem Tausende von Zivilisten abgeschlachtet und das Land verwüstet wurde, konnte den politischen Prozess nicht mehr aufhalten.

West-Papua
Ebenfalls um Unabhängigkeit, oder Teilautonomie, bemüht sich die autochthone Bevölkerung West-Papuas, in Indonesien Irian Jaya genannt. Der Westteil Neuguineas war bis 1962 holländische Kolonie, kam auf Druck der USA 1962 unter UN-Verwaltung und wurde 1963 nach einem Vertrag zwischen Indonesien und Holland an Indonesien übergeben. Nach UNO-Auftrag sollte ein „Act of Free Choice" über die Frage Integration oder Unabhängigkeit entscheiden, doch statt dessen schickte Indonesien seine Armee ins Land, errichtete ein repressives Regime und ließ die Quasi-Annexion 1960 von 1.026 handverlesenen und bestochenen traditionellen Führern bestätigen. Obwohl UN-Beobachter von einer Farce sprachen, erkannte die UNO Irian Jaya als neue indonesische Provinz an. Der Verdacht lag nahe, dass die reichen Vorkommen an Kupfer, Gold, Silber, Holz und Erdöl und die Möglichkeit ihrer Ausbeutung durch multinationale Konzerne bei der Zustimmung eine gewichtige Rolle gespielt hatten. Unmittelbar nach der erzwungenen Integration wurden umfangreiche Konzessionen an ausländische und indonesische Firmen vergeben. Heute werden etwa 20 % des Staatsbudgets in Irian Jaya erwirtschaftet.

Die einheimische Bevölkerung hat von diesem Reichtum bislang nicht profitiert: Da ihr Land als Urwald angesehen wurde, bekamen Anwohner bei Enteignungen

---

[4] Der Anteil der Katholiken innerhalb der Bevölkerung stieg innerhalb von 25 Jahren von 20-25% auf 90%.

keine Entschädigung, und wenn ihre Dörfer etwaigen Firmeninteressen im Wege standen, wurden sie rücksichtslos vertrieben. Als mögliche Arbeitskräfte kamen sie meist nicht in Frage. Nur ein Bruchteil der dort beschäftigten Arbeiter stammt aus Irian Jaya, und diese werden für die körperlich anstrengendsten und am schlechtesten bezahlten Tätigkeiten eingesetzt. Die Diskrepanz zu den von anderen Inseln zugewanderten Arbeitern demonstrierte man auch räumlich: Sie wurden in schnell errichteten Retortenstädten angesiedelt, die von den umliegenden Dörfern durch Stacheldrahtzäune getrennt sind.

Die größte Mine des Landes wird von der Freeport McMoran Copper and Gold Ltd. ausgebeutet, die heute der größte Steuerzahler der Nation ist. Freeport ist berüchtigt für seine repressive Politik gegenüber der lokalen Bevölkerung und für die ökologischen Schäden, die mit dem Erzbau verbunden sind, dabei vor allem die Verseuchung der umgebenden Gewässer mit täglich 100.000 Tonnen toxischen Rückständen. Der Konzern finanziert die lokale Verwaltung und das Militär, das ihm im Falle von Schwierigkeiten mit der ansässigen Bevölkerung bei der Durchsetzung seiner Interessen stets zu Diensten ist.

Doch nicht nur die internationalen Minen- und Holzgesellschaften verschlechterten die Lebensbedingungen der Einwohner, ein zusätzliches Problem bildet die Konfiszierung von Land, das als Jagd- und Sammelgebiet oder Brachland von Bedeutung war, von indonesischen Beamten aber als ungenutzt erklärt und als Siedlungsgebiet für Migranten aus Java und von anderen Inseln vergeben wurde.

Die örtliche Bevölkerung hat die Annexion West Papuas niemals hingenommen, sondern sich von Anfang an auf verschiedenen Ebenen dagegen zur Wehr gesetzt. Seit 1965 führt die Bewegung Freies Papua (*Organisasi Papua Merdeka, OPM*) einen Guerillakampf für die Unabhängigkeit, der allerdings aufgrund der ungleichen Kräfteverhältnisse eher symbolischer Natur ist. Irian Jaya gilt als Unruheprovinz und ist eines der „Militärischen Operationsgebiete" (*Daerah Operasi Militer*), in dem jegliche Opposition durch Terror und Einschüchterung gebrochen wird.

Die Ziele der Opposition sind klar: Ende 1999 forderte ein Forum aus Kirchenführern und Vertretern autochthoner Organisationen außer dem Abzug des Militärs, dass das in Irian erwirtschaftete Geld in der Region verbleiben, die Beamtenschaft aus Papuas gebildet und die Ansiedlung von Nichtpapuas beendet werden solle.

Aceh

Forderungen nach Unabhängigkeit werden auch von der Bevölkerung der Provinz Aceh im äußersten Norden Sumatras erhoben. Die Aceh vertreten eine fundamentalistische Spielart des indonesischen Islam und kämpfen für einen islamischen Staat. Banda Aceh war 500 Jahre lang, bis zur Zerschlagung durch die Armee Niederländisch-Indiens, ein unabhängiges Sultanat *(Kota Raja)*. Seine Bewohner setzten den neuen Herren jedoch auch nach der formellen Eingliederung ins holländische Imperium heftigen Widerstand entgegen und kamen erst nach längerem Krieg, der die Aceh 100.000 Menschenleben gekostet hatte, unter holländische Kontrolle. 1914 ergaben sich die letzten Widerstandskämpfer, doch die Region galt als nur oberflächlich befriedet, so dass bis zur Unabhängigkeit Indonesiens das Kriegsrecht herrschte. Nach der japanischen Besetzung im Zweiten Weltkrieg, die Indonesiens Entlassung aus dem Kolonialstatus einleitete, war Aceh eine der ersten Regionen, die unabhängig wurden. Die Integration in den neuen Staat gestaltete sich jedoch alles andere als leicht. Eine tiefe Enttäuschung über die indonesische Führung, die als korrupt und unislamisch empfunden wurde, führte schon 1953 zu einer antiindonesischen Rebellion.

1976 kehrte der Nachfahre des letzten Sultans, Hasan di Tiro, aus seinem Exil in den USA heimlich nach Aceh zurück und gründete 1977 die Bewegung Freies Aceh *(Aceh Merdeka)*, welche die Unabhängigkeit Acehs erklärte. Die Umsetzung dieser Proklamation ließ sich aber militärisch nicht durchsetzen, und die Bewegung wurde zerschlagen. Hasan di Tiro floh nach Schweden. Eine kleine Gruppe von Kämpfern blieb zurück, die, bedingt durch die andauernde Repression, einen regen Zulauf hatte. 1990 sandte Jakarta Kopassus-Elitetruppen nach Sumatra, verhängte 1991 den Status als Militärisches Operationsgebiet (DOM), und Aceh erlebte einige Jahre schlimmsten Terrors mit Vergewaltigungen, Verschleppungen von Oppositionellen, Folter, Brandschatzungen und Mord.

Die Verbrechen des Militärs wurden erstmals nach Rücktritt Suhartos öffentlich. Im Juni 1999 schickte das Parlament eine Untersuchungsgruppe nach Aceh, deren Berichte über Massengräber in der indonesischen Presse publiziert wurde. Die Öffentlichkeit zeigte sich schockiert, der DOM-Status wurde aufgehoben, und der Oberbefehlshaber der Armee, General Wiranto, sah sich genötigt, sich bei der Bevölkerung zu entschuldigen.

Als der frühere Präsident Habibie zu Beginn 1999 für Ost-Timor ein Unabhängigkeitsreferendum in Aussicht stellte, flammte die Unabhängigkeitsbewegung erneut auf, und eine nicht enden wollende Reihe an Protestaktionen und Demonstrationen verleiht der Forderung nach Sezession seither eine immense öffentliche Bedeutung.

Riau

Autonomieforderungen werden seit einiger Zeit auch aus der Provinz Riau auf Sumatra laut, die sehr viel offensichtlicher und weniger durch religiöse oder ethnische Aspekte überlagert, durch das Bewusstsein der ökonomischen Ausbeutung durch das javanische Zentrum motiviert sind. In Riau werden täglich 700.000 Barrel Rohöl gefördert; das entspricht mehr als der Hälfte der indonesischen Ölproduktion. Vom erwirtschafteten Profit[5] flossen lediglich 1 – 2 % an die Provinzregierung zurück. Aufgrund der anhaltenden Proteste verordnete der Übergangspräsident Habibie eine Anhebung auf 10 %, was allerdings niemals praktisch umgesetzt wurde. Präsident Wahid erhöhte den Anteil nochmals um 5 %, doch auch diese Zahl blieb bislang lediglich ein Versprechen.

Molukkische Inseln

Ein weiterer, bis heute schwer zu beruhigenden Konfliktherd, der vorwiegend als Christen-Moslem-Konflikt interpretiert wird, existiert auf den molukkischen Inseln, anfangs vor allem Ambon und Ceram, später auch auf Halmahera und anderen Inseln.[6]

Er wurzelt ganz unübersehbar in der Kolonialgeschichte. Tausende Molukker hatten im Rahmen des indonesischen Unabhängigkeitskampfes auf Seiten der Holländer gekämpft und schließlich, als diese aus Indonesien abzogen, eine Unabhängige Republik Südmolukken ausgerufen. Die indonesische Armee intervenierte und Tausende Südmolukker flohen nach Holland. Da die verbleibende, mehrheitlich christliche Bevölkerung als politisch wenig zuverlässig galt, siedelte Jakarta in den folgenden Jahren Moslems aus Java, Sulawesi und Sumatra auf den Molukken an, um die Bevölkerungsstruktur zu verändern. Durch diese Maßnahmen und durch eine nicht zu unterschätzende Anzahl von Migranten, die aus eigenem Antrieb aus Sulawesi zuzogen, wurde die in Jahrhunderten gewachsene homogene Gemeinschaft von Moslems und Christen (System der *Pela Gandong* = Einheit in Harmonie) empfindlich gestört. Heute sind etwa 54 % der 2 Millionen Molukker Muslime. Eine durch das Militär repräsentierte starke Staatsgewalt hatte den Frieden in diesen multiethnischen und multireligiösen Gemeinschaften durchgesetzt. Wie brüchig die vielbeschworene molukkische Harmonie jedoch war, wurde Anfang 1999 deutlich, als Christen und Moslems auf der Insel Ambon dörfer- und viertelsweise begannen,

---

[5] Das Unternehmen Caltex, das den Großteil des Öls fördert und vermarktet, rechnet mit einem jährlichen Profit von 2,2 Mrd. US-Dollar für die nächsten Jahre.
[6] Human Rights Watch spricht auch von Gewalt zwischen ethnischen Gruppen, ohne diese zu benennen.

sich gegenseitig den Krieg zu erklären, und dabei die Hauptstadt in Schutt und Asche legten. Lokale Eliten, die auch in Jakarta nicht ohne Einfluss waren, hatten die prekäre Situation genutzt und die vorhandenen Spannungen gezielt geschürt, um ihre ökonomischen Interessen abzusichern und den eigenen Aktionsradius zu vergrößern. SCHREINER (2000, S. 10) spricht daher auch von „einem Machtkampf der Eliten". Die Zahl der Toten dieser Auseinandersetzung betrug innerhalb eines Jahres mehr als 3.000 Personen.

Anfang 2000 erreichte die Schärfe des religiös konnotierten Konflikts einen neuen Höhepunkt, als zehntausende Muslime in Jakarta öffentlich zu einem *Jihad*, einem „Heiligen Krieg" gegen die Christen aufriefen und damit drohten, in großem Umfang javanische Kämpfer auf die Molukken zu entsenden. Die christlichen Kämpfer wiederum wurden von Migranten aus den Niederlanden finanziell unterstützt. Präsident Wahid, selbst ein geachteter Moslemführer, versuchte in dem Konflikt ein neutrale Position zu bewahren und setzte das Militär schließlich für jegliche Art öffentlichen Transportes ein, um so ein Einsickern radikaler Moslems auf den Molukken zu verhindern.

Sonstige Konfliktgebiete
Andere lokale Auseinandersetzungen zwischen Christen und Moslems, die hier nicht näher besprochen werden sollen, ereigneten sich auch auf den Inseln Lombok, Sulawesi und Java. Von Bedeutung ist dabei, dass sich vor allem die Angriffe der javanischen Muslime häufig auf die christliche chinesische Minderheit zielte.

Innerhalb ethnischer Kategorien ist auch ein Konflikt zwischen maduresischen Migranten auf Kalimantan und verschiedenen anderen Gruppen angesiedelt, der die internationalen Berichterstatter für Wochen beschäftigte. Ein lokaler Zwischenfall auf einer Hochzeit in einem Dorf in West-Kalimantan, der sich zwischen Angehörigen der Dajak und Maduresen ereignete, löste wochenlang anhaltende Pogrome gegen maduresische Siedler aus, die erst mit dem Eingreifen des Militärs beendet wurden. Ähnliche Konflikte hatten sich in der Region bereits in den Jahren 1977, 1978 und 1983 ereignet.

Handfeste materielle Interessen zeichneten dagegen einige lokale Konflikte in prosperierenden Industriegebieten im äußersten Norden Indonesiens aus. So wurde im Jahr 1998 über Auseinandersetzungen zwischen Arbeitern aus Flores und sumatrischen Batak auf der Insel Batam, 20 km vor Singapur, berichtet, bei dem dreizehn Menschen ums Leben kamen. Zwei Jahre später brach auf einer anderen Singapur vorgelagerten Insel, Bintan, die als Industrie- und Tourismusressort Bedeutung besitzt, ein weiterer gewalttätiger Konflikt aus. Mit Pfeil und Bogen bewaffnete Bewohner, die 1991 von Militär und Polizei von ihrem Land vertrieben worden waren, blockierten die Zufahrt zum Club Mediterrannée und drohten, sich ihr Land mit Gewalt zurückzuholen. Eine andere Gruppe besetzte das Gelände eines Kraftwerks und forderte eine angemessene Entschädigung für ihr Land.

Batam und Bintan sind Freihandelszonen. Sie werden von multinationalen Konzernen, die von Singapur aus operieren, genutzt. Die Arbeitsbedingungen sind schlecht und die Anwohner profitieren nicht von der jährlichen Wachstumsrate von 7%. Der größte Industriepark Batamindo wird von 90 singapurischen und multinationalen Firmen genutzt, beschäftigt 65.000 Arbeiter und produziert 53% aller elektronischen Exportprodukte.

Ein weiteres Konfliktfeld waren die sogenannten Ninja-Morde, die 1998 Ostjava erschütterten. Opfer waren vermeintliche Anhänger schwarzer Magie, aber auch islamische Lehrer, die der von Präsident Abdurrahman Wahid geleiteten Nahdlatul Ulama angehörten. Innerhalb eines halben Jahres wurden 182 Menschen ermordet. Die Täter waren schwarzgekleidete Maskierte. Von Angehörigen der Nadlatul Ulama und von Human Rights Watch wurde die Vermutung geäußert, das Militär hätte seine Hand im Spiel. Einige Anhänger der Nadhlatul Ulama interpretierten sie zusätzlich als anti-islamisch.

2 Das ethnische Argument

Läßt man die Auflistung der skizzierten Konfliktfelder, die keine Vollständigkeit beansprucht, Revue passieren, wird deutlich, dass die lokalen Konfliktlinien, die Verläufe und ihre möglichen Ursachen sehr komplex und durchaus nicht einheitlich sind, wenn ihnen im indonesischen und im internationalen Diskurs auch oft einheitliche Muster unterstellt werden. Diese Muster bedienen sich insbesondere des religiösen und des ethnischen Arguments. Zur Verdeutlichung mag ein Beitrag der Frankfurter Rundschau vom 20.3.1999 über die erwähnten Unruhen in Kalimantan dienen: Erbost über die Einschränkung ihres Lebensraums durch die Ansiedlung maduresischer Bauern, so der zuständige Redakteur, seien die missionierten Nachfahren einstiger Kopfjäger eines Abends bei ihrem katholischen Priester erschienen, um ihm folgendes mitzuteilen: „Vater, wir sind zwar Christen. Aber die nächsten vier Tage werden wir wieder Dayak sein. Wir hoffen, dass du uns vergibst." Vier Tage später seien Hunderte auf Lanzen gepfählte Köpfe getöteter Maduresen entlang der Straßen verdorrt.

Beim Leser entsteht nach den sehr blumigen Ausführungen, deren Anspruch auf Wahrhaftigkeit durch das Zitat untermauert ist, der Eindruck, dass auf Kalimantan ein ethnischer Konflikt zwischen Ureinwohnern (Dayaks) und Zuwanderern (Maduresen) tobe. Die Dayaks, erfahren wir, sind Nachfahren von Kopfjägern, barbarische Wilde, deren Freude am Massaker sich mit dem Rückgriff auf eine barbarische Tradition begründet. Die Frankfurter Rundschau war mit ihrer Darstellungen des Konflikts nicht allein, sondern bewegte sich im journalistischen main stream, der nicht nur in Europa und den USA, sondern auch in den Staaten Südostasiens inklusive Indonesien selbst nahezu deckungsgleich war. Zusätzlich zum Argument des Ethnischen betonten einige Zeitungen den Aspekt der Religion. Die Dayaks seien Christen, die Maduresen Muslime: Gewissermaßen diagnostizierte man hier also auch einen Religionskonflikt, wenngleich diese Deutung nur eine marginale Rolle spielte. Vor dem Hintergrund der großen öffentlichen Debatten um ethnische Konflikte an anderen Orten der Welt machten die Verhältnisse auf Kalimantan einen recht bekannten Eindruck.

Unterschlagen wurde in der Berichterstattung meist, dass es keinesfalls nur die wilden Nachfahren wilder Kopfjäger waren, welche die maduresischen Siedler massakrierten. Vielmehr hatte sich eine Allianz aus Dayaks und Malaien gebildet, die, wie die Maduresen, Muslime waren. Diese Merkwürdigkeit wurde, in den wenigen Berichten, die sie überhaupt zur Kenntnis nahmen, weder kommentiert noch in einen sinnvollen Zusammenhang gestellt. Sie wirkte verloren und deplaziert und konnte daher nicht dazu beitragen, das vorherrschende Bild, das so eingängigen Mustern zu folgen schien, zu verunsichern. Die ethnische oder religiöse Deutung ist auch bei anderen, nicht weniger schillernden Konflikten prominent, wobei beide Kategorien, wie das Beispiel der Dayak zeigt, häufig miteinander verwoben werden.

3 Zum Begriff der „Ethnie"

Der Begriff der Ethnie, der heute in aller Munde ist, geht auf den griechischen Terminus Ethnos zurück, der, wie LENTZ (1995) in einem Aufsatz ausführt, in der Antike als Sammelbegriff für Fremde und Barbaren, kurz alle Nichtgriechen galt. Erst im Kontext der Konsolidierung des osmanischen Reiches im 15. Jahrhundert wurde er zu einer Selbstbezeichnung griechisch-orthodoxer Christen und schließlich, im Rahmen der Etablierung eines griechischen Nationalismus zu einem mit gemeinsamer Kultur und Geschichte konnotierten „Wir-Gruppen-Begriff". Diese Definition liegt auch der gängigen ethnologischen Begriffsbestimmung zugrunde, wie sie EL-

WERT (1995) im Wörterbuch der Ethnologie als „eine familienübergreifende und familienerfassende Gruppe, die sich selbst eine kollektive Identität zuspricht" definiert. Ethnische Zuschreibungskriterien beanspruchten dabei Dominanz gegenüber anderen Zuordnungskriterien und konstruieren eine, wenn auch variable, Außengrenze.

In der Ethnologie setzte sich der Begriff der Ethnie Anfang der 70er Jahre gegen die bis dahin dominierenden Termini Stamm, Rasse, tribe etc. durch und entsprach damit unverkennbar einem postkolonialistischem Bemühen, pejorative Anklänge an Primitivität in der Diskussion zu vermeiden und die kognitive Hierarchisierung der Welt aufzuheben. Eng verzahnt mit dem Begriff der Ethnie ist der Terminus Kultur, der ebenfalls auf die Erschaffung von Gruppenidentität zielt. Beide Begriffe besitzen durchaus problematische Aspekte: Sie betonen Grenzen[7], naturalisieren vermeintliche Unterschiede zu anderen Gruppen und dienen nicht selten als Begründung für feindselige Einstellungen gegenüber anderen. Im wissenschaftlichen Diskurs hat der radikale Kulturalismus mit dem Werk „The clash of civilizations" von Samuel HUNTINGTON (1996) zweifelhafte Publizität erfahren. Er prophezeite darin, dass die großen Konflikte der Zukunft nicht mehr ökonomisch oder ideologisch motiviert, sondern durch kulturelle Unterschiede hervorgerufen sein werden. Sowohl das Konzept der Ethnie als auch das der Kultur haben eine Reihe von KritikerInnen auf den Plan gerufen, die nicht nur mit den zweifelhaften politischen Implikationen der Begriffe, sondern auch mit dem Moment ihrer Konstruiertheit argumentierten.

Diese Konjunktur des ethnischen Arguments ist relativ jungen Datums. Im Westen lässt sie sich recht genau auf den Zusammenbruch der Sowjetunion datieren, diese einschneidende Wende, welche die politische Debatte eines ihrer tragfähigsten Dichotomien beraubte. In der Rhetorik bürgerlicher und konservativer Sprecher unterteilte man die Welt bis zu dem denkwürdigen Ereignis in kommunistische Unterdrückersysteme und freiheitliche Demokratien. In einer eher sozialistischen Rhetorik, der sich viele westliche Intellektuelle bedienten, sprach man von einem imperialistischen Block, geführt von den USA, und den ausgebeuteten Staaten der sog. „Dritten Welt", die auch als potentiell anti-imperialistischer Block wahrgenommen wurden. Mit dem Ende des Kalten Krieges geriet diese heile Welt, in der für alle Seiten das Reich des Guten und das des Bösen so einfach auszumachen war, ins Wanken und löste sich zunehmend im Nichts auf. Der ungewohnte Friede löste jedoch weder die ökonomischen und sozialen Probleme der jeweiligen Länder noch die ungleichen Beziehungen zwischen ihnen. Er nahm lediglich die Möglichkeit,

---

[7] Vgl. BARTH 1969

auf eingängige Feindbilder zurückzugreifen und Schuldige glaubhaft auszumachen. Die Leerstelle blieb jedoch nicht lange vakant. Sie wurde von einer Ideologie aufgefüllt, die man in den industrialisierten Ländern des Westens für längst überwunden und in den sogenannten Dritt-Welt Ländern für Relikte einer vormodernen Zeit erachtete: dem Ethnizismus.

Dieser erfreut sich als Mobilisierungsstrategie steigender interkultureller Beliebtheit: So leiten deutschtümelnde Jugendliche, die in den Straßen von Magdeburg und Berlin auf Jagd nach Menschen anderer Hautfarbe gehen, ihre Weltsicht nicht aus politischen Analysen, sondern aus einer diffusen Idee von gemeinsamem Blut und Boden ab, aus der allein die Zugangsberechtigung auf Arbeit und Frauen erwachse. Die sich diversifizierende Bevölkerung des zusammenbrechenden Jugoslawien exerziert vor, dass das Zitieren mythischer Gefechte geeignet ist, Menschen dazu zu ermutigen, ihre niedersten Triebe an ihren unmittelbaren Nachbarn abzureagieren, und in Ruanda wurden Hunderttausende unbewaffneter Zivilisten abgeschlachtet, weil sie die falsche ethnische Zugehörigkeit hatten.

In Indonesien hat eine ähnliche Verlagerung von Konfliktdeutungsmustern stattgefunden. Bis zur Auflösung des holländischen Ostindien polarisierte man zwischen Befürwortern der Unabhängigkeit und ihren Gegnern, nach der Machtübernahme durch Suharto im Jahr 1966 übernahm man die Doktrin des Kalten Krieges und denunzierte all diejenigen, die sich nicht der rigiden Staatsideologie unterordneten, als Kommunisten. Die jüngsten Unruhen werden nun fast ausschließlich mit ethnischen oder religiösen Argumenten gedeutet. Indonesische Journalisten übernehmen die Vorstellung einer beginnenden Balkanisierung des Inselreiches, und Politiker und Wissenschaftler verwenden die Metaphern der ethnischen und religiösen Polaritäten, die zu überwinden man versäumt habe.

Heute gehören die Begriffe Ethnie, Ethnizität und ethnische Spannungen international zum Standardrepertoire politischer Rhetorik, und werden ähnlich wie einst der Stammesbegriff mit Rückschrittlichkeit und Barbarei assoziiert. Die beteiligten Akteure erscheinen dabei in den Medien als neue exotische Stereotypen, die bevorzugt als Täter – blutrünstiger Stammeskrieger und grausame Soldateska – oder Opfer – unterdrückte „Naturvölker" und ethnische Minderheiten – dargestellt werden.

Im Falle der Dayaks überschneiden sich diese beiden stereotypen Zuschreibungen. Zum einen werden wir konfrontiert mit Informationen, welche die Grausamkeit des Aufruhrs betonen, und mit dem voyeuristischen Vergnügen, via Medien an einem Massaker teilzunehmen, zusätzlich exotisierend detaillierte Beschreibungen wie das Aufspießen abgeschlagener Köpfe. Die Dayak erscheinen als personifizierte

Alpträume. Gleichzeitig, und oft im gleichen Beitrag, verweist man auf das große Unglück, das diese scheinbar vormodernen Urwaldbewohner durch die Ansiedlung fremder Bauern trifft, die Gefährdung ihrer Kultur durch die mit den Maduresen einbrechende Moderne, der sie so hilflos ausgesetzt sind wie der Urwald selbst. Die Idee einer Einheit von Urwald und Urbewohner, die von Organisationen wie der Gesellschaft für bedrohte Völker popularisiert wurden, hat ebenso wie das Bild der rückwärts gewandten Ethnizisten den Weg ins öffentliche Bewusstsein gefunden. So wie wir fürchten, dass mit der Abholzung der Regenwälder die ökologische Katastrophe wie ein apokalyptischer Reiter über uns hereinbricht, so fürchten wir auch, dass eine Veränderung der urtümlichen Lebensweise sogenannter autochthoner Völker zu einer kulturellen Verarmung der Welt führen könnte, in der MacDonalds und Coca Cola endgültig die Weltherrschaft übernehmen.

Solche Bilder sind natürlich Konstruktionen und Projektionen. Die Dayak sind keine Ethnie im oben von ELWERT (1995) skizzierten Sinne. Der Begriff bedeutet schlicht „Binnenland" und wurde von den Holländern als Sammelbegriff für die unterschiedlichen im Innern von Borneo lebenden Bevölkerungsgruppen verwendet, die man in einige Dutzend kulturell und sprachlich unterschiedliche „Völker" (Dayak-Völker) und diese wiederum in etwa 300 Stämme differenzieren kann. Auch lebten sie nicht bis zur Ankunft der Maduresen als primitive, von der Moderne unbeeinflußte Relikte der Urzeit. Seit vielen Jahrzehnten sind sie eine Minderheit in Kalimantan, das schon vor Hunderten von Jahren ein Schnittpunkt verschiedener Kulturen war. Bereits 400 nach der Zeitenwende gelangte der Hinduismus auf die Insel, die Zwischenstation war für den Handel mit China und den Philippinen. Javanische und chinesische Siedlungen existierten lange vor Ankunft der Europäer, und im 15. und 16. Jahrhundert entwickelten sich aus lokalen Zentralisierungsprozessen mehrere islamische Sultanate.

Die Konstruktion des Ethnischen im Falle der Dayak, die sich weigert, solche störenden Dinge wahrzunehmen, folgt im Westen und in Indonesien unterschiedlichen Bedürfnissen: Während wir exotistische, naiv-primitivistische und ökologistische Imaginationen nähren oder uns an fernen Grausamkeiten gruseln, wird sie in Indonesien selbst mit dem Selbstverständnis des Staates und der Sorge um die Einheit der Nation assoziiert. Deren Instabilität ist nicht nur ein Ergebnis der immensen räumlichen Ausdehnung, über die sich die einzelnen Inseln erstrecken, sondern resultiert auch aus dem der Geschichte ihrer Genese.

4 Die Konstituierung des Vielvölkerstaates

Die Inselwelt zwischen Indischen Ozean und Südchinesischem Meer bestand vor Ankunft der Europäer aus nur teilweise miteinander in Verbindung stehenden Gruppen höchst unterschiedlicher Struktur. Kleinere Sultanate, König- und Fürstentümer existierten neben segmentären Gesellschaften, deren endemische Kriegsführungen jegliche größere Organisation verhinderten. Einigen größeren Reichen wie dem Reich Srivijaja auf Sumatra (7.-13. Jh.) oder dem Majapahit-Reich, das in Ostjava aus seinen Ursprung hatte (13.-15. Jh.) gelang es zwar, ihren Einfluss weit über das Stammland hinaus auszudehnen, doch wurden die neugewonnenen Gebiete niemals dauerhaft in ein festes Staatsgebiet integriert. Die Beziehungen zwischen den Herrscherhäusern lagen, vergleichbar dem europäischen Mittelalter, eher auf der Ebene gelegentlicher Allianzen.[8]

Unter holländischer Herrschaft wurde erstmals ein Zentralisierungsprozess eingeleitet. Mit militärischer Gewalt und unter lang andauernden blutigen Kämpfen wurden einzelne Regionen zwangsintegriert. So dauerte beispielsweise der Krieg gegen das islamische Sultanat Aceh von 1873 bis 1914 und kostete 100.000 Acehnesen und 12.000 Angehörige der holländischen Armee das Leben. Bekannter als jene Tragödie ist die Unterwerfung Balis Anfang dieses Jahrhunderts geworden, während derer sich rund 2.000 dem Adel entstammende Balinesen, Frauen und Kinder eingeschlossen, in einer legendären Selbstmordattacke den Kugeln der Eroberer entgegen warfen, und diejenigen, die nicht getroffen wurden, sich mit dem Kris, einem traditionellen Dolch, das Leben nahmen.

Die so geschaffene Einheit Ostindiens konnte nur fragil sein – Aceh stand, nachdem sich die letzten Widerstandkämpfer im Jahr 1914 ergeben hatten, bis zur Unabhängigkeit unter Kriegsrecht – doch bewirkte der erzwungene Integrationsprozess andererseits auch eine intellektuelle Auseinandersetzung mit den Vorteilen einer multikulturellen Gesellschaft. Der Schriftsteller Pramoedia Ananta Toer zeichnet diese Auseinandersetzungen in einem seiner Bücher eindrucksvoll nach und beschreibt die vielfältigen Versuche ostindischer Intellektueller, Organisationen zu erschaffen, die nicht nur das Javanische repräsentieren, sondern auf eine gemeinsame ostindische Identität zielten. Als verbindendes Element bediente man sich dabei der Religion, genauer des Islams. Die zahlenmäßig stärkste Vereinigung, die *Sarekat Islam* (Islamische Vereinigung) hatte 1912 eine Mitgliederzahl von 366.000 Personen. 1920 spaltete sich die Organisation, und aus ihrem am stärksten antikolo-

---

[8] Vgl. DAHM 1999, S. 229.

nialen Flügel heraus entstand, nicht zuletzt unter dem Einfluss niederländischer Sozialisten, die Kommunistische Partei Indonesiens. Nach einem übereilten Putschversuch wurde sie 1927 verboten. Im gleichen Jahr gründete Sukarno die erste nationalistische Partei Indonesiens, die auch eine Zeitschrift herausgab, die *Indonesia Merdeka* (Unabhängiges Indonesien). Der wichtigste Führer der jungen Bewegung waren, neben dem Javaner Sukarno, der aus Sumatra stammende Mohammed Hatta.

Trotz der vielfältigen politischen Versuche, die Kolonialherrschaft zu beenden, war Vertreibung der Holländer letztendlich nicht das Resultat dieser Bemühungen, sondern der japanischen Besetzung im Zweiten Weltkrieg. Mit Einverständnis der Japaner begann Sukarno mit dem Aufbau eines eigenen Heeres, und am 17.8.1945 proklamierten Hatta und Sukarno die Unabhängigkeit. Der neue Staat basierte auf den sogenannten fünf Prinzipien, Pancasila: dem Bekenntnis zur nationalen Einheit, dem Prinzip der Humanität, der Demokratie javanischer Spielart (Diskussion und Konsensus statt Mehrheitsbeschlüsse), der sozialen Gerechtigkeit und dem Glauben an einen Gott. Als Garant dieser Ordnung galten das Militär sowie einige paramilitärische Gruppen, die eine Rolle im Unabhängigkeitskampf gespielt hatten.

5 Marginale Ethnien versus nationales Zentrum

Zentren der neuen Unabhängigkeit waren Java, Teile Sumatras, bis zu einem gewissen Grad auch Bali und Teile Sulawesis. Bis heute hat sich an dieser Machtkonstellation nichts geändert. Noch immer konzentrieren sich hier die politische und wirtschaftliche Macht sowie die wichtigsten Bildungsinstitutionen und Medien, werden hier politische Konzepte erdacht und die Zukunft Indonesiens geplant.

Auch die nationale Elite und ein großer Teil der regionalen Führungsschicht rekrutiert sich aus dem kulturell recht homogenen Herrschaftszentrum, dessen Existenz das nationale Prinzip der „Einheit in der Vielfalt" untergräbt. Dies ist vor allem ein Effekt der Entsendung javanischer und balinesischer Beamter auf die äußeren Inseln, die dort einen kaum zu übersehenden Rassismus gegenüber der autochthonen Bevölkerung kultivieren, die sie als primitiv und barbarisch ansehen. Bis in die jüngste Zeit hinein bestand staatliche Politik vielerorts aus einer systematischen Kulturzerstörung, um einen vom Zentrum vorgegebenen Modernisierungsprozess einzuleiten. Auf der Insel Flores, auf der ich lange Zeit geforscht habe, bedeutete dies unter anderem das gezielte Niederreißen heiliger Städten. Jahrelang zerschlugen angeheuerte Arbeiter unter Polizeischutz sakrale Megalithgräber und schafften die Steine zum Bau eines Fußballstadions in die Distrikthauptstadt. Man verbot das

Abhalten großer Feste und erließ eine Verordnung, nach der die Bevölkerung angehalten wurde, in Zukunft auf ihre traditionellen, auf Pfählen erbauten Holzhäuser zu verzichten und statt dessen wellblechgedeckte Steinhäuser mit zementierten Böden zu errichten. *Rumah sehat*, „gesunde Häuser", wurden die immerfeuchten ebenerdigen Behausungen der Moderne genannt, in denen sich die Malariamücken tummelten. Erst seit zahlungskräftige Touristen den Charme der traditionellen Kulturen entdeckt haben, läßt man von der zwangsweisen Zurichtung zu einem einheitlichen Staatsvolk ab und betont statt dessen weniger die Einheit als die Vielfalt.

Die Ethnisierung randständiger Bevölkerungsgruppen, die Arroganz der Beamten und die Konzentration politischer Macht hat nun bei den Ethnisierten eine eigene ethnisierende Identifikation hervorgerufen. Staat und Militär werden als Javaner identifiziert. Diese Zuschreibungen haben teilweise durchaus ihre Berechtigung: So wurde beispielsweise die timoresische Gesellschaft nach der Annexion gezielt javanisiert, und man setzte Javaner auf die wichtigsten Posten in der Verwaltung und in den Betrieben, in Krankenhäusern und Schulen. Andererseits war nicht jeder Repräsentant des indonesischen Staates, der in Ost-Timor eingesetzt wurde, Javaner. Besonders die Angehörigen der Streitkräfte, die den Kaffeeanbau und -handel kontrollierten, entstammten häufig anderen Inseln. Auch waren die Milizen keinesfalls, wie teilweise in der Presse behauptet wurde, Fremde, sondern originäre Ost-Timoresen – wie schon an den portugiesischen Namen erkenntlich ist.

6 Ethnizismus und Nation

Der Widerspruch zwischen den beiden Weltsichten, einem Bekenntnis zu Multikulturalität einerseits und zu kultureller Hierarchie andererseits, charakterisiert nicht nur die Beziehungen zwischen dem nationalen Zentrum und seiner Peripherie. Vielmehr war der Prozess der Gestaltung der Nation stets auch von Rassismen und staatlich inszenierter Intoleranz durchzogen, der insbesondere die nationale Minderheit der heute 5,4 Millionen Menschen zählenden Chinesen traf.

In Indonesien differenziert man die Chinesen in zwei Gruppen: die Peranakan, Nachkommen sehr früher, meist männlicher chinesischer Migranten, die indonesische Frauen heirateten und die indonesische Staatsbürgerschaft besitzen, und die Totok, Nachfahren von Plantagenarbeitern, die im 19. und frühen 20. Jahrhundert (bis 1930) angeworben wurden. Die Totok besitzen starke Bindungen an China, haben chinesische Sitten bewahrt und sprechen die chinesische Sprache. 1950 bot man ihnen die Option, zwischen der chinesischen und der indonesischen Staatsangehörigkeit wählen, doch diejenigen, welche die chinesische wählten, wurden 1967, als Indonesien die Beziehungen zu China einfror, staatenlos. Viele der Totok weigerten sich, die indonesische Staatsbürgerschaft anzunehmen. 1971 besaßen 250.000 von ihnen die chinesische Staatsbürgerschaft und eine Million waren staatenlos. 1965 verlangte die Regierung die Assimilation aller Chinesen, schloss die chinesischen Schulen oder wandelte sie in staatliche Schulen um, verbot chinesische Medien, chinesische Namen und politische Organisationen.

Die Diskriminierung der Chinesen steht im deutlichen Widerspruch zu ihrer ökonomischen Bedeutung. Sie leben meist in urbanen Regionen und stellen einen gewichtigen Teil der ökonomischen Elite. 1995 kontrollierten sie 70 % des nationalen Reichtums und 11 der 15 größten privaten Unternehmen.

Um das wirtschaftliche Potential seitens der herrschenden Oligarchie besser nutzen zu können, wurde die repressiven Chinesenpolitik seit Beginn der 90er Jahre schrittweise gelockert. Suharto umgab sich mit chinesischen Wirtschaftstycoons, und 1992 wurden chinesischsprachige Schulen wieder eröffnet. Chinesische Publikationen wurden zugelassen, und das chinesische Neujahrsfest geduldet. Dieser neue Frühling in der Beziehung zwischen indonesischer Führung und chinesischen Minderheiten beeinflusste die rassistischen Tendenzen innerhalb der indonesischen Bevölkerung allerdings wenig. Im Prozess der Demokratisierung wurden Chinesen mit dem korrupten Wirtschaftssystem identifiziert. 1998 entlud sich die Wut auf diejenigen, die man für die wirtschaftliche Misere verantwortlich wähnte, in antichinesischen Ausschreitungen, im Rahmen derer es zu zahlreichen Vergewaltigungen chinesischer Frauen kam. 150.000 Chinesen flohen vor den Gewalttätigkeiten nach Singapur, und am 9.9.1998 unterzeichneten 40.000 Singapurianer eine Protestnote. Der wirtschaftliche Schaden dieser Flucht, bei welcher der indonesischen Wirtschaft in größerem Umfang Kapital entzogen wurde, wird seit Januar 1998 auf etwa 7 bis 15 Milliarden US-Dollar geschätzt.

7 Indonesische Deutungen

Von Seiten der Regierung werden die genannten sozialen und politischen Spannungen häufig im Rahmen des Erklärungsmusters „SARA" interpretiert, was die Aufzählung verschiedener gruppenkonstituierender Merkmale wie *Suku* = Ethnie, *Agama* = Religion und *Ras* = Rasse beihaltet. Damit wird die kulturelle und religiöse Vielfalt selbst als Ursache des Problems gedeutet. Vor allem das Militär bemüht dieses Argument, das es erlaubt, die eigene Position abzusichern. In der Deutung der jüngsten Geschichte Indonesiens sieht sich die Armee, aufgrund ihrer Beteiligung am Unabhängigkeitskampf 1945-49, untrennbar mit der Einheit Indonesiens verbunden. Daraus leitet sie auch ihre politische und militärische Doppelfunktion *(Dwifungsi)* ab. Dem Verständnis der Militärs von Nation zufolge sind all diejenigen von der indonesischen Nation ausgeschlossen, die sich als Dissidenten oder Randgruppen nicht unterwerfen. Sie gelten als Krankheitserreger, die den gesunden Organismus der Nation befallen[9]. Im Rahmen dieses Diskurses der politischen und sozialen Eugenik verstehen sich die Streitkräfte als Immunsystem, als Instanz, welche die nationalen Einheit gegen ihre Widersacher verteidigt.[10] Sie selbst stilisieren sich als Inbegriff der Nation selbst, unbeeinflusst von lokalen, religiösen oder anderen Identifikationsangeboten[11]. Wenn die Krankheit, unter der Indonesien heute leidet, die religiöse und ethnische Vielfalt ist, dann, so die Argumentation der Militärs, resultiere daraus ihre besondere Rolle für die Verteidigung der Nation.

Von anderen Kreisen wird die Interpretation des SARA als reine Ideologie kritisiert. Vor allem indonesische Intellektuelle merken immer wieder an, dass hinter der ethnischen und religiösen Rhetorik wirtschaftliche und politische Interessen stehen. So führt z.B. der muslimische Gelehrte Emha Ainu Najib am 31.1.1997 in einem Interview die religiösen und ethnischen Konflikte ausschließlich auf soziale und ökonomische Probleme zurück. Andere Intellektuelle bezichtigen die Regierung, die Konflikte zu schüren und die Wut der muslimischen Mehrheitsbevölkerung gezielt gegen Chinesen und Nicht-Moslems zu lenken. Immer wieder werden Gerüchte laut, dass Provokateure am Werk sind: Für die Evidenz dieser These sprechen

---

[9] Dieser Logik entsprechend wurden Kommunisten während der Machtübernahme in den Jahren 1965/66 als Läuse bezeichnet. Auch als 1983 mehrere tausend Kleinkriminelle auf Java umgebracht und ihre verstümmelten Leichen zur Schau gestellt wurden, berief man sich auf soziale Eugenik.

[10] Organe staatlicher Repression sind vor allem Sondereinheiten wie die etwa 12.000 Mann umfassenden KOPASSUS-Kommandos, die zur Aufstandsbekämpfung eingesetzt werden. Zur Durchsetzung der „historischen Mission" für den Erhalt des Staates dehnte die Armee die staatliche Tötungslizenz auch auf nichtstaatliche Gruppen aus. Todesschwadronen und Killerkommandos wurden zur Terrorisierung von Oppositionellen oder zur Destabilisierung bestimmter Regionen eingesetzt, Jugendbanden bezahlt, trainiert und mit Waffen ausgerüstet, gegen Nachbardörfer aufgehetzt oder, wie die berüchtigte Jugendorganisation Pemuda Pancasila, als Schlägertruppe gegen demonstrierende Studenten eingesetzt. 1980 wurde die Einführung eines zivilen Sicherheitssystems (Milizen) durch diverse Verordnungen staatlich legitimiert und die staatliche Gewalt teilweise privatisiert, was es erlaubte, wie das Beispiel Ost-Timor zeigt, dass staatliche Organe die von ihnen initiierten Gewalttaten nicht verantworten mussten.

[11] Trotz dieser Ideologie ist die Armee niemals homogen gewesen. Vielmehr spiegeln sich in den eigenen Reihen alle Konflikte wider, die auch die umgebende Gesellschaft prägen, dabei insbesondere Konflikte zwischen einem auf einen einheitlichen Kontrollapparat bedachten Generalstab und regionalen Kommandanten sowie zwischen Islamisten und Republikanern.

nicht nur die häufig ähnlichen Verläufe, bei der Gerüchte über bevorstehende Angriffe ein Klima der Gewaltbereitschaft erschufen, die es jeder Partei erlaubten, die eigenen Handlungen als Akte der Verteidigung oder Prävention darzustellen, sondern auch der Umstand, dass man beispielsweise bei Unruhen in Ambon fünfzig Mitglieder der paramilitärischen Jugendorganisation Pemuda Pancasila aus Java festnahm, die für ihre gewaltsame Unterstützung Suhartos berüchtigt ist.

Andere Stimmen bezichtigten die Militärs. Die indonesische Presse, einige Beamte, Oppositionsführer und ausländische Diplomaten sind der Ansicht, dass die Unruhen von der Suharto-Clique geschürt wurden, um die anstehenden Wahlen zu sabotieren und eine Rückkehr der Militärherrschaft herbeizuführen. Auch der neue Präsident Abdurrahman Wahid beschuldigt nicht näher benannte Kräfte aus Jakarta. Diese sich widersprechenden Gerüchte, Deutungen und Anspielungen zeigen, wie groß die Verunsicherung politischer Kreise angesichts der aktuellen Konflikte ist.

8 Zur Wirksamkeit ethnischer und religiöser Argumente

Gegen den radikalen Konstruktivismus ist wiederholt eingewendet worden, dass Gruppenidentitäten, wie immer sie entstanden sind, sozial und politisch wirksam seien und somit Faktizität besitzen.[12] In Indonesien haben sich solche Gruppen vor allem im Zusammenhang mit der sogenannten *Transmigrasi*, der Verschickung von Menschen aus den übervölkerten Inseln Java und Madura auf weniger bevölkerte Außeninseln, gebildet. Diese Politik der vermeintlichen Entlastung von Teilen des Zentrums resultiert aus einer extrem ungleichen Verteilung der Bevölkerung. Zur Zeit leben in Indonesien etwa 200 Mio. Menschen, 120 Mio. davon allein auf Java. Diese demographische Struktur ist keineswegs neueren Datums: Bereits im Jahr 1900, als die ostindische Kolonie 40 Mio. Einwohner besaß, konzentrierten sich 30 Mio. auf Java und Madura. 1905 begann die Kolonialregierung mit Umsiedelungen von Menschen aus diesen Regionen auf die dünn besiedelte Außeninseln – eine Praxis, die von den Regierungen des unabhängigen Staates beibehalten wurde und dazu führte, dass sich die Bevölkerung in den Randgebieten seither versiebenfachte, auf Java und Madura aber nur verdreifachte.[13]

Diese Siedler werden nicht nur mit dem javanischen Zentrum identifiziert, sie beanspruchen häufig auch eine überlegene Position, die den Widerspruch der neuen Nachbarn herausfordert, oder sie konkurrieren mit den Alteingesessenen um knappe

---

[12] Vgl. u.a. SCHLEE/WERNER 1996, HECKMAN 1987.
[13] Vgl. UHLIG 1995.

Ressourcen. Auf den Molukken wird beispielsweise von christlich-autochthonen und zugewanderten muslimischen Gruppen Anspruch auf Positionen im Staatsdienst erhoben. Als Moslems in einem mehrheitlich von Muslimen bewohnten Staat geben die javanischen Siedler den Mitgliedern anderer Religionsgemeinschaften zudem Anlass zur Sorge marginalisiert zu werden. Radikal-islamische Strömungen, die zunehmend an Einfluss gewinnen, bestärken solche Befürchtungen zur Zeit und motivieren ihrerseits anti-islamische Gewalttaten. Auf den Molukken argumentierten Christen, die gegen ihre muslimischen Nachbarn zu Felde zogen, beispielsweise mit der zunehmenden anti-christlichen Gewalt, der innerhalb weniger Jahre mehr als 500 Kirchen zum Opfer gefallen sind. Viele andere Konfliktherde resultieren, ungeachtet einer immer wieder vorgetragenen ethnischen oder religiösen Argumentation, primär aus klassisch-imperialistischen Ausbeutungsstrukturen, bei der die lokalen Reichtümer von internationalen Konzernen und einer nationalen Oligarchie geplündert werden und die lokale Bevölkerung selbst nur die sozialen und ökologischen Schäden zu tragen hat. Nicht zufällig gehören drei der wichtigsten Konfliktherde (Irian Jaya, Riau, Aceh) zu den rohstoffreichsten Regionen Indonesiens.

In den meisten Fällen aber kommen mehrere Faktoren zusammen. Die Aceh fühlen sich ausgebeutet und als ethnische Gruppe diskriminiert, die Bevölkerung West-Papuas leidet zudem noch unter den Folgen der Transmigrasi, die sie langsam zu Fremden im eigenen Land macht. Einige Konflikte wie jene in den Singapur vorgelagerten Freihandelszonen lassen sich aus den Strukturen globalisierter Profitmaximierung erklären, andere wie die Ninja-Morde in Ostjava eher aus lokalen oder regionalen Interessen. Selbst in den jeweiligen lokalen Auseinandersetzungen verfolgen die beteiligten Akteure durchaus unterschiedliche Ziele: Während das Militär in Ost-Timor beispielsweise außer der persönlichen Bereicherung die Durchsetzung einer neokolonialen Politik anstrebte, waren mit ihnen verbündete Milizführer eher am Aufbau einer Position als lokale Warlords interessiert.

Regionale Krisen sind kein neues Phänomen in Indonesien. Die Vielzahl der sozialen Eruptionen, das Zusammenspiel der einzelnen, in sich erklärbaren Einzelphänomene und die nach der erfolgreichen Abkoppelung Ost-Timors zunehmend häufiger vorgetragene Idee der Schaffung eigener Kleinstaaten macht die Situation heute allerdings so brisant, dass die Vision der Balkanisierung durchaus in greifbare Nähe rückt. Zwei Prozesse waren für die Zuspitzung der Lage verantwortlich: die ökonomische Krise, die 1998 zu einem dramatischen Währungsverlust führte und die damit unmittelbar zusammenhängende politische Destabilisierung, die den Sturz Suhartos verursachte und Raum für politische Neuorientierungen gab.

Steigende Reispreise, Zukunftsangst und persönliche Ohnmacht angesichts globaler und nationaler Prozesse verlangen nach einer Erklärung. Diese wird von verschiedenen gesellschaftlichen Gruppen wie dem Militär, politischen Organisationen und sonstigen strategischen Gruppen angeboten. Minderheiten, Mitglieder anderer Religionen oder anderer kultureller Traditionen werden als Schuldige ausgemacht. Die Deutungen der Konflikte als ethnische oder religiös motivierte, ist so attraktiv, weil sie von unterschiedlichen Gruppierungen für die Durchsetzung ihrer partikularen Ziele verwendet werden kann. Sie ist, wie LENTZ dies für die Funktion der Ethnizität feststellt, eine „moderne politische Ressource" (1995, S. 9). Auch für die kleinen Akteure hat die Interpretation ihres Unglücks in ethnisierenden oder religiösen Kategorien einen Sinn. Sie nimmt Gefühle der Ohnmacht angesichts der undurchsichtigen Prozesse der ökonomischen Krise und gibt den Einzelnen ihre Handlungsfähigkeit zurück. Wenn man das Nachbardorf anzündet oder einen Unbekannten ermordet, weil er eine andere Religionszugehörigkeit besitzt, löst man zwar keine Aufwertung der Rupiah aus, befreit sich aber für einen Moment subjektiv aus der strukturellen Hilflosigkeit und wird Teil einer sich in dieser Aktion konstituierenden neuen Gruppe, die eine Antwort auf drängende Fragen der globalen Krise gefunden zu haben glaubt. In diesem Sinn ist die religiöse und ethnische Selbstverortung kein Rückfall in vormoderne Zeiten, sondern eine wirkungsmächtige Modernisierungsstrategie.

Ethnische und religiöse Identifikationen sind also weder Imaginationen, wie Konstruktivisten meinen[14], noch primordialistische Gefühle[15]. Vielmehr konstituieren sie sich in bestimmten historischen Verhältnissen, oft zusammen mit anderen identitätsstiftenden Zuschreibungen. SCHLEE und WERNER (1996, S. 14f.) sprechen von pluri- und polytaktischen Konstrukten mit strategischen Dimensionen. In der tiefgreifenden Umbruchsituation, in der sich Indonesien seit dem Sturz Suhartos befindet, werden nationale Akzente verschoben, erstarrte Unterdrückungsverhältnisse hinterfragt und Weichen für die Zukunft gestellt. Bislang unterdrückte Gruppen tragen ihre Anliegen der Öffentlichkeit vor, und neue Gruppen entstehen. Verteilungen nationaler Ressourcen und Zugänge zu politischen und wirtschaftlichen Machtpositionen werden neu geordnet. Ethnische und religiöse Rhetorik erweist sich in diesem Verteilungskampf als erfolgreiche Mobilisierungsstrategie und überzeugendes Argument für die Einforderung eines größeren Teils vom nationalen Reichtum.

---

[14] Vgl. z.B. ANDERSON 1983.
[15] Vgl. u.a. GEERTZ 1963.

Literatur

ANDERSON, Benedict (1983): Imagined communities. Reflections on the origin and spread of nationalism. – London.

ATKINSON, Jane Monning (1983): Religions in dialogue: The construction of an Indonesian minority religion. – American Ethnologist 10 (4), S. 684-696.

BARTH, Frederik (Hg., 1969): Ethnic groups and boundaries. – London.

DAHM, Bernhard (1999): Der Dekolonisierungsprozeß und die Entstehung moderner Staaten. – In: DAHM, Bernhard und Roderich PTAK (Hg.): Südostasienhandbuch. Geschichte, Gesellschaft, Politik, Wirtschaft, Kultur. – München, S. 168-205.

ELWERT, Georg (1995): Ethnie. – In: Wörterbuch der Völkerkunde. – Berlin, S. 99-100.

GEERTZ, Clifford (Hg., 1963): Old societies and new states. – New York.

HECKMAN, Friedrich (1997): Ethnos – eine imaginierte oder reale Gruppe? Über Ethnizität als soziologische Kategorie. – In: HETTLAGE, Robert et al (Hg.): Kollektive Identität in Krisen. Ethnizität in Region, Nation, Europa. – Opladen, S. 46-55.

HILL, Hal (Hg., 1989): Unity and diversity. Regional economic development in Indonesia since 1970. – Oxford.

HUNTINGTON, Samuel (1996): The clash of civilizations. – New York.

KENNEY, Catherine (1996): Clifford Geertz' „primordial sentiments": Kultur und Ethnizität als bedeutende Form sozialer Organisation in der modernen Welt. – In: SCHLEE, Günther und Karin WERNER (Hg.) S. 161-174.

LENTZ, Carola (1995): „Tribalismus" und Ethnizität in Afrika: ein Forschungsüberblick. – Sozialanthropologische Arbeitspapiere Nr. 57.

NOTHOFER, Bernd (1999): Die Sprachen Südostasiens. – In: DAHM, Bernhard und Roderich PTAK: Südostasien-Handbuch. Geschichte, Gesellschaft, Politik, Wirtschaft, Kultur. – München, S. 66-78.

PRAMOEDYA ANANTA TOER (1998): Spur der Schritte. – Bad Honnef.

RÖLL, Werner (1981): Indonesien. Entwicklungsprobleme einer tropischen Inselwelt. – Stuttgart.

SCHLEE, Günther und Karin WERNER (Hg., 1996): Inklusion und Exklusion: Die Dynamik von Grenzziehungen im Spannungsfeld von Markt, Staat und Ethnizität. – Köln.

SCHREINER, Klaus (2000): Regionale Konflikte in Indonesien: Eine Krise des nation building? – Asien 75, S. 5-20.

UHLIG, Harald (1995): Bevölkerungsdruck, Landnot und der Ausbau der Landnutzung in Indonesien. – In: WÄLTY, Samuel und Benno WERLEN (Hg.): Kulturen und Raum. Theoretische Ansätze und empirische Kulturforschung in Indonesien. – Zürich, S. 155-183.

Demokratie, Ethnizität, Globalisierung: der Fall Sri Lanka

Christian Wagner

Die politische Entwicklung Sri Lankas bietet seit Jahren ein widersprüchliches Bild, das sich an vier unterschiedlichen Aspekten aufzeigen lässt:

1. Sri Lanka ist die nach Indien zweitälteste Demokratie aus der Reihe der Staaten, die im Rahmen der Dekolonisierung nach dem Zweiten Weltkrieg ihre Unabhängigkeit erlangt haben. Zehn Parlamentswahlen mit acht Regierungswechseln sowie drei Präsidentschaftswahlen (1989, 1994, 1999) mit zwei Machtwechseln demonstrieren eindrucksvoll die Funktionsfähigkeit der demokratischen Institutionen.

2. Die Auseinandersetzungen zwischen der singhalesischen Bevölkerungsmehrheit und der tamilischen Minderheit haben die innenpolitische Entwicklung des Landes seit der Unabhängigkeit im Februar 1948 entscheidend geprägt. Seit Anfang der achtziger Jahre hat sich ein blutiger Bürgerkrieg zwischen der Armee und den Liberation Tigers of Tamil Eelam (LTTE) entwickelt, die einen eigenen Staat für die Minderheit der Sri Lanka Tamilen im Norden und Osten der Insel errichten wollen. Schätzungen zufolge sollen diesem Konflikt bislang ca. 100.000 Menschen zum Opfer gefallen sein, der damit einer der längsten und blutigsten Bürgerkriege in Asien ist (KELLER 1999, S. 10).

3. 1971 sowie zwischen 1987 bis 1989 gab es zwei singhalesische Aufstandsbewegungen der Nationalen Befreiungsfront (Janatha Vimukti Peramuna, JVP), die ebenfalls mehrere zehntausend Tote und Vermisste forderten und gewaltsam niedergeschlagen wurden.

4. Sri Lanka gilt seit Jahren als entwicklungspolitisches „Vorzeigeland". Hohe Ausgaben im Bildungsbereich und im Gesundheitswesen haben dem Land im Vergleich zu seinen übrigen makroökonomischen Daten und im Vergleich zu anderen Staaten eine sehr gute soziale Entwicklung beschert, die sich in der hohen Lebenserwartung und den hohen Alphabetisierungsraten niedergeschlagen hat.

Diese Entwicklungen spiegeln verschiedene allgemeine Probleme wider, denen sich viele nichtwestliche Staaten nach dem Ende des Kalten Krieges gegenüber sehen. An oberster Stelle steht die Herausforderung, demokratische Regierungsformen in multiethnischen Gesellschaften mit einer nachhaltigen sozialen und wirtschaftlichen Entwicklung in Einklang zu bringen. Folgt man den Makrodaten in Bezug auf die Etablierung der Demokratie und der sozialen Entwicklung, dann gibt es kaum gelungenere Beispiele in der nichtwestlichen Welt für eine solche Politik als Sri Lanka. Dem stehen aber auch jene zahlreichen gewaltsamen Konflikte gegenüber, die sich aus Minderheitenfragen und dem Problem der Verteilungsgerechtigkeit ergeben. Diese Konfliktformen haben nach dem Ende des Kalten Krieges einen deutlichen Aufschwung erfahren, und auch hierfür liefert Sri Lanka mehr als reichlich Anschauungsmaterial. Darüber hinaus haben die meisten ethnischen Konflikte längst ihren staatlichen Rahmen verlassen. Die Agitation und der Kampf der PLO, der Kurden, der UCK, des ANC, aber auch der LTTE und der Karen sind ohne internationale Öffentlichkeit zur ideellen und ohne den internationalen Waffen- und Drogenhandel zur materiellen Unterstützung nicht mehr denkbar.

Es lässt sich darüber streiten, ob Sri Lanka nur die Ausnahme bildet oder nicht eher die Regel für die Probleme verkörpert, demokratische Systeme in den multiethnischen Staaten der nichtwestlichen Welt durchzusetzen. Für beide Interpretationen lassen sich gute Argumente anführen, die im Schluss aufgegriffen werden sollen. Egal für welche Interpretation man sich entscheidet, es ist offensichtlich, dass erstens in einem Land von der Größe Bayerns die vier eingangs genannten Entwicklungen engstens miteinander verbunden sind und dass zweitens die Demokratie einen zentralen Stellenwert in der Erklärung einnehmen muss. Wo liegen die Ursachen dafür, dass sich in der zweitältesten Demokratie in Asien einer der längsten und blutigsten Bürgerkriege entwickelt hat? Warum war das srilankische Demokratiemodell nicht in der Lage, die Konflikte durch Wahlen oder andere institutionelle Mechanismen auszugleichen? Um diese Fragen zu klären, soll zunächst das Spannungsverhältnis von Demokratie und Ethnizität generell erörtert werden. Daran anschließend werden anhand der politischen und militärischen Lösungsansätze die Entwicklung und Eskalation des Konflikts dargestellt.

1   Ethnizität, Demokratie, Globalisierung

Ethnizität

Max Weber hat in seiner Definition von Ethnizität den Glauben an die gemeinsame Abstammung als zentrales Element hervorgehoben (WEBER 1980, S. 237). Dieses Merkmal spielt in vielen Auseinandersetzungen eine Rolle, doch ist nicht immer eindeutig, ob es die Ursache, der Auslöser oder nur ein „ideologischer Nebenkriegsschauplatz" eines solchen Konfliktes ist. Da die Dominanz des Faktors Abstammung nicht in allen ethnischen Konflikten gleichermaßen zu finden ist, wird Ethnizität im folgenden breiter gefasst. HECKMANN definiert Ethnizität als „die für individuelles und kollektives Handeln bedeutsame Tatsache, dass eine relativ große Gruppe von Menschen durch den Glauben an eine gemeinsame Herkunft, durch Gemeinsamkeiten von Kultur, Geschichte und aktuellen Erfahrungen verbunden sind und ein bestimmtes Identitäts- und Solidarbewusstsein besitzen" (HECKMANN 1992, S. 56). Auf der Grundlage dieser Definition lassen sich verwandte Begriffe wie Volk und Nation als besondere Entwicklungsformen ethnischer Gruppenbildung begreifen. Ethnische Konflikte entstehen somit, wenn eine Gruppe ihre Interessen auf der Grundlage einer so verstandenen Gruppenidentität in das politische System einbringt, um sie gegenüber der Zentralmacht oder anderen Gruppen durchzusetzen. Wie Klassenideologien oder religiöse Überzeugungen sind ethnische Loyalitäten damit eine von verschiedenen politischen Ressourcen, um Interessen zu aggregieren und artikulieren.

Viele sozialwissenschaftliche Studien aus unterschiedlichen Disziplinen haben dazu beigetragen, dass sich mittlerweile ein konstruktivistisches Verständnis von Ethnizität durchgesetzt hat. Die Kernthese hierbei lautet, dass ethnische Abgrenzungen aus der Interaktion der beteiligten Akteure entstehen und nicht automatisch durch primordiale Unterschiede z.B. in der Hautfarbe gegeben sind (BARTH 1969, DITTRICH/LENTZ 1994). Wie die Nation, so ist auch die ethnische Gemeinschaft eine vorgestellte, imaginierte Gemeinschaft (ANDERSON 1988). Dabei ist es zunächst zweitrangig, ob die gemeinsamen identitätsstiftenden Merkmale durch eine „Erfindung der Tradition" (HOBSBAWN/RANGER 1983) oder durch eine „Modernität der Tradition" (RUDOLPH/HOEBER RUDOLPH 1967) entstanden sind.

Es erstaunt deshalb, dass ethnische Konflikte lange Zeit als Überbleibsel oder Restbestände vermeintlicher traditioneller Gesellschaften verstanden wurden. Bereits 1967 machten LIPSET/ROKKAN deutlich, dass der Gegensatz zwischen Zentrum und Peripherie eine der zentralen Konfliktlinien für die Ausbildung von Parteiensystemen in Europa darstellte. Es dürfte die Dominanz der Modernisierungstheorie und die mit ihr verbundenen Kategorien der Wahrnehmung nichtwestlicher Gesellschaften, die heute im Rahmen der „Orientalismus-Debatte" allmählich aufgearbeitet werden, gewesen sein, die eine solche Interpretation ethnischer Auseinandersetzungen zur Folge hatte. Gerade der Rückgriff auf die Debatte über die Parteienentwicklung macht Gemeinsamkeiten und Unterschiede zwischen der westlichen Welt und den nichtwestlichen Staaten Asiens und Afrikas deutlich, die sich durch den Faktor Ethnizität erklären lassen. Die Unterschiede ergeben sich daraus, dass Klassen- und religiöse Ideologien in nichtwestlichen Gesellschaften vergleichsweise schwach ausgeprägt waren, um Wähler zu mobilisieren. Die Gemeinsamkeiten ergeben sich daraus, dass Ethnizität aber die gleiche Funktion dieser Ideologien im politischen System eingenommen hat, nämlich für die Aggregation und Artikulation von Interessen zu sorgen. So spricht vieles dafür, ethnische Konflikte als „moderne" Form der politischen Auseinandersetzung zu interpretieren.

1. Die Träger ethnischer Ideologien sind fast durchweg Akteure, die das westliche Schul- und Bildungssystem durchlaufen haben. In nichtwestlichen Gesellschaften mit ausgeprägten ökonomischen Ungleichheiten zählen sie damit zu einer Mittel- oder Oberschicht (KEDOURIE 1970). Die „ethnischen Unternehmer" (ROTHSCHILD 1981, S. 2) sind damit im Sinne der Modernisierungstheorie weder von ihrer materiellen noch von ihrer ideellen Basis her ausschließlich „traditionell" orientiert.

2. Die Bereiche, in denen sich ethnische Konflikte entzünden, sind nahezu ausnahmslos moderne Politikfelder, in denen über sozioökonomische Chancen, soziale Mobilität und kulturelle Hegemonie entschieden wird: Sprache, Beschäftigung, Land- und Siedlungspolitik. Gerade Sprachkonflikte beinhalten eine besondere Brisanz (HELLMANN-RAJANAYAGAM/ROTHERMUND 1992). Denn die politische Entscheidung über die künftige Nationalsprache beinhaltet nicht nur eine mögliche kulturelle Hegemonie, d.h. welche nationalen Symbole, Zeichen und Mythen die Nation repräsentieren, sondern entscheidet bei der Frage der Unterrichtssprache auch über die zukünftigen sozioökonomischen Aufstiegs- und Verteilungschancen in der Gesellschaft.

3. Die verwendeten Mittel und Methoden sind mindestens ebenso modern ausgerichtet wie der Bildungsstand der Akteure und die Politikfelder. Die widerstreitenden Ansprüche ethnischer Gemeinschaften sind ohne die Erfassungsmethoden des modernen Zentralstaates und den Siegeszug der Wissenschaft, vor allem der Geschichtsschreibung und der Archäologie, nicht denkbar. Der Rückgriff auf Statistiken aller Art, die im Rahmen der kolonialen, nationalen und internationalen Entwicklungsplanung und -euphorie erstellt und öffentlich verfügbar wurden, sind ebenso unverzichtbare Mittel in der politischen Auseinandersetzung wie der Verweis auf vermeintlich historische Ereignisse und Mythen, die durch archäologische Ausgrabungen auf eine wissenschaftliche Grundlage gestellt werden können. Moderne Statistik und Geschichtsschreibung bilden deshalb unverzichtbare Methoden zur Rechtfertigung der Forderungen ethnischer Gruppen.

4. Wenn ethnische Konflikte eine Spielart politischer Auseinandersetzungen um Verteilungschancen für öffentliche Güter darstellen, dann ist die Ökonomie das „Öl in der Maschine". Fast alle nichtwestlichen Gesellschaften kennen die Diskrepanz

zwischen der offiziellen Rhetorik, eine „Entwicklung für alle" in Gang zu setzen und den zumeist unzureichenden Ergebnissen, wenn Indikatoren wie BSP oder HDI als Messlatte der Entwicklung angelegt werden. Da der Staat in vielen Fällen eine führende Rolle im Entwicklungsprozess einnahm, konnten die unzureichenden Ergebnisse staatlicher Entwicklungs- und Modernisierungspolitik als Formen ökonomischer Diskriminierung entlang ethnischer Kriterien interpretiert werden. Wo die damit entstehenden Unzufriedenheiten politisch mobilisiert werden, orientieren sich politische Unternehmer an den zur Verfügung stehenden Möglichkeiten, Protest zu artikulieren.

Die Dominanz ethnischer Loyalitäten gegenüber konkurrierenden Klassenideologien liegt in den unterschiedlichen historischen und kulturellen Voraussetzungen und Entwicklungswegen begründet. Die religiösen Vorstellungen vieler nichtwestlicher Gesellschaften, z.B. Buddhismus, Islam, Hinduismus, kennen kaum die bürokratischen Strukturen einer christlichen Amtskirche, den Gegensatz zwischen religiöser und weltlicher Macht oder Prozesse der Säkularisierung. Wo industrielle Arbeiterbewegungen schwach blieben und eher „Arbeiteraristokratie" denn Proletariat darstellten, bot sich stets der Rückgriff auf vorhandene oder neu zu schaffende ethnische, regionale und religiöse Identitäten an. Die damit entstehenden partei- und innenpolitischen Auseinandersetzungen können somit als Ausdruck unterschiedlicher historischer Voraussetzungen im Vergleich zu westlichen Gesellschaften verstanden werden.

Globalisierung
Der Begriff Globalisierung wird mindestens ebenso inflationär verwendet wie Ethnizität, so dass eine Begriffsabgrenzung zunächst notwendig ist. Globalisierung wird zwar oft im ökonomischen Kontext benutzt (HOFFMANN 1999), hat aber eine über diesen Bereich hinausreichende Bedeutung. Zahlreiche Arbeiten über Globalisierung weisen darauf hin, dass nicht mehr nur Staaten die zentralen Akteure im internationalen System darstellen, sondern dass transnationale Akteure und die Bildung von internationalen Netzwerken zunehmend an Bedeutung gewinnen. Neben multinationalen Unternehmen, internationalen Nichtregierungsorganisationen (INGO) können auch ethnische Gruppen hierzu gezählt werden, sofern sie in mehreren Staaten leben und für ihre Interessen eintreten. Gerade dieses transnationale Moment ist bei Ulrich BECK ein zentrales Merkmal seines Verständnisses von Globalisierung: *„Handeln und (Zusammen-) Leben über Entfernungen (scheinbar getrennte Welten von Nationalstaaten, Religionen, Regionen, Kontinente) hinweg."*

(BECK 1997, S. 45, Hervorhebung im Original). ZÜRN hat das Problem, dass nicht alle grenzüberschreitenden Phänomene automatisch global sind, mit seinem Konzept der gesellschaftlichen Denationalisierung umgangen. Er betonte ebenfalls nicht-ökonomische Bereiche wie Gewalt, Kommunikation und Mobilität, die sich durch eine grenzüberschreitende Produktion oder den Austausch, z.B. von Bedrohungen und Waffen (Gewalt), von Zeichen oder kulturellen Produkten (Kommunikation) und Personenwanderungen (Mobilität) auszeichnen (ZÜRN 1998, S. 75).

Der Zusammenhang zwischen Demokratie, Ethnizität und Globalisierung ist dabei naheliegend. Die weltweite Verbreitung von demokratischen Regierungsformen und ethnischen Identitäten ist ohne die europäische Kolonialherrschaft nicht vorstellbar. Dabei werden allerdings auch Unterschiede deutlich, z.B. in der Bedeutung nationaler und internationale Faktoren. So spielt die internationale Gemeinschaft heute eine deutlich größere Rolle im Prozess des *nation building* als im 19. und 20. Jahrhundert in der westlichen Welt. Prozesse wie die Auslöschung von Minderheiten, die zwangsweise Durchsetzung von Nationalsprachen und dominanten Kulturen, die in den westlichen Gesellschaften im Prozess der Modernisierung noch weitgehend „ungestraft" von internationaler Aufmerksamkeit und Einmischung durchgesetzt werden konnten, rufen heute bei entsprechender Interessenlage von Großmächten und der internationalen Öffentlichkeit entweder Interventionen des Sicherheitsrates oder Sanktionen verschiedenster Art hervor. Diese gewandelte Rolle des internationalen Systems wirkt sich auf verschiedene Art und Weise auf innerstaatliche Konflikte aus.

a) Spätestens mit der Charta der Vereinten Nationen und dem Verweis auf das Selbstbestimmungsrecht der Völker verfügen ethnische Gemeinschaften über eine externe und international anerkannte Quelle der Legitimation in ihren Ansprüchen auf staatliche Unabhängigkeit.

b) Seit dem Ende des Kalten Krieges hat eine Debatte über die Durchsetzung von international als verbindlich betrachtete Normen, wie Demokratie, Menschenrechten und Marktwirtschaft, begonnen. Allerdings zeigt sich an so unterschiedlichen Fällen wie dem Golfkrieg, Jugoslawien, Ruanda und Tschetschenien immer wieder, dass deren Durchsetzung eher von den Interessen der beteiligten Großmächte abhängig zu sein scheint als von dem Wunsch, einheitliche rechtliche Standards zu setzen.

c) Verlauf und Dauerhaftigkeit vieler ethnischer Konflikte werden ebenfalls maßgeblich von internationalen Einflussfaktoren bestimmt. Neben den Interessen von Nachbarstaaten zählt der Propagandakrieg zwischen Zentralregierung und separatistischen Bewegungen um die Verbreitung der jeweils „richtigen" Meinung in der

Weltöffentlichkeit ebenso dazu wie die internationalen Netzwerke, welche finanzielle Spenden zur Unterstützung des Kampfes freiwillig sammeln oder auf andere Art und Weise eintreiben. Schließlich muss auch der internationale Drogen- und Waffenhandel dazu gerechnet werden, ohne dessen Profite viele separatistische Gruppen ihre Aktivitäten längst hätten einstellen müssen. Damit verbunden ist eine „Kriminalisierung" ethnischer Konflikte, die ein gravierendes Problem für die friedliche Beilegung und Rezivilisierung bewaffneter Gruppen darstellt.

7. Das Bindeglied zwischen internationaler und nationaler Ebene kann in Analogie zu Robert PUTNAMS „two-level games" (1988) als „doppelter Diskurs der Modernisierung" bezeichnet werden. Entwicklungsprojekte können von staatlichen Repräsentanten in den Gremien der internationalen Gebergemeinschaft mit den funktionellen Notwendigkeiten einer staatlichen Entwicklungs- und Modernisierungspolitik gerechtfertigt werden. Auf nationaler Ebene können dieselben Projekte durchaus einen ethnisch motivierten Hintergrund aufweisen. Beispielhaft hierfür sind Siedlungs- und Bewässerungsprojekte, die eine Veränderung der lokalen Bevölkerungsstruktur herbeiführen und damit eine Verschiebung politischer Machtverhältnisse in der betroffenen Region zur Folge haben können.

8. Da *demos* und *ethnos* nur in den wenigsten Fällen deckungsgleich gewesen sind, stehen ethnische Gruppen und demokratische Systeme in einem besonderen Spannungsverhältnis zueinander. Unter demokratischen Spielregeln werden Größe und Mobilisierungsgrad der Gruppen zu entscheidenden Variablen für die Durchsetzung von Interessen im politischen System. Durch Wahlen können ethnische Gruppen am politischen Prozess teilnehmen, aber im Extremfall können sie auch dauerhaft davon ausgeschlossen werden: „Democracy is about inclusion and exclusion, about access to power, about the privileges that go with inclusion and the penalties that accompany exclusion" (HOROWITZ 1993, S. 18). Um eine dauerhafte Marginalisierung zu verhindern, werden Fragen der Minderheitenrechte und der Dezentralisierung zu den entscheidenden Brennpunkten der innenpolitischen Auseinandersetzung.

Wenn ethnische Gruppen in separatistische Bewegungen umschlagen, zeigt sich, dass sie über ein sehr mächtiges Vetopotential verfügen, das nicht nur die Demokratie, sondern auch die Legitimität des Staates in seinen zentralen Definitionskriterien: Gebiet, Volk, Regierung untergräbt. Auf der Grundlage ihrer ethnischen Ideologie, welche das Moment der Abstammung und in vielen Fällen der regionalen Zugehörigkeit betont (*sons of the soil*), fordern sie eigene Siedlungsgebiete und stellen damit die territoriale Grundlage des Staates in Frage. Auf der Basis ihrer ethnischen

Identität fordern sie ideologische Anerkennung und materielle Gleichrangigkeit mit der herrschenden Nation. Wo ethnische Gruppen einen militanten Kampf gegen ihre Diskriminierung begonnen haben, stellen sie das Gewaltmonopol des Staates in Frage.

Ethnische Gruppen sind damit eine besondere Kategorie von Vetoakteuren. Einerseits können sie ins politische System integriert werden, andererseits verfügen sie durch die Möglichkeit, einen eigenen Staat zu fordern, über ein deutlich größeres Drohpotential. Die Teilnahme am politischen Prozess erlaubt es z.B. Gruppen mit separatistischem Anspruch, die Demokratie gegebenenfalls mit ihren eigenen Mitteln, nämlich mit der Macht des Stimmzettels zu schlagen. Während das Militär oder soziale Gruppen, wie Großgrundbesitzer, den Prozess der demokratischen Konsolidierung durch Partikularinteressen beeinträchtigen können, stellen die separatistischen Forderungen ethnischer Gruppen den Staat als Ganzes in Frage. Während sich das Militär bei einem Putsch immer als Hüter der staatlichen Einheit und der Nation sieht, untergraben die Forderungen ethnischer Gemeinschaften gerade diese territoriale und ideologische Einheit des Staatswesens.

In dem Spannungsverhältnis von demokratischem Wettbewerb, Minderheitenproblematik, sozioökonomischer Verteilungsgerechtigkeit, nationaler Identität und internationalen Faktoren sollen im Folgenden anhand der institutionellen und militärischen Lösungsansätze die Entwicklung des Konfliktes in Sri Lanka sowie die Probleme seiner Beilegung erörtert werden.

2 Die nationale Ebene

2.1 Die institutionelle Lösung: Demokratie

Demokratische Regierungssysteme gelten gemeinhin als beste institutionelle Arrangements, um auftretende politische Auseinandersetzungen friedlich zu regeln. Gerade die eingangs beschriebene Funktionsfähigkeit der srilankischen Demokratie kann deshalb als Musterbeispiel für viele nichtwestliche Gesellschaften gelten. Während die „formale" Funktionsfähigkeit durch eine weitgehend unabhängige Wahlkommission und Wahlgesetze gewährleistet ist, zeigt sich die „inhaltliche" Funktionsfähigkeit der Demokratie in multiethnischen Gesellschaften in ihrem Vermögen, die verschiedenen Bevölkerungsgruppen zu repräsentieren. Damit wird die Größe der Gruppen zu einer wichtigen Variablen. Sri Lanka ist ein Beispiel dafür, dass Minderheiten durch die Parteienkonkurrenz an den Rand gedrängt werden können, ohne ihre Interessen in angemessener Form vertreten zu können. Wo die politischen Repräsentationsmechanismen einer Demokratie nicht mehr funktionsfähig sind, tritt zumeist Gewalt an deren Stelle, eine Erfahrung, welche die srilankische Demokratie bis heute peinigt.

Am 4. Februar 1948 errang die in der United National Party (UNP) repräsentierte Elite ohne einen blutigen Freiheitskampf wie im benachbarten Indien die Unabhängigkeit von britischer Herrschaft (DONNER/THIBAUT 1994). Wie die Kongresspartei in Indien repräsentierte die UNP nicht nur die Elite der singhalesischen Bevölkerungsgruppe, sondern auch die der Minderheiten von Tamilen[1], Muslime und Burgher. Anfang der fünfziger Jahre wuchs der Unmut über die Regierung, die durch die Wahlen von 1947 und 1952 demokratisch legitimiert war. Der wirtschaftliche Wohlstand blieb aus, die Arbeitslosigkeit nahm zu und sozialistische Parteien konnten ihre Wählerbasis stärken.

Im Verlauf der fünfziger Jahre wurde auch der Buddhismus zu einer immer stärkeren politischen Kraft. Im Wahljahr 1956 fanden zugleich die Feierlichkeiten zum 2500. Jahrestag anlässlich Buddhas Eintritt ins Nirwana statt. Teile des buddhistischen Klerus nutzten dies, um auf die in ihren Augen vorhandene Bedrohung des Buddhismus und der Singhalesen hinzuweisen. Sie forderten eine stärkere Berücksichtigung der singhalesischen Sprache, mehr Stellen für die singhalesische Bevölkerungsmehrheit im öffentlichen Dienst und bessere Bildungsmöglichkeiten, die ihrem Anteil an der Gesamtbevölkerung entsprechen sollten.[2] Sie beschworen damit jene Allianz von Land, Volk und Religion, an der sich in der Folge die beiden großen singhalesischen Parteien immer wieder orientiert haben. Diese Forderungen wandten sich gegen die christliche Elite und gegen die Tamilen, denen vorgeworfen wurde, überproportional zu ihrem Bevölkerungsanteil in vielen öffentlichen Bereichen vertreten zu sein, was zugunsten der Singhalesen korrigiert werden müsse (WRIGGINS 1960, KEARNEY 1967, PONNAMBALAM 1983, LAMBALLE 1985, DE SILVA 1986, MCGOWAN 1993, RÖSEL 1997).

Mit der Forderung nach *Sinhala Only,* d.h. die Sprache der singhalesischen Mehrheit zur einzigen Landessprache zu machen, führte die 1952 von der UNP abgespaltene Sri Lanka Freedom Party (SLFP) unter der Führung des späteren Pre-

---

[1] Der Begriff „Tamilen" wird im Folgenden nur für die Sri-Lanka-Tamilen verwendet, die von dem Konflikt betroffen waren. Hiervon zu unterscheiden sind die Indischen Tamilen, die vor allem im Plantagensektor im Hochland beschäftigt sind und nach der Unabhängigkeit – mit den Stimmen der Sri-Lanka-Tamilen – ausgebürgert wurden.
[2] Der Bevölkerungsanteil der einzelnen ethnischen Gruppen betrug laut Zensus 1991: Singhalesen (74,0 %), Sri-Lanka-Tamilen (12,6 %), Moors (Muslime) (7,1 %), Indische Tamilen (5,5 %), Andere (0,8 %) (Central Bank of Sri Lanka 1992, S. 9).

mierministers SWRD Bandaranaike bei den Wahlen 1956 ein sozialistisches Parteienbündnis (MEP) an und errang dank der kräftigen Mithilfe buddhistischer Organisationen einen deutlichen Wahlsieg. Die Einführung des Sinhala war von gewaltsamen Protesten der Tamilen begleitet, die nicht bereit waren, Tamil zugunsten von Sinhala aufzugeben und zugleich eine größere regionale Autonomie forderten. 1957 verständigten sich Premierminister Bandaranaike und der Führer der Tamilen Chelvanayakam auf ein Abkommen, welches den Tamilen Zugeständnisse in der Sprachenfrage machte. Aus Protest dagegen, und ebenfalls mit Unterstützung buddhistischer Gruppen, initiierte der spätere Staatspräsident der UNP, J.R. Jayawardene, einen Marsch zum höchsten buddhistischen Heiligtum des Landes, dem Zahntempel in Kandy. Umgekehrt agitierten 1968 die in der Opposition befindliche SLFP und buddhistische Gruppierungen erfolgreich gegen die Einführung von *District Councils* durch die damalige UNP-Regierung, die den Tamilen föderale Zugeständnisse machen sollten.

Obwohl tamilische Parteien und Politiker immer wieder in den Kabinetten vertreten waren, gelang es ihnen nicht, dauerhafte Verbesserungen der regionalen Autonomie zu erreichen. Ursache hierfür war die wachsende sozioökonomische Unzufriedenheit auf Seiten der singhalesischen Bevölkerungsmehrheit mit dem staatlichen Entwicklungsmodell, das trotz wirtschaftlichen Wachstums und hohen Bildungsstands nicht genügend Arbeitsplätze hervorbrachte. Der demokratische Wettbewerb zwischen UNP und SLFP und ein singhalesisch-buddhistischer Nationalismus, der von beiden Parteien immer wieder aus parteitaktischen Gründen gepflegt und genutzt wurde, wenn es um die Erlangung von Wählerstimmen ging, haben bis heute dauerhafte föderale Regelungen zur Beilegung des Tamilenkonflikts verhindert.

Die Bedeutung des Staates als Motor der wirtschaftlichen Entwicklung förderte zudem die parteipolitische Patronage. Diese Politik brachte der UNP den wenig rühmlichen Spitznamen *Uncles and Nephews Party* (PRINZ 1989) ein, und auch die SLFP blieb hiervon nicht verschont. Die große Bedeutung von Korruption und familiären Beziehungen zur Sicherung von Privilegien wurde dabei immer nur ansatzweise, z.B. in den Berichten staatlicher Kommissionen zur Bekämpfung der Korruption (Bribery Commission o.J.), offenbar.

Die latente Spannung aus hohem Bildungsniveau und gestiegenen beruflichen Erwartungen bei zugleich unzureichenden Beschäftigungsmöglichkeiten entlud sich auf singhalesischer Seite in blutigen Auseinandersetzungen. Im April 1971 kam es unter der damaligen sozialistischen SLFP-Regierung von Sirimavo Bandaranaike

(1970-1977) zum ersten gewaltsamen Aufstand der marxistischen Volksbefreiungsfront JVP. Die Regierung wurde von diesem Aufstand überrascht und konnte ihn nur dank umfangreicher ausländischer Militärhilfe, u.a. aus Indien und Großbritannien, niederschlagen. Schätzungen zufolge kamen Tausende von Menschen bei den Kämpfen ums Leben, Zehntausende wurden in Lagern inhaftiert (ALLES 1979). Spätere Untersuchungen zeigten, dass sich die Anhängerschaft der JVP zu überdurchschnittlichen Teilen aus arbeitslosen und unterbeschäftigten singhalesischen Jugendlichen aus den rückständigen Regionen des Landes rekrutierte, die aber zu über 90 Prozent eine Schulbildung genossen hatten (OBEYESKERE 1974).

Die neue Verfassung 1972 schränkte die Rechte der Minderheiten ein und stellte den Buddhismus unter besonderen staatlichen Schutz. Eine wichtige Reform in Reaktion auf die Ereignisse von 1971 war die Änderung der Hochschulzulassung. Diese bot nun den bislang vernachlässigten singhalesischen Jugendlichen aus den rückständigen Provinzen bessere Zugangsmöglichkeiten. Allerdings wurden damit zugleich die Bildungs- und sozialen Aufstiegsmöglichkeiten für tamilische Studenten beschnitten (RÖSEL 1997, S. 102-108). Als Reaktion hierauf kam es zu ersten militanten Aktionen von tamilischen Studenten. Die großangelegten Verstaatlichungen, u.a. des Plantagensektors, weiteten die parteipolitische Patronage weiter aus und konnten als Versuch der von der SLFP geführten United Front Regierung gewertet werden, mehr Arbeitsplätze vor allem für singhalesische Schulabgänger zu schaffen. Diese Gruppe zählte nicht nur zur klassischen Klientel der SLFP und der kommunistischen Parteien, sondern hatte mit dem JVP-Aufstand 1971 auch deutlich gemacht, dass sie notfalls bereit war, ihren Anteil an den Erfolgen staatlicher Entwicklungspolitik mit Gewalt einzufordern.

Die traditionellen tamilischen Parteien, die bis dahin keine entscheidenden politischen Zugeständnisse für ihre Volksgruppe hatten erreichen können, gerieten ihrerseits durch die gewaltsamen Aktionen tamilischer Studentengruppen zunehmend unter Druck. Ihre Proteste gegen die neue Verfassung 1972 waren wirkungslos geblieben. Aufgrund dessen und den vormaligen negativen Erfahrungen mit den singhalesischen Parteien im Hinblick auf die Durchsetzung von Abkommen zur Sicherung tamilischer Interessen schlossen sie sich zur *Tamil United Liberation Front* (TULF) zusammen. Bei der Wahl 1977 nahmen sie die Forderung nach einem eigenen Staat, einem *Tamil Eelam*, in ihr Wahlprogramm auf. Sie gewannen alle Sitze in den tamilischen Gebieten des Landes und wurden mit 18 Abgeordneten zugleich die stärkste Oppositionspartei im neuen Parlament.

2.2 Die militärische Lösung: Bürgerkrieg

Wahrscheinlich endete mit der Verfassung von 1972 das Vermögen des demokratischen Systems, eine friedliche und institutionelle Lösung des Minderheitenkonflikts hervorzubringen. Die singhalesischen Parteien waren und sind in der demokratischen Konkurrenz um die Regierungsgewalt verfangen. Dies erlaubt es ihnen nicht, z.B. aus Gründen der „Staatsraison", eine große Koalition zwischen UNP und SLFP einzugehen, um damit die notwendige Parlamentsmehrheit für Verfassungsreformen zu erreichen, mit denen Formen der regionalen Autonomie zugunsten der Tamilen dauerhaft festgeschrieben werden könnten. Alle Vorschläge „versandeten" deshalb im parteipolitischen Gezänk und in verschiedenen Gremien. Diese Situation veranlasste SINGER zu der Bemerkung: „First of all, the Sinhalese have simply never understood the concept of 'federalism'" (1992, S. 713). Die Probleme, die es auf singhalesischer Seite mit föderalistischen Lösungsansätzen bis heute gibt, erklären sich aber weniger durch „Unverständnis", als vielmehr durch zwei andere Punkte: Erstens betonen buddhistisch-nationalistische Gruppen immer wieder die religiöse Einheit des Landes, so dass „Föderalismus" stets als erster Schritt hin zu einer möglichen Teilung des Landes gesehen wird. Zweitens scheint auf Seiten der großen singhalesischen Parteien damit die Befürchtung verbunden zu sein, dass ein Erfolg der jeweiligen Regierungspartei im Konflikt mit den Tamilen deren Ansehen im In- und Ausland so sehr erhöhen würde, dass die Machtchancen der Opposition dadurch auf Jahre hinaus geschmälert würden.

Bereits 1956, 1958 und 1978 hatte es gewaltsame Ausschreitungen zwischen Tamilen und Singhalesen gegeben. Doch mit der Entstehung bewaffneter tamilischer Guerillagruppen in den siebziger Jahren und den beginnenden Anschlägen auf staatliche Einrichtungen erreichte der Konflikt eine neue Qualität. Spätestens mit dem Pogrom gegen die tamilische Bevölkerung in Colombo im Juli/August 1983 schlug der Konflikt in einen ethnischen Bürgerkrieg um (MANOR 1984).

Die beginnende Militarisierung des Konflikts Mitte der siebziger Jahre führte auf Seiten der Tamilen dazu, dass neue Akteure die politische Bühne betraten, vor allem die LTTE, die ihrerseits aber nicht an einer friedlichen Beilegung interessiert waren. Die Parteien der tamilischen Elite traten zwar weiterhin bei Wahlen an, doch verfügten sie kaum noch über politische Hochburgen. In einem rücksichtslosen Kampf gegen die TULF und konkurrierende tamilische Guerillagruppen machte sich die LTTE, die am Ziel eines eigenen Staates festhielt, zum selbsternannten alleinigen Vertreter der Tamilen (HELLMANN-RAJANAYAGAM 1988/89).

Trotz ihres Ausbaus und ihrer militärischen Aufrüstung gelang es der Armee nicht, den Guerillakrieg zu ihren Gunsten zu entscheiden. Der Einsatz ausländischer Militärberater und Söldner war ebensowenig erfolgreich wie die großangelegte Stationierung indischer Truppen zwischen 1987 und 1990. Die LTTE behauptete sich nicht nur gegen die regulären Streitkräfte, sondern setzte sich auch rücksichtslos gegen rivalisierende Guerillagruppen durch. Dank eines weltweit operierenden Netzwerks wurde die LTTE unter ihrem Führer V. Prabhakaran zu einer der erfolgreichsten Guerillagruppen (GUNARATNA 1998a, S. 218-284). Die Macht der LTTE zeigte sich auch darin, dass sie den Verlauf der Kampfhandlungen weitgehend bestimmen konnte. Verhandlungsrunden dienten ihr lediglich dazu, neue Kräfte für den bewaffneten Kampf zu rekrutieren. Der Bruch der Vereinbarungen mit Indien 1987 oder mit der PA-Regierung von Präsidentin Kumaratunge im Frühjahr 1995 machten dies deutlich.

Wenngleich die Armee immer wieder spektakuläre militärische Erfolge verkündete, so gelang es ihr doch nicht, die LTTE zu besiegen oder in entlegene Dschungelgebiete zurückzudrängen. Die Armee litt unter Nachwuchsproblemen und einer großen Zahl von Deserteuren, so dass eroberte Gebiete auf Dauer nicht kontrolliert werden konnten. Die militärische Offensive der LTTE im Dezember 1999 vor den Präsidentschaftswahlen machte die territorialen Erfolge der Armee der vergangenen Jahre deshalb rasch wieder zunichte. Ende 1999 befanden sich damit sowohl die politischen Lösungsansätze als auch die militärische Strategie in einer Sackgasse.

3 Die internationale Ebene

3.1 Der regionale Kontext: Die indische Intervention

Institutionelle Reformen, wie die neue Präsidialverfassung von 1978 blieben für die Beilegung des Konflikts ebenso bedeutungslos wie Allparteienkonferenzen oder die Regierungs- und Präsidentenwechsel. Das politische System und seine Akteure verloren sich in der Illusion, weiterhin das ganze Land zu repräsentieren, obwohl Wahlen in den Bürgerkriegsgebieten kaum durchzuführen waren, bzw. ihre Ergebnisse als wenig repräsentativ gelten konnten. Vor diesem Hintergrund erstaunt es nicht, dass der bis Ende 1999 letzte erfolgreiche Versuch, die Pattsituation auf beiden Seiten aufzulösen und eine institutionelle Lösung des Konflikts herbeizuführen, durch einen externen Akteur, die Indische Union, herbeigeführt wurde.

Die LTTE verfügte nicht nur über Nachschub- und Ausbildungslager, sondern auch über politische Unterstützung im benachbarten südindischen Bundesstaat Tamil Nadu. Die Eskalation des Bürgerkriegs und das Vorgehen der srilankischen Armee gegen die LTTE und die tamilische Zivilbevölkerung führten somit Mitte der achtziger Jahre zu einer Verschlechterung der bilateralen Beziehungen mit Indien. Die indische Regierung unter Rajiv Gandhi intervenierte Anfang 1987 erstmals direkt in den Konflikt, als indische Flugzeuge unter Verletzung der srilankischen Souveränität Hilfsgüter für die Zivilbevölkerung über Jaffna abwarfen. Der wachsende außenpolitische Druck führte zur Aufnahme geheimer Verhandlungen zwischen beiden Staaten, die im Sommer 1987 den indo-srilankischen Beistandsvertrag unterzeichneten. Der Vertrag sah die Einrichtung eines neuen Verwaltungssystems auf der Insel vor, sog. *Provincial Councils* (PC), die den Provinzen eine weitgehende Selbstverwaltung ermöglichen sollte, sowie die Stationierung indischer Truppen in den tamilischen Gebieten im Norden und Osten, die eine Entwaffnung der LTTE durchführen und den Aufbau ziviler Strukturen in diesen Regionen überwachen sollten (WAGNER 1990). Ob das PC-System in den Verhandlungen zwischen Regierung und tamilischen Parteien oder zwischen der indischen und srilankischen Regierung erarbeitet wurde, bleibt zweitrangig, da es vor allem dem Druck der indischen Regierung zuzuschreiben war, dass es in Form des 13. Verfassungszusatzes im November 1987 angenommen wurde (SHASTRI 1992).

Aus Protest gegen den Vertrag und die Stationierung indischer Truppen entfachte die JVP erneut einen gewaltsamen Aufstand im Süden des Landes. Standen beim Aufstand 1971 noch marxistisch inspirierte Ideale im Vordergrund, so wurde die Rebellion zwischen 1987 und 1989 sehr viel stärker von buddhistisch-nationalistischen Idealen geprägt. Die Angriffe der JVP richteten sich gegen alle Befürworter des Beistandsvertrags und der indischen Besatzung und trafen vor allem die mittleren und unteren Parteikader der UNP (RÖSEL 1991). Der Terror der JVP und der Gegenterror staatlicher Organe mit Todesschwadronen, Menschenrechtsverletzungen, willkürlichen Verhaftungen sowie dem „Verschwindenlassen" von Inhaftierten haben in dieser Zeit Schätzungen zufolge ca. 30.000 Menschenleben gefordert und eine beispiellose Atmosphäre der Gewalt in den südlichen Landesteilen entstehen lassen. Ende 1989 endete der Terror der JVP nach der Verhaftung und dem Tod ihres Führers Rohana Wijeweera.

Während die Provinzregierungen gewählt wurden und mit der LTTE rivalisierende und von Indien unterstützte tamilische Gruppen die Provinzregierung übernahmen, scheiterte das Vorhaben der indischen Truppen, die LTTE zu entwaffnen. Im Oktober 1987 brach die LTTE das Abkommen und verwickelte die indischen Truppen in einen über zweijährigen Guerillakrieg im Norden und Osten des Landes. In diesem Zeitraum wuchs der Terror der JVP im Süden, wodurch die UNP-Regierung zunehmend unter Druck geriet. Nach seinem Wahlsieg im Dezember 1988 setzte die Regierung von Präsident Premadasa im Frühjahr 1989 das Abkommen mit Indien aus. Der Rückzug der indischen Truppen wurde durch den Wahlkampf in Indien erleichtert, in dem heftige Kritik an dem Auslandseinsatz indischer Truppen in Sri Lanka geübt wurde. Um den Truppenabzug der Inder zu beschleunigen, scheute sich Präsident Premadasa nicht, Waffen an die LTTE für ihren Kampf gegen die indischen Truppen zu liefern. 1990 wurden die letzten indischen Truppen abgezogen, ohne dass der Konflikt damit einer Lösung nähergebracht worden wäre.

3.2 Der globale Kontext: Netzwerke und Propaganda

Das Beispiel vieler ethnischer Konflikte zeigt, dass sie längst die nationale Ebene verlassen haben. In diesem Sinne sind ethnische Konflikte globale Auseinandersetzungen, weil sowohl die betroffenen Regierungen als auch die ethnischen Gruppen längst weltweit für ihre Anliegen eintreten. Flucht- und Migrationsprozesse haben zu ethnischen Netzwerken in vielen Staaten geführt, die in den Dienst der jeweiligen nationalen Unabhängigkeitsbewegung gestellt werden. Freiwillige und erzwungene Spenden zählen ebenso hierzu wie der Aufbau von Gegenöffentlichkeit, um die internationale Gemeinschaft zu beeinflussen. So agiert die LTTE nicht nur in Südindien, sondern hat zahlreiche Anhänger z.B. in Kanada, Frankreich und Großbritannien und verfügt über Stützpunkte u.a. in Südafrika sowie in Südostasien. In der internationalen Propagandaschlacht konnte die lange Zeit hoffnungslos unterlegene srilankische Regierung 1997 zumindest einen Teilerfolg verbuchen, als die amerikanische Regierung die LTTE offiziell als terroristische Vereinigung ächtete (The Hindu 1997). Allerdings konnte auch damit nicht der Spendenfluss gestoppt werden, aus dem sich die LTTE finanziert, sowie der Waffen- und Drogenhandel, in den sie verwickelt sein soll (GUNARATNA 1998a, S. 27). Berichten zufolge verfügt die LTTE über gute Kontakte zu anderen Terrororganisationen und konnte z.B. ihre Aktivitäten in Südafrika deutlich ausweiten (GUNARATNA 1998b).

4 Perspektiven und Lösungsansätze

Es lässt sich lange darüber streiten, ob Sri Lanka einen Sonderfall bildet oder ob seine Entwicklung Modellcharakter hat im Hinblick auf die Durchsetzung allgemein anerkannter Normen wie Demokratie, Minderheitenschutz und wirtschaftliche Entwicklung unter den Bedingungen einer multiethnischen Gesellschaft. Sri Lanka ist zunächst ein Sonderfall, eine Ausnahme, da die politische Entwicklung und die Eskalation des Konflikts maßgeblich von der Größe der ethnischen Gruppen und der Parteienkonkurrenz des demokratischen Wettbewerbs beeinflusst worden sind. Eine weitere Besonderheit ist zudem die von buddhistischen Nationalisten immer wieder propagierte Verbindung von „land, race and religion". Diese Propaganda hat bislang sowohl eine angemessene institutionelle Vertretung der tamilischen Minderheit als auch eine öffentliche Debatte über Minderheitenrechte verhindert und damit die Konfliktregelungsmöglichkeiten des demokratischen Systems deutlich beeinträchtigt. Solche Aspekte sind den Sonderbedingungen des srilankischen Modells geschuldet.

Allerdings sprechen einige Punkte auch dafür, dass sich die srilankischen Probleme durchaus verallgemeinern lassen. Der Siegeszug religiöser und nationalistischer Bewegungen kann hierzu ebenso gezählt werden wie die Probleme, die sich aus dem Spannungsfeld zwischen wirtschaftlicher Entwicklung und ethnischer Mobilisierung ergeben. Hier können die srilankischen Erfahrungen eher als Regel betrachtet werden, da Sri Lanka bislang eines der wenigen Länder ist, welches versucht hat, die damit auftauchenden Probleme durch demokratischen Wettbewerb zu lösen. Die Parteienkonkurrenz machte die Grenzen der Konfliktregelungsfähigkeit von demokratischen Institutionen in multiethnischen Gesellschaften offensichtlich.

Im Hinblick auf den Globalisierungsaspekt des ethnischen Konflikts ist Sri Lanka ebenfalls nicht als Ausnahmefall zu betrachten. Ethnische Konflikte werden zunehmend im internationalen Raum ausgetragen. Die beteiligten Akteure benutzen dabei traditionelle wie moderne Kommunikationsformen, vom Plakat an der Wand des Dorftempels bis hin zu den virtuellen *chat rooms* des Internets, und versuchen ihre Standpunkte in den US-Kongress ebenso einzubringen wie in die Gremien der internationalen Gebergemeinschaft zur Koordination der Entwicklungshilfe oder gegenüber internationalen Nachrichtenagenturen. Ethnische Konflikte wie in Sri Lanka sind mittlerweile „glokale" Konflikte, da sich die politischen und wirtschaftlichen Aktivitäten der Konfliktparteien über weite Teile des Globus erstrecken können. Sie bleiben allerdings lokal, was den Ort der direkten militärischen Auseinandersetzung anbelangt.

Für den Konflikt in Sri Lanka zeichnet sich ein wenig erfreuliches Bild an Lösungsmöglichkeiten ab. Die besondere Tragik liegt darin, dass eine Debatte über friedliche Konfliktbeilegung bereits an den Voraussetzungen scheitert, d.h. an den Akteuren, die auf Seiten der beiden großen Volksgruppen vorhanden sind. Auf singhalesischer Seite blockiert die Parteienkonkurrenz zwischen UNP und PA/SLFP jeden Kompromiss. Eine weitere Aufspaltung des singhalesischen Parteiensystems, um z.B. das Gewicht der beiden großen singhalesischen Parteien zu schwächen und gleichzeitig den tamilischen Parteien ein größeres Gewicht einzuräumen, erscheint wenig wahrscheinlich. Zudem gibt es auf tamilischer Seite mittlerweile kaum noch demokratisch legitimierte Parteien, die in Verhandlungen über regionale Autonomie eintreten könnten. Die LTTE besitzt zwar die Macht der Gewehre, verfügt aber bislang noch nicht über ein demokratisches Mandat.

Vor diesem Hintergrund gaben die Ereignisse in der ersten Hälfte 2000 Anlass zur Hoffnung. Die UNP-Opposition hat sich erstmals zur Zusammenarbeit mit der Regierung bereit erklärt. Damit könnte eine Zweidrittelmehrheit für eine Verfassungsänderung im Parlament zustande kommen, mit der den Tamilen weitgehende Selbstverwaltungsrechte gewährt werden. Parallel hierzu hat sich die LTTE zunächst positiv zu einer möglichen Vermittlung durch eine dritte Partei, der norwegischen Regierung, geäußert. Die militärischen Erfolge der LTTE im Frühjahr 2000 haben zugleich aber auch den Druck aus dem Ausland – vor allem aus Indien – erhöht, eine politische Lösung herbeizuführen. Trotz des militärischen Erfolgs der LTTE ist nicht davon auszugehen, dass die Indische Union aufgrund der eigenen Probleme mit separatistischen Gruppen der Etablierung eines unabhängigen tamilischen Staates im Norden Sri Lanka zusehen wird.

Nach langen Verhandlungen verständigten sich im Juni 2000 die Regierung der PA und die oppositionelle UNP auf die Einrichtung eines gemeinsamen Interim-Rates für die tamilische Nord- und Ostprovinz. Es bleibt nur zu hoffen, dass diese Lösung endlich einen dauerhaften Erfolg haben wird. Die schlechten Erfahrungen der Tamilen bei früheren Abkommen mit den Singhalesen, die einseitige Aussetzung des indo-srilankischen Vertrags durch die Regierung Premadasa oder der Bruch der Vereinbarungen mit Indien durch die LTTE zeigen, dass es auf Seiten beider Volksgruppen Akteure gibt, die aus eigenen Interessen heraus solche Vermittlungsversuche boykottieren können. Hinzu tritt, dass die LTTE im Verlauf der militärischen Auseinandersetzungen eine Reihe von Privilegien erworben hat, auf die sie im Falle eines Friedensschlusses verzichten müsste. Zudem ist nicht klar, welche Sanktionsmacht eine externe dritte Partei gegenüber der LTTE hätte, um diese erstens zu einem Kompromiss zu bewegen und zweitens die damit verbundenen Bedingungen auch gegen den Widerstand der LTTE durchzusetzen.

Wenn es eine Lehre aus den Erfahrungen der srilankischen Demokratie gibt, dann ist es die altbekannte Tatsache, dass der Versuch, die Probleme der wirtschaftlichen Umverteilung auf Minderheiten abzuwälzen, eine mehr als riskante Strategie ist.

Durch die Mobilisierung ethnischer Gruppen kann damit ein *point of no return* überschritten werden, dessen oft gewaltsamen Konsequenzen nicht nur die Grundlagen der Demokratie, sondern auch die des gesamten Staatswesens in Frage stellen. Vieles spricht dafür, dass dieser Punkt in Sri Lanka mittlerweile erreicht sein könnte.

Literatur

ALLES, A.C. (1979): Insurgency 1971. An account of the April insurrection in Sri Lanka. – Colombo.

ANDERSON, Benedict (1988): Die Erfindung der Nation. Zur Karriere eines erfolgreichen Konzeptes. – Frankfurt a.M, New York.

BARTH, Frederick (Hrsg. 1969): Ethnic groups and boundaries. – London.

BECK, Ulrich (1997): Was ist Globalisierung? – Frankfurt a.M.

Bribery Commission (o.J.): The reports of the Parliamentary Bribery Commission, 1959-60. – Colombo.

Central Bank of Sri Lanka (1992): Economic and social statistics of Sri Lanka 1991. – Colombo.

DE SILVA, Kingsley M. (1986): Managing ethnic tensions in multi-ethnic societies: Sri Lanka 1880-1985. – Lanham.

DITTRICH, Eckhard u. Astrid LENTZ (1994): Die Fabrikation von Ethnizität. – In: R. KÖBLER u. T. SCHIEL (Hrsg. 1994): Nationalstaat und Ethnizität. – Frankfurt a.M., S. 23-43.

DONNER, Jochen u. Bernhard THIBAUT (1994): Sri Lanka. – In: Dieter NOHLEN u. Franz NUSCHELER (Hrsg. 1994): Handbuch der Dritten Welt, Band 7: Südasien und Südostasien. – Bonn, S. 336-367.

GUNARATNA, Rohan (1998a): Sri Lanka's ethnic crisis & national security. – Colombo.

GUNARATNA, Rohan (1998b): LTTE in South Africa. – In: http://www.thehindu.com/fline/fl1524/15240500.htm.

HECKMANN, Friedrich (1992): Ethnische Minderheiten, Volk und Nation. – Stuttgart.

HELLMANN-RAJANAYAGAM, Dagmar (1988/89): The Tamil militants – Before the accord and after. – Pacific Affairs, Jg. 61, Nr. 4, S. 603-619.

HELLMANN-RAJANAYAGAM, Dagmar u. Dietmar ROTHERMUND (1992): Einleitung. – In: D. HELLMANN-RAJANAYAGAM u. D. ROTHERMUND (Hrsg.): Nationalstaat und Sprachkonflikte in Süd- und Südostasien. – Stuttgart, S. 1-21.

HOBSBAWN, Eric u. Terence RANGER (ed. 1983): The invention of tradition. – Cambridge.
HOFFMANN, Jürgen (1999): Ambivalenzen des Globalisierungsprozesses – Chancen und Risiken der Globalisierung. – Aus Politik und Zeitgeschichte, B 23, 4. Juni, S. 3-10.
HOROWITZ, Donald L. (1993): Democracy in divided societies. – Journal of Democracy, Jg. 4, Nr. 4, S. 18-38.
The Hindu (1997): US labels LTTE terrorist outfit. – 9. Oktober.
KEARNY, Robert N. (1967): Communalism and language in the politics of Ceylon. – Durham.
KELLER, Walter (1999): Sri Lanka zwischen Wahlen und Krieg. – Südasien, Jg. 19, Nr. 7-8, S. 9-11.
DEDOURIE, Elie (1970): Nationalism in Asia and Africa. – London.
LAMBALLE, Alain (1985): Le Problème Tamoul à Sri Lanka. – Paris.
LIPSET, Seymour, Martin u. Stein ROKKAN (1967): Cleavage structure, party systems, and voter alignments: An introduction. – In: S. M. LIPSET u. S. ROKKAN: Party systems and voter alignments: Cross national perspectives. – New York, London, S. 1-64.
MANOR, James (ed. 1984): Sri Lanka in change and crisis. – London.
MCGOWAN, William (1993): Only man is vile. The tragedy of Sri Lanka. – London.
OBEYESEKERE, Gananath (1974): Some comments on the social backgrounds of the April 1971 insurgency in Sri Lanka (Ceylon). – The Journal of Asian Studies, Jg. 33, Nr. 3, S. 367-384.
PONNAMBALAM, Satchi (1983): Sri Lanka. The national question and the Tamil liberation struggle. – London.
PRINZ, Thomas (1989): Die Geschichte der United National Party in Sri Lanka. – Stuttgart.
PUTNAM, Robert (1988): Diplomacy and domestic politics: The logic of two-level games. – International Organization, 42, S. 427-460.
RÖSEL, Jakob (1991): Geheimnis, Terror und der Zerfall staatlicher Macht auf Sri Lanka. – In: Thomas SCHEFFLER (Hrsg.): Ethnizität und Gewalt. – S. 204-220.
RÖSEL, Jakob (1997): Der Bürgerkrieg auf Sri Lanka. Der Tamilenkonflikt: Aufstieg und Niedergang eines singhalesischen Staates. – Baden-Baden.
ROTHSCHILD, Joseph (1981): Ethnopolitics. A conceptual framework. – New York.
RUDOLPH, Lloyd I. u. Susanne HOEBER RUDOLPH (1967): The modernity of tradition. Political development in India. – Chicago.
SHASTRI, Amita (1992): Sri Lanka's provincial council system. A solution to the ethnic problem? – Asian Survey, Jg. 32, Nr. 8, S. 723-743.
SINGER, Marshall, R. (1992): Sri Lanka's Tamil-Sinhalese ethnic conflict. Alternative solutions. – Asian Survey, Jg. 32, Nr. 8, S. 712-722.

WAGNER, Christian (1990): Zurück in die Zukunft: Sri Lanka nach dem indo-srilankischen Beistandsvertrag von 1987. – Asien, 34, S. 22-36.
WEBER, Max (1980): Wirtschaft und Gesellschaft. – Tübingen.
WRIGGINS, Howard W. (1960): Ceylon. Dilemmas of a new nation. – New Delhi.
ZÜRN, Michael (1998): Regieren jenseits des Nationalstaates. – Frankfurt a.M.

Unregierbares Volk ohne Staat – die Kurden: das Beispiel Nordirak

Erhard Franz

Als das nordirakische Kurdengebiet 1991 alliierte Schutzzone geworden war und dort im April 1992 Wahlen stattfanden, keimten Hoffnungen auf, dass hier der Kern eines künftigen kurdischen Staates entstehen könne. Die Kämpfe zwischen den Kurdenparteien im Nordirak 1994-1997 machten diese Hoffnungen zunichte. Gleichzeitig zeigten die Kämpfe, dass der auf den ersten Blick ethnische Konflikt zwischen den Kurden und den Arabern, Türken und Iranern noch eine zweite, intraethnische Konfliktschicht enthält, die den ethnischen Konflikt überlagern kann, besonders dann, wenn die Kurden untereinander Stellvertreterkriege für ihre Nachbarn führen.

1 Orientalischer als orientalisch: die kurdische Gesellschaft

Geographisch eingebettet in den vorderorientalisch-islamischen Kulturkreis, weisen die Kurden sowohl in soziokultureller als auch in soziopolitischer Hinsicht viele Gemeinsamkeiten mit ihren jeweiligen Nachbarn auf. Durch die periphere Lage der Kurdengebiete zu den Machtzentren des Osmanischen und des Persischen Reiches sowie später zu den modernen Wirtschafts- und Industriezentren der Türkei und Irans, hat die kurdische Gesellschaft archaische Züge bewahrt, Züge, die sich in anderen, durch Industrialisierung und Verstädterung geprägten Regionen des Vorderen Orients gewandelt haben.

In der traditionellen vorderorientalischen Gesellschaft stellt die Abstammungsgruppe väterlicherseits eine enge soziale Gemeinschaft mit strengen Solidaritätsverpflichtungen der Mitglieder untereinander dar. Dies äußert sich z.B. in einer für alle Staaten des Vorderen Orients typischen „Vetternwirtschaft", in der sich das gegenseitige soziale Verantwortungsbewusstsein niederschlägt.

Daneben spielen in der kurdischen Gesellschaft auch noch Klane *(Clans)* und Stämme, größere soziale Einheiten, eine Rolle. Integriert in das Klan- und Stammeswesen bei den Kurden sind auch einige Führungsgeschlechter von islamischen mystischen Orden, *Sufi*-Orden. Einzelne *Shaikhs*, Ordensoberhäupter, gelangten durch die Abgaben ihrer Anhänger zu Wohlstand, erwarben Landbesitz und rückten damit als *Aghas*, Großgrundbesitzer, auf die gleiche Stufe der sozialen Hierarchie wie die landbesitzenden Klan- und Stammesnotabeln.

Hegemonie- und Rivalitätskämpfe zwischen den Stämmen und Klanen sind kennzeichnend für die politische Kultur der Kurden. Nicht zuletzt aufgrund derartiger Rivalitäten arbeiten jeweils Teile der Kurden mit den jeweiligen politischen Machthabern eines Landes zusammen und integrieren sich in das herrschende politische System.

Die Sprache der Kurden, das *Kurmanji*, gehört zum Nordwestzweig der iranischen Sprachfamilie.[1] Sie zerfällt in eine nördlich und eine südliche Gruppe von Dialekten, wobei der Große Zab im Irak eine Grenzlinie zwischen dem zu den nördlichen Dialekten gehörenden *Badinani* und dem zu den südlichen Dialekten gehörenden *Sorani* und *Slemani* bildet (Abb. 1). Südöstlich des Diyala, bei Khanaqin etwa, beginnen Dialekte des von kurdischen Autoren als „Südkurdisch" bezeichneten *Laki*, das vorwiegend in angrenzenden iranischen Gebieten verbreitet ist.

2 Das nordirakische Kurdengebiet

Im Irak sind etwa 18 bis 20 % der rund 22 Mio. Einwohner des Landes Kurden. Ihr Hauptverbreitungsgebiet liegt in Nordostirak. Zwei Drittel des kurdischen Verbreitungsgebiets sind seit 1974 im „Autonomen Gebiet" zusammengefasst, das aus den Provinzen Dohuk, Arbil und Sulaimaniya besteht und heute ca. 3,7 bis 3,9 Mio. Einwohner beherbergt. Umsiedlungsmaßnahmen und Stadtwanderungen führten zu einer weiten Streuung kurdischer Bevölkerungsteile im Lande; u.a. weist Bagdad als Hauptstadt einen erheblichen kurdischen Bevölkerungsanteil auf.

Unter den Kurden im Autonomen Gebiet sind ca. 32.000 bis 35.000 Christen, überwiegend Chaldäer (Angehörige der Chaldäischen Kirche), und Assyrer (Anhänger der Assyrischen oder Ostsyrischen Kirche, Nestorianer) sowie weniger als 1000 Armenier anzutreffen.[2] Über die Hälfte der Christen ist in der Provinz Dohuk konzentriert. Weiterhin leben im Autonomen Gebiet maximal 50.000 Türkmenen, Nachfahren von turk-mongolischer Stämmen, die im Mittelalter eingewandert sind, sowie von osmanischen Verwaltungsbeamten und Soldaten.[3]

---

[1] Das *Farsi*, die Staatssprache Irans, gehört zum Südwestzweig der iranischen Sprachfamilie.
[2] Erhebungen von Alexander STERNBERG 1997 und 1998.
[3] Ibd.

Abb. 1: Das Kurdengebiet im Irak

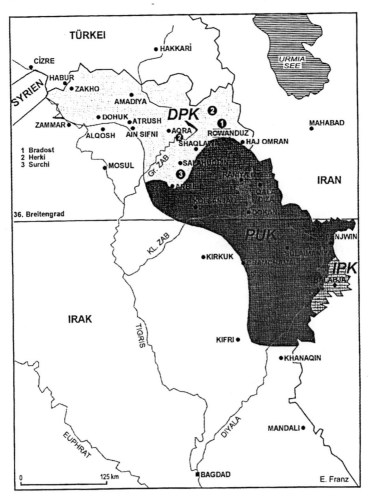

3 Zeithistorischer Rahmen

Nach dem Ersten Weltkrieg gehörte das nordirakische Kurdengebiet, das ehemalige osmanische *Musul Vilayetti*, die Provinz Mosul, zum britischen Besatzungs- und ab 1922 zum Mandatsgebiet. In diesem von den Briten indirekt verwalteten Gebiet kam es zu mehreren Aufständen. Am bekanntesten sind die Rebellionen von Shaikh Mahmud al-Barzinji aus Sulaimaniya zwischen 1919 und 1930.[4] 1932 entließ Großbritannien das Königreich Irak in die Unabhängigkeit.[5] Gleichzeitig nahm der Völkerbund den Staat Irak unter der Bedingung auf, den Kurden nationale Rechte zu gewähren. 1958 stürzte General Kassem *(Abd al-Kadir Kasim)* die Monarchie. Als er nicht bereit war, den Kurden gegenüber gemachte Versprechungen einzulösen, brach 1961 der „große" Kurdenkrieg unter Mullah Mustafa Barzani im Irak aus, der von Verhandlungspausen unterbrochen bis 1970 andauerte.

Mit der Unterzeichnung des als „historisch" gefeierten „Manifestes" vom 11. März 1970 zwischen der „Demokratischen Partei Kurdistans-Irak"/DPK-Irak *(Partî Dêmokratî Kurdistan-Irak)* unter Mullah Mustafa Barzani und der seit 1968 von der „Arabischen Sozialistischen Ba'th-Partei" (ASBP) gestellten Regierung unter Ahmed Hassan al-Bakr, schien die Kurdenfrage im Irak gelöst zu sein. Das Märzmanifest erkannte die Kurden als zweites Staatsvolk im Irak und kurdisch als zweite Amtssprache im Kurdengebiet an. Die provisorische Verfassung wurde entsprechend ergänzt. Weiterhin nahm die Zentralregierung fünf Kurden als Minister in ihr Kabinett auf, ein Kurde sollte Vizepräsident des Landes werden.

Ein strittiger Punkt blieb die Abgrenzung des Autonomen Gebiets. Die kurdische Seite forderte die Einbeziehung des Distrikts Kirkuk mit seinen Erdölvorkommen, die Regierungsseite führte den hohen Anteil der türkischen (turkmenischen) und arabischen Bevölkerung in diesem Distrikt als Gegenargument an. Man einigte sich auf einen Volksentscheid der Betroffenen, der allerdings nie durchgeführt wurde.

Als der Kommandorat der Revolution, das höchste Entscheidungsgremium der ASBP, auf den Tag genau vier Jahre später, am 11. März 1974, einseitig ein Autonomiegesetz bezogen auf die drei Provinzen Dohuk, Arbil und Sulaimaniya (ohne Kirkuk) erließ, kam es im April erneut zu einem Aufstand der Kurden. Die Erhebung brach nach knapp einem Jahr innerhalb von zwei Wochen zusammen, nachdem der Irak und Iran im Abkommen von Algier (6. März 1975) ihre gegenseitigen Differenzen (vorübergehend) beigelegt hatten und die Unterstützung von Oppositionsgruppen des jeweils anderen Landes aufgaben. 120.000 bis 140.000 Kurden flüchteten nach Iran, ca. 100.000 blieben in der Folgezeit dort in Lagern.

Im April 1974 hatte die Zentralregierung die kurdischen Minister im Kabinett durch fünf neue, zur Zusammenarbeit mit der ASBP bereite Kurden ersetzt und den

---

[4] Mahmud als Barzinji, Shaikh eines Ordenszweiges der *Qadiriya* und selbsternannter „König von Kurdistan", revoltierte 1919, 1921/22 und noch einmal 1930/31 gegen die Briten.
[5] Amir Faisal Ibn Husain war 1921 von den Briten als König im Irak eingesetzt worden.

Juristen und Diplomaten Taha Muhieddin Ma'ruf zum Vizepräsident des Landes ernannt (er ist es noch heute). Ende Juli berief die Zentralregierung 60 loyale Kurden in einen „Legislativrat des Autonomen Gebiets". Einstimmig bestätigte der Rat den zum Vorsitzenden des „Exekutivrats des Autonomen Gebiets" designierten Hashim Hakim Aqrawi, einem Cousin von Taha Muhieddin.

Der „kalte Krieg" zwischen der *Ba'th*-Partei unter Hafiz al-Asad in Syrien und der Schwesterpartei im Irak ermöglichte es Organisationen der irakischen Kurden, ab 1976 von Syrien aus Kommandounternehmen im Irak zu organisieren. 1977 begannen sie wieder, in einem ca. 200 km langen und acht bis 15 km tiefen Gebirgsstreifen entlang der türkischen Grenze im äußersten Norden des Irak, Stützpunkte einzurichten und diesen Streifen zur „befreiten Zone Badinan" zu erklären.[6]

Nach der islamischen Revolution in Iran im Februar 1979 zeichneten sich im Juli erneut iranisch-irakische Gegensätze ab, und beide Länder begannen wieder, die Oppositionsgruppen des anderen Landes zu unterstützen. Das Bündnis zwischen den Kurden und der Mullahregierung in Iran erwies sich im irakisch-iranischen Krieg, dem „ersten Golfkrieg" (1980-1988), als günstig für beide Seiten. Die DPK schuf sich im Badinanstreifen einen gewissen Aktionsfreiraum, erhielt Waffen und Munition von Iran, und sie hatte ab Ende 1983 einen ungehinderten Straßenzugang zu Iran. Für Iran war ausschlaggebend, dass die permanente Anwesenheit von kurdischen Widerstandskämpfern im Nordirak immerhin eine von vier irakischen Armeen band, wodurch die Hauptfront im Süden entlastet wurde.

Der Irak seinerseits setzte zur Entlastung seiner Truppenverbände im Norden ca. 50 000 regierungsfreundliche – besser: barzanifeindliche – kurdische Stammeskrieger ein. Sie waren in sogenannte „leichte Bataillone" unter der Führung von Stammes- bzw. Klannotabeln zusammengefasst, brauchten keinen Wehrdienst an der Front zu leisten und erhielten angeblich „Erfolgsprämien".1987 zog die irakische Zentralregierung möglicherweise eine Art „Endlösung" des Problems mit den aufständischen Kurden in Betracht. In der sogenannten *„Anfal*-Kampagne"[7] sollen 180.000 Personen „vernichtet" worden sein. Die Angaben lassen sich weder belegen noch widerlegen. Ihren Höhepunkt erreichten die gegen Kurden gerichteten Maß-

---

[6] Badinan – Name eines ehemaligen kurdischen Fürstentums im Osmanischen Reich um Amadiya in der heutigen irakischen Provinz Dohuk.

[7] *Al-Anfal* (die Beute) ist der Name der achten Sure des Koran, die sich mit der Verteilung der Beute aus Kriegszügen gegen Ungläubige beschäftigt. Nach dem Aufstand 1991 waren Polizei- und Geheimdienstdokumente sichergestellt und Massengräber untersucht worden, wodurch ein gewisser Eindruck vom Ausmaß der Vernichtungsaktion vermittelt wurde. Zur Anfal-Kampagne vgl. Khalid SALIH: Iraq and the Kurds: a bibliographic essay. – Digest of Middle Eastern Studies 4(1995)2, S. 24-39; Al-Anfal – den Massengräbern auf der Spur. – Kurdistan

nahmen mit dem Giftgaseinsatz in Halabja im südlichen Kurdengebiet, dem im März 1987 bis zu 4000 Personen, überwiegend Zivilisten, zum Opfer fielen. Am Beispiel Halabja zeigte sich deutlich der geringe Stellenwert eines kurdischen Menschenlebens für die Zentralregierung.

Durch den Waffenstillstand mit Iran 1988 konnte der Irak an der Südfront freigesetzte Truppen in den Norden verlegen. Ende August begann eine Großoffensive gegen die Kurden, die am 5. September offiziell beendet war.

Damals hatte die Türkei für Schlagzeilen in der Presse gesorgt, als sie am 30. August 1988 aus „humanitären Gründen" ihre Grenzen für kurdische Flüchtlinge aus dem Nordirak öffnete. Insgesamt brachte sie ca. 51.000 Personen in eilig errichteten Zeltlagern weiter im Landesinnern unter. Weitere 32.000 Kurden aus dem Irak sollen zwischen Juli und November 1988 nach Iran geflohen sein.

4 „Die Feinde meiner Feinde sind meine Freunde": Jalal Talabani – Masud Barzani

Die Schicksale des „gewitzten Taktikers und auftrittsstarken Parteimenschen" Jalal Talabani und des „selbstgenügsamen, brütenden Strategen" Masud Barzani[8] sind seit 30 Jahren eng miteinander verknüpft. Jalal Talabani, Jahrgang 1933, hatte sich bereits als Jugendlicher der DPK-Irak angeschlossen. Im Aufstand 1961 war er *Peshmerga*-Kommandant im südlichen Kurdengebiet.[9] 1964 gehörte Talabani zu der Gruppe der DPK-Führung, die gegen ein mit der Zentralregierung geschlossenes Waffenstillstandsabkommen opponierte. Mullah Mustafa Barzani schloss die Opponenten aus der Partei aus, seine *Peshmerga* drängten sie aus dem irakischen Kurdengebiet nach Iran ab. Ein Jahr später kehrte Talabani in den Irak zurück und söhnte sich wieder mit Mullah Mustafa aus. Ein Anschlag auf Talabani im Dezember 1967 ließ die alte Kontroverse zwischen ihm und Mullah Mustafa wieder aufleben. Sie war so heftig, dass sich Talabani und seine Anhänger 1969 auf der Seite der neuen irakischen Zentralregierung an der Offensive gegen das Kurdengebiet beteiligten. 1971 löste sich die Gruppe um Talabani auf, ihre Mitglieder schlossen sich erneut der Bewegung um Mullah Mustafa an.

Die Talabanis südlich des Großen Zab und die Barzanis nördlich von ihm und somit auf unterschiedlichen Seiten der innerkurdischen Dialektgrenze beheimatet,

---

heute, 1992 Nr. 3, S. 12-18. Sämtliche gegen die Kurden gerichteten Maßnahmen der Zentralregierung zwischen März 1987 und April 1989 werden als „Anfal-Kampagne" bezeichnet.
[8] Jordan Times, Amman, 1.10.1991.
[9] *Peshmerga* – "die den Tod nicht fürchten" – Bezeichnung für die kurdischen Kämpfer im Irak.

entstammen den Führungsklanen zweier verschiedener Sufi-Orden. Während sich die Talabanis jedoch zu einer neuen, von sozialistischen Ideen beeinflussten städtischen Mittelschicht entwickelt hatten, waren die Barzanis ihrer ländlich-tribalen Tradition verbunden geblieben. Mullah Mustafa Barzani verkörperte den traditionellen Führer der kurdischen Stammesgesellschaft, der einflussreiche Klan- und Stammesführer dieser Gesellschaft für sich gewinnen konnte.

Masud Barzani, Jahrgang 1944, ist ein Sohn von Mullah Mustafa. 1975 begleitete er seinen Vater ins iranische Exil. Mullah Mustafa Barzani hatte resigniert, wurde krank. Er verstarb am 2. März 1979 in Washington/DC an Krebs. Der politische Wille von Masud Barzani war ungebrochen geblieben. Nach dem Tod von Mullah Mustafa Barzani wählte ein Parteitag der DPK-Irak im November 1979 Masud Barzani zum Präsidenten der Partei.

Jalal Talabani hatte sich gleich nach der Niederlage 1975 für die Gründung einer neuen Organisation eingesetzt, die den Kampf gegen die irakische Zentralregierung fortsetzten sollte. Bereits im Juni kam es in Westberlin zur Gründung der „Patriotischen Union Kurdistans"/PUK *(Yekêtîy Nishtimanîy Kurdistan)* deren Vorsitzender er wurde. Im Gegensatz zur DPK-Irak lehnte die PUK auf Grund der Erfahrungen von 1975 eine erneute Zusammenarbeit mit Iran kategorisch ab. Das Hauptquartier der Partei befand sich in Damaskus.

1978 konzentrierte die PUK stärkere *Peshmerga*-Verbände im Badinan-Streifen. Im September fanden zwischen ihr und einer „Provisorischen Führung" der DPK-Irak Vormachtkämpfe über die Kontrolle des Streifens statt. Die Provisorische Führung der DPK behauptete sich. 400 (nach anderen Darstellungen 800) *Peshmerga* der PUK fanden den Tod.

Die islamische Revolution in Iran hatte die Führung der DPK-Irak vor die Alternative gestellt, sich entweder mit den Kurden in Iran bei deren Autonomieforderungen zu verbünden und damit die Ausweisung der noch im Lande anwesenden ca. 60.000 Flüchtlinge herauszufordern, oder aber die sich bereits im Juli abzeichnenden iranisch-irakischen Gegensätze für ihre eigenen Ziele im Irak auszunutzen. Masud Barzani entschied sich für die Mullahs, in der Hoffnung, dass auf der Landkarte des Vorderen Orients, welche die Mullahs grundlegend verändern wollten, auch die Bezeichnung „Kurdistan" eingetragen werden würde.

Ein 1982 zwischen Masud Barzani und Jalal Talabani geschlossenes militärisches Kooperationsabkommen ermöglichte der PUK offiziell die Mitnutzung des Grenzstreifens für Aktionen gegen den Irak. Ende Mai/Anfang Juni 1983 drangen türkische Truppen mit dem Einverständnis des Irak in einer gegen die Arbeiterpartei

Kurdistans, die PKK *(Partîya Karkêren Kurdistan),* gerichteten Aktion mehrere Kilometer weit auf irakisches Gebiet vor. Nach iranischen Gebietseroberungen in Nordostirak im Dezember des Jahres, die der Barzani-Partei eine direkte Nachschubverbindung von Iran in den Grenzstreifen eröffneten, schloss Jalal Talabani noch im gleichen Monat einen Waffenstillstand mit der irakischen Regierung. Vermutlich befürchtete er einen Dreifrontenkrieg – Türkei-DPK-Irak – für die Verbände der PUK im Grenzstreifen. 1984 führte Talabani persönliche Verhandlungen mit Saddam Husain in Bagdad; im Januar 1985 erklärte er sie für gescheitert. Es fällt schwer nachzuvollziehen, weshalb Talabani, anstatt enger mit Masud Barzani zusammenzuarbeiten, ausgerechnet einen Ausgleich mit Saddam Husain angestrebt hatte. Vielleicht hatte er auf Grund der Situationsbeurteilung im Golfkrieg gehofft, dass Saddam Husain zu Zugeständnissen bereit sei. Wenn er Erfolg gehabt hätte, hätte ihm das einen enormen Ansehensvorsprung vor Masud Barzani verschafft. So jedoch schadete dieser Schritt selbst in den eigenen Reihen seinem Ansehen. Ein Jahr später, 1986, erneuerten die PUK und die DPK-Irak ihr militärisches Kooperationsabkommen von 1982.

Unmittelbar nach Ausbruch der Kuwaitkrise (irakischer Einmarsch am 2. August 1990) gelang es Jalal Talabani nach einer Reise in die USA, sieben kurdische Organisationen, darunter die DPK-Irak, zu einer „Kurdistanfront-Irak" zusammenzuschließen.[10]

Wenige Tage nach dem Waffenstillstand im Kuwaitkrieg befanden sich am 3. März 1991 der schiitische Süden und der kurdische Norden des Landes im Aufruhr gegen die Regierung Saddam Husains. Mehrere Anzeichen sprechen dafür, dass der Protestfunke gegen die *Ba'th*-Regierung vom Süden auf den Norden übersprang, bevor die Kurdistanfront ihre eigenen Vorbereitungen abgeschlossen hatte. In kurzer Zeit brachten die Kurden die Provinzen Sulaimaniya, Arbil und Dohuk unter ihre Kontrolle. Masud Barzani und Jalal Talabani kehrten Ende März (21. bzw. 26. 3.) aus dem Exil zurück und übernahmen die Führung des Aufstandes.

Die anfängliche Siegeseuphorie der Kurden schlug schnell in tiefe Niedergeschlagenheit um, als irakische Truppen eine Stadt nach der anderen zurückerober-

---

[10] Der Kurdistanfront-Irak gehörten an: Die PUK, die DPK-Irak sowie die kleinere Demokratische Volkspartei Kurdistans/DVKP *(Hizbî Gelî Dêmokratî Kurdistan)* von 1981 unter Sami Abdurrahman, die Sozialistische Partei Irakisch-Kurdistans/SPK *(Hizbî Soyalistî Kurdistanî Irak)* von 1979 unter Rasul Mamand (seit 1981), die seit 1976 als PASOK *(Partî Sosyalistî Kurd)* bekannte fast gleichnamige Partei mit Mahmud Osman an der Spitze, die Kommunistische Partei Kurdistans/KPI *(Hizbî Komunist Kurdistan),* deren langjähriger Vorsitzender der Kurde Aziz Muhammad war, sowie die Islamische Bewegung Irakisch-Kurdistan/IBK, die sich zu Beginn des irakisch-iranischen Kriegs aus mehreren islamisch-kurdischen Gruppierungen gebildet hatte.

ten. Am 4. April hieß es, der Aufstand sei zusammengebrochen. In bewährter Tradition zogen sich die kurdischen Kämpfer in die Berge zurück und die Zivilbevölkerung floh vor der befürchteten Vergeltung durch das Regime in Bagdad in Richtung iranische und türkische Grenze. Iran nahm etwa 900.000 Flüchtlinge auf, bis zu 700.000 stauten sich in den noch winterlich kalten Bergen an der türkischen Grenze. Im Gegensatz zu 1988 weigerte sich die Türkei diesmal, die Flüchtlinge ins Land zu lassen. Eine weltweite Hilfsaktion lief an.

5 Phönix aus der Asche: das „Autonome Kurdengebiet" 1991-1993

Am Abend des 5. Aprils 1991 verabschiedete der Sicherheitsrat der Vereinten Nationen die Resolution 688. In ihr verurteilte er die Unterdrückung der Zivilbevölkerung im Irak, speziell der in den kurdischen Siedlungsgebieten, und verlangte die sofortige Einstellung der Unterdrückung, da die Massenflucht den internationalen Frieden und die Sicherheit in der Region bedrohe. Eine direkte Intervention der UNO aus rein humanitären Gründen war bislang nicht als Norm des internationalen Rechts anerkannt. Die aus der Resolution 688 von 1991 abgeleiteten Aktionen der westlichen Alliierten des zweiten Golfkrieges, die vorgaben, in „inhaltlicher Übereinstimmung" mit der Resolution und in enger Zusammenarbeit der UNO zu handeln, schufen einen Präzedenzfall für spätere ähnliche Aktionen. Mit der Ankündigung der USA am 16. April, dass eine amerikanisch-britisch-französische Eingreiftruppe temporäre Lager im Nordirak einrichten werde, um dort Hilfsgüter verteilen zu können, war die „Operation Beistand" *(Operation Provide Comfort/OPC)* angelaufen.

Anfänglich als Operation zur Einrichtung kleiner Schutzzonen *(save havens)* gedacht, in welche die Flüchtlinge aus den Bergen herunterkommen konnten, musste das Gebiet im Verlauf der Operation ständig erweitert werden. Mitte Mai erstreckte sich das Schutzgebiet von Zakho im Westen bis über Suriya im Osten hinaus auf eine Länge von 160 km und eine Tiefe von 60 km entlang der türkischen Grenze im Nordostirak. Der Luftraum bis zum 36. Breitengrad war für den Irak gesperrt. Die am 20. Mai mit dem Irak getroffene Vereinbarung über die Anwesenheit von maximal 500, lediglich mit Handfeuerwaffen aus irakischen Beständen ausgerüsteten UNO-Wachtruppen im Süden und im Norden des Lande, gab den Alliierten die Möglichkeit, sich bis zum 15. Juli wieder aus dem Nordirak zurückzuziehen.

Vor dem endgültigen Truppenabzug aus Nordirak waren die USA, Großbritannien, Frankreich, Italien, die Niederlande und Belgien übereingekommen, eine multinationale schnelle Eingreiftruppe der OPC in der Türkei zu stationieren. Ab 10. Oktober war dieses Truppenkontingent im amerikanischen NATO-Stützpunkt İncirlik bei Adana stationiert.

Von İncirlik aus überwachten amerikanische, britische und französische Flugzeuge das Flugverbot bis zum 36. Breitengrad. Durch den Rückzug der Franzosen aus der alliierten Überwachungstruppe und geänderten Stationierungsbedingungen durch die Türkei ging die OPC 1997 in die Aktion *Northern Watch* über.

Zeitgleich mit Beginn der OPC hatten sich die Führer der Kurdistanfront angesichts der Flüchtlingstragödie zu Verhandlungen mit der irakischen Zentralregierung durchgerungen, und eine Delegation unter Jalal Talabani hielt sich vom 20. bis 25. April in Bagdad auf. Auch Saddam Husain, der ein neuerliches militärisches Eingreifen von alliierten Truppen befürchten musste, schien zu Verhandlungen bereit zu sein. Viele Beobachter waren irritiert durch die offenbare Herzlichkeit, mit der Jalal Talabani und ein etwas steif wirkender Saddam Husain[11] dann am 25. April 1991 Bruderküsse tauschten. Nach vorderorientalischen Gepflogenheiten ist ein solcher Bruderkuss nicht immer Ausdruck der Brüderlichkeit – was ja bereits aus dem Neuen Testament bekannt ist. Ein arabisches Sprichwort sagt, dass man die Hand, die man nicht abschlagen kann, küssen muss, was sich wohl auch auf Häupter bezieht.

Talabani hatte nur eine „Einigung im Prinzip" erreicht. Masud Barzani fiel die undankbare Aufgabe zu, die Verhandlungen über Detailfragen fortzusetzen. Das Ergebnis entsprach nicht den kurdischen Vorstellungen und Hoffnungen. Die Forderungen nach Einbeziehung des Kirkukgebiets – dem „Jerusalem der Kurden" (Talabani) – sowie weiterer kurdischer Siedlungsgebiete in das Autonome Gebiet waren unerfüllt geblieben. Auch hatte Bagdad nicht den allgemeinen Hegemonieanspruch der Ba'th-Partei aufgegeben. Derartige Zugeständnisse waren weder 1970 im „Märzmanifest" gemacht worden, noch hatte sie Talabani bei seinen Gesprächen 1984 abringen können. Sie waren daher, auch unter den gegebenen Umständen, nicht zu erwarten gewesen. Zusätzlich zum Autonomievertrag wollte Bagdad, dass die Kurden sich in einem „Normalisierungsvertrag" verpflichteten, auf die Seite der Regierung gegen die amerikanisch-zionistische und iranische Verschwörung vorzugehen, ihre Auslandsverbindungen aufzugeben und ihre schweren Waffen abzuliefern.

---

[11] Saddam Husain hatte 1979 die Staatsführung von seinem „aus Gesundheitsgründen" zurückgetretenen Onkel al-Bakr übernommen.

Die Verhandlungen mit Bagdad zogen sich bis Ende des Jahres hin, ebenso sporadische Kampfhandlungen zwischen den Kurden und dem irakischen Militär, vorwiegend in Gebieten mit kurdischen Bevölkerungsanteilen, die nicht zum Autonomen Gebiet gehörten. Grundlegende Meinungsverschiedenheiten zwischen Masud Barzani, der sich für eine Unterzeichnung des von ihm mit Bagdad ausgehandelten Vertrags aussprach, und Jalal Talabani traten zu Tage. Talabani hatte inzwischen nach Gesprächen mit westlichen Regierungsoberhäuptern seine Ansicht über einen Ausgleich mit Bagdad geändert und lehnte die ausgehandelten Bedingungen jetzt vehement ab.

Um dem sich abzeichnenden Rivalitätskampf zwischen Barzani und Talabani vorzubeugen, einigte sich die Kurdistanfront auf Wahlen zu einer repräsentativen Kurdenversammlung und zu einem „Führer" der Kurden (die Bezeichnung „Präsident" wurde aus politischen Rücksichtnahmen vermieden). Die Wahlen fanden am 19. Mai 1992 statt. Sie brachten keine Entscheidung.

In einer reinen Verhältniswahl errangen sowohl die PUK als auch die DPK-Irak je 50 von 100 Sitzen. Die kleineren Parteien der Kurdistanfront – andere kurdische Parteien waren nicht zugelassen gewesen – scheiterten an der vorher vereinbarten Sperrklausel von 7 %. Von den fünf zusätzlichen Sitzen für Minderheiten entfielen vier auf die „Assyrische Demokratische Bewegung", die eine eigene Kampfgruppe von ca. 2000 *Peshmerga* unterhielt, und ein Sitz auf eine weitere, der DPK-Irak nahestehende assyrische Organisation. Bei der Wahl des „Führers" erhielt Barzani 48,1 % der 970.600 abgegebenen gültigen Stimmen, Talabani 45,5 %. Zwei weitere Kandidaten, Mahmud Osman und Shaikh Mullah Osman Abd al-Aziz, wurden mit 2,4 % bzw. 4,0 % weit abgeschlagen. Noch vor Abschluss der Auszählung hatten sich Talabani und Barzani auf eine Fortsetzung ihrer Zusammenarbeit verständigt, bei der Talabani weiterhin für Außenkontakte und Masud Barzani für innere Angelegenheiten zuständig sein sollte.

6 Weitere Akteure

Niemand war glücklich über den Wahlausgang 1992. Besonders kritisch äußerten sich die Verlierer, allen voran Shaikh Mullah Osman Abd al-Aziz, Führer der „Islamischen Bewegung Kurdistans-Irak" (IBK) und Oberhaupt eines Sufi-Ordens in Raniya. Die IBK hatte sich 1980 aus mehreren, meist pro-iranischen islamistischen Gruppierungen im Kurdengebiet gebildet. Zu ihr gehörte u.a. auch die von Shaikh Mohammad Khalid Barzani, einem Vetter von Masud Barzani, gegründete „kurdische" *Hizbullah*.[12] Durch ihre guten Beziehungen zu Iran und wohl auch zu Saudi-Arabien konnte die IBK eine eigene *Peshmerga*-Miliz bewaffnen, die der Bruder von Shaikh Osman, Shaikh Ali Abd al-Aziz, befehligte.

Bereits Anfang September 1991 hatten 30 kurdische Stammesnotabeln, die sich im bisherigen politischen Prozess übergangen fühlten, die „Kurdische Stammesgesellschaft" ins Leben gerufen. Sie formierte sich 1992 zur „Konservativen Partei Kurdistans" (KPK). Zu den Gründern gehörten u.a. Vertreter der Klane Surchi, Khoshrow und an-Naqshbandi sowie der Stämme Bradost und Herki. Einige der an der Gründung beteiligten Klane und Stämme waren bis zum Aufstand 1991 Parteigänger der Regierung in Bagdad gewesen und hatten Vertreter im Legislativ- und Exekutivrat des Autonomen Gebiets gehabt.

Im Februar 1991 hatte auch eine „Irakische Nationale Turkmenenpartei" (INTP), angeblich bereits 1989 gegründet, in Ankara öffentlich ihre Existenz bekanntgegeben. Sie machte Ansprüche auf das Kirkuk-Gebiet geltend. Zu den Wahlen 1992 hatte die INTP keine eigenen Kandidaten aufgestellt.[13]

Nicht alle Akteure waren bereit, die Hegemonie von DPK-Irak und PUK anzuerkennen. Im August 1993 brachen Kämpfe zwischen der PUK und der IBK aus, die sich offenbar eigene „Hoheitsgebiete" abstecken bzw. vorhandene nicht der PUK überlassen wollte. Im Dezember ging die PUK auf breiter Front gegen die Stützpunkte der IBK im südlichen Kurdengebiet vor. Bei den Kämpfen soll es auf Seiten der IBK 300 Tote gegeben haben.

7 Das Ende des Experiments in kurdischer Staatlichkeit

Im Frühjahr 1994 zeigte sich, dass die traditionelle Klan- und die sozialistische klassenlose Gesellschaft, für welche die DPK und die PUK standen, sich auch durch die besten Absichtserklärungen nicht überbrücken ließen. Die Zusammenarbeit zerbrach an einem Streit zwischen Großgrundbesitzer und Bauern:

1970 hatte sich ein von Mullah Mustafa Barzani im Gebiet von Qala Diza eingesetzter Funktionär der DPK-Irak Land bei Pijdar angeeignet. Er wurde 1983 in ei-

---

[12] Mitte der neunziger Jahre war Shaikh Adham Barzani Führer der kurdischen Hizbullah.
[13] Hinter die Zurückhaltung der Partei können zwei Gründe vermutete werden: Zum einen könnte sie mit Rücksicht auf die hauptsächlich um Kirkuk unter direktem irakischen Zugriff lebenden Turkmenen erfolgt sein, um sie keinen Repressalien seitens der irakischen Zentralregierung auszusetzen, zum andern, um keine Irritationen bei der Regierung in Ankara hervorzurufen, von deren Gnaden die Turkmenenpartei abhängig war. Die türkische Regierung hatte in den Wahlen einen ersten Schritt in Richtung auf einen unabhängigen kurdischen Staat gesehen und sie daher abgelehnt.

nem von der PUK gelegten Hinterhalt getötet. Im Sommer 1993 meldete sein Sohn, der DPK *Peshmerga*-Führer Ali Hasu Mirkhan, Besitzansprüche an. Unterdessen hatten sich auf dem Land Bauern festgesetzt, die 1991 aus Iran zurückgekommen waren. Ali Hasu versuchte sie zu vertreiben. Die Bauern setzten sich zur Wehr. Sie leiteten eigene Besitzansprüche aus einer Landreform der irakischen Regierung von 1975 ab. Die PUK vermittelte einen Kompromiss zwischen den beiden Parteien, der den Bauern erlaubte, bis zur Verabschiedung eines Landgesetzes auf dem Land zu siedeln und es zu bewirtschaften. Anfang Mai 1994 versuchte Ali Hasu erneut, das Land in seinen Besitz zu bringen. Er erschien mit Baumaschinen, um die Häuser der Bauern einzureißen, und einem *Peshmerga*-Kommando. Als eine Delegation der PUK eintraf, um zu vermitteln, kam es zur Schießerei mit den DPK-*Peshmerga*, und zwei Mitglieder der PUK-Delegation wurden getötet. Es war ein Funke, der im gesamten Kurdengebiet Kampfhandlungen zwischen der PUK und der DPK auslöste.

Jede der beiden Parteien konnte etwa 10.000 bis 15.000 *Peshmerga* in den Kampf führen; die *Peshmerga* der DPK-Irak befehligte in diesem Kampf Adham Barzani, ein Cousin von Masud. Besonders umkämpft war das Gebiet entlang der Hamilton Road zwischen den Machtzentren der beiden Parteien. Im südlichen Kurdengebiet eroberten aus Iran zurückgekehrte Kämpfer der IBK die Orte Khurmal und Halabja. Unter den Toten der anschließenden heftigen Kämpfe mit der PUK befanden sich auch fünf *Pasdaran* (Revolutionswächter) aus Iran.

Im Dezember lebten die Kämpfe zwischen DPK und PUK, die Ende August eingeschlafen waren, wieder auf. Diesmal entzündeten sie sich an einem Landstreit zwischen dem Barzani-Klan und dem Herki-Stamm, der in alter Rivalität zu den Barzanis stand und daher mit der PUK liiert war. Ende des Jahres waren die Hoheitsgebiete abgesteckt, deren Frontlinien trotz 1995 wiederholt aufflackernder schwerer Kämpfe unverändert blieben: Die DPK kontrollierte den nördlichen, die PUK den südlichen Teil des Kurdengebiets. In der umstrittenen Region entlang der Hamilton Road behauptete sich die PUK in Arbil und in Rowanduz, während sich die DPK in Shaqlawa und Salahuddin halten konnte.

Waffenstillstandsgespräche Anfang Juni 1995 waren an der Bedingung der PUK gescheitert, sich nur aus Arbil zurückzuziehen, wenn sie an den Zolleinnahmen der DPK beteiligt wird. Die DPK erhob in Ibrahim al-Khalil auf irakischer Seite gegenüber dem türkischen Grenzposten Habur Exportsteuern auf billige irakische Kraftstoffe. Türkische Lastkraftwagen, die auf dem Rückweg von Hilfsgüterlieferungen ins Kurdengebiet einen unter Kontrolle der irakischen Zentralregierung stehenden Teil des Iraks durchqueren mussten, pflegten sich dort in großen Mengen einzudecken. Die Einnahmen wurden zum damaligen Zeitpunkt auf 150.000 bis 200.000 US-$ täglich geschätzt.

Im August 1995 gelang es den USA, Delegationen beider Parteien in Irland zu direkten Gesprächen an den Verhandlungstisch zu bringen. An den dreitägigen Verhandlungen in Drogheda (9. – 11.8.) nahmen auch Vertreter des „Irakischen Nationalkongresses" (INC), der Dachorganisation aller irakischen Oppositionsgruppen sowie offizielle türkische Beobachter teil. PUK und DPK stimmten einem Waffenstillstand sowie einer Agenda für weitere Gespräche zu. Bei allen Vereinbarungen sollten die territoriale Integrität des Irak und ebenso das berechtigte Sicherheitsinteresse der Türkei berücksichtigt werden. Eine Folgekonferenz in Dublin im September (12. – 15.9.) scheiterte am Detail. Die beiden Kurdenparteien konnten sich nicht über die Aufteilung zurückliegender Zolleinnahmen und über die Entmilitarisierung von Arbil einigen.

Die Konferenzen von Drogheda und Dublin, an denen Jalal Talabani und Masud Barzani nicht teilgenommen hatten, offenbarten u.a., dass die beiden „Führer" inzwischen ihren ganz persönlichen Machtkampf ausfochten und solange nicht an einer friedlichen Beilegung des Konflikts interessiert waren, bis der Sieger feststand. Die Kämpfe hatten die Entwicklung demokratischer Strukturen, sie sich mit Regionalparlament und Regionalregierung herauszubilden begonnen hatten, beendet. Das politische System im Norden und im Süden des nordirakischen Kurdengebiets unterschied sich jetzt nicht weiter von dem im Vorderen Orient vorherrschenden hegemonialen, personell dominanten Herrschaftssystemen – ein demokratisches System wäre eine der wenigen Ausnahmen gewesen.

In der Folgezeit wechselten sich brüchige Waffenstillstände und sporadische Kampfhandlungen ab. Wie die DPK über die IBK im Süden des Kurdengebiets ihre „Taschen" hatte, so hatte auch die PUK im nördlichen Kurdengebiet ihre Anhänger. Mitte Juni 1996 drangen Kampfverbände der DPK in das Dorf Kalakin ein, einer Hochburg des Surchi-Klans. Gerichtet war diese Aktion gegen Said Omar Agha (Surchi), dem die DPK vorwarf, „Spionage" für die PUK zu betreiben, Minen gelegt und DPK-Kontrollposten angegriffen zu haben. Die DPK nahm ihn gefangen und beschlagnahmte seine Telekommunikationseinrichtungen. Bei dem Gefecht mit den Dorfbewohnern hatten die DPK-Kämpfer einen Verwandten des Omar Agha und mehrere von dessen Gefolgsleuten getötet. Entgegen allgemeinen Erwartungen kam die PUK ihren Verbündeten nicht zu Hilfe, wofür sie wohl, wie sich später herausstellte, ganz spezielle Gründe gehabt hatte.

8 Pfahl im Fleisch: die kurdischen Brüder von nebenan

Für zusätzliche Probleme im nordirakischen Kurdengebiet sorgte die Anwesenheit von kurdischen Widerstandsgruppen aus der Türkei und aus Iran. Im „Badinan-Streifen", dem Grenzgebiet zur Türkei, hatte seit den frühen achtziger Jahren die PKK unter Abdullah Öcalan Nachschubbasen und Sammellager für ihre Guerillaaktionen in der Türkei eingerichtet und von dort aus seit 1984 in der Türkei operiert. Aufgrund ihrer „sozialistischen" Ideologie sowie dadurch, dass sie ebenso wie die PUK in Syrien ein Exil gefunden hatte, bestanden Kontakte zwischen ihr und der PUK. Abdullah Öcalan und Jalal Talabani kennen sich persönlich.

Nach vorübergehender Unterbrechung durch die Ereignisse 1991, nahm die PKK im August ihre grenzüberschreitenden Aktionen wieder auf, was eine prompte Verfolgung durch das türkische Militär auslöste. Seitdem gehören gegen die PKK gerichtete türkische Verfolgungs- und Präventivschläge über die Grenze hinweg fast zum Alltag im Nordirak.

Die Aktionen der PKK gefährdeten das offene Tor zur Türkei und damit die Existenzgrundlage des nordirakischen Kurdengebiets, da nur über die türkische Grenzstation Habur Hilfsgüter in das Kurdengebiet gelangen konnten.[14] 1992 und 1993 kam es zu bewaffneten Auseinandersetzungen zwischen *Peshmerga*-Verbänden der nordirakischen Kurden und der PKK, nachdem letztere die Versorgungsroute auf der türkischen Seite durch Anschläge und Drohungen vorübergehend blockiert hatte.

Vom August bis zum Wintereinbruch 1995 attackierte die PKK im Grenzbereich zur Türkei Stützpunkte der DPK. Offenbar wollte sie sich hier ein eigenes Herrschaftsgebiet abstecken, da eine Verwirklichung des Drogheda-Abkommens durch die darin festgehaltenen türkischen Sicherheitsinteressen das Ende ihrer Bewegungsfreiheit im Nordirak bedeutet hätte.

Im südlichen Teil des irakischen Kurdengebiets hatten ebenfalls Anfang der achtziger Jahre, während des irakisch-iranischen Krieges, mit Billigung der irakischen Regierung iranische Oppositionsgruppen Fuß fassen können: Die DPK-Iran, die ältere Schwesterpartei der DPK-Irak, und die *Mujahidin-e Khalq*. Nach 1991 entwickelten sie ein relatives Eigenleben. Ähnlich wie im Norden die Türkei, nur nicht so regelmäßig und häufig, führte auch Iran gegen diese Gruppen gerichtete grenzüberschreitende Militäraktionen durch.

---

[14] Die irakische Zentralregierung, selbst vom UNO-Sicherheitsrat mit Wirtschaftssanktionen belegt, hatte ihrerseits vom 23.10.1991 bis zum 11.9.1996 ein Wirtschaftsembargo gegen das Kurdengebiet verhängt.

Die anhaltende Spaltung und die damit verbundene Schwierigkeit für den südlichen Teil des irakischen Kurdengebiets, ein von der DPK-Irak unkontrolliertes Tor zur Welt zu haben, veranlassten Jalal Talabani Ende 1995/Anfang 1996, eine Annäherung an Iran zu suchen. Die Anwesenheit iranischer Oppositionsgruppen in „seinem" Gebiet erwies sich dabei als Belastung. Und ganz ähnlich, wie die DPK-Irak im Norden mit der Türkei gegen die PKK zusammenarbeitete, begann auch Talabani, den Iranern freie Hand bei der Bekämpfung der iranischen Opposition zu gewähren.

9   Vom Bruderkrieg zum völligen Chaos

Iranischer Artilleriebeschuss auf Stellungen iranischer Oppositionsgruppen im nordirakischen Kurdengebiet Ende Juli 1996 leitete eine neue Dimension der innerkurdischen Auseinandersetzungen ein. 2000 Mann iranische *Pasdaran* mit 200 Fahrzeugen und Raketenwerfern drangen bei Marwan über die Grenze vor. Ihr Ziel war das Hauptquartier der DPK-Iran bei Koi Sanjak, 50 km von der Grenze entfernt. Sie kamen bis in die Nähe des Lagers, beschossen es, konnten es jedoch nicht einnehmen. Auf Drohungen der USA hin zogen sich die iranischen Truppen wieder über die Grenze zurück. Obwohl sich die PUK nicht an den Kämpfen beteiligt hatte, war das iranische Vordringen nur mit ihrer Billigung und Unterstützung möglich gewesen. Die Zurückhaltung der PUK während des Vorgehens der DPK gegen den Surchi-Klan im Monat zuvor war möglicherweise erfolgt, um die geplante iranische Aktion nicht zu gefährden.

Nach der iranischen „Intervention" ergriff die DPK die Initiative. Zusammen mit 12.000 Mann der irakischen Armee griff sie die Stadt Arbil an, in der sich die PUK behauptete hatte. Irakische Truppen eroberten die innerhalb der alliierten Schutzzone nördlich des 36. Breitengrades gelegene Stadt. Spezialteams des irakischen Geheimdienstes machten Jagd auf arabische Oppositionelle und erschossen angeblich über hundert Oppositionelle an Ort und Stelle. Nach der Eroberung von Arbil ging die DPK-Irak auf breiter Front gegen das PUK-Gebiet vor. Sulaimaniya fiel (9.9.), Jalal Talabani setzte sich nach Iran ab.

Die USA fühlten sich sowohl von der PUK durch ihre Anlehnung an Iran hintergangen, als auch von der DPK, die sich im Kampf gegen die PUK mit der irakischen Zentralregierung unter Saddam Husain verbündet hatte. Das Verhalten der beiden Kurdenführer wurde mit dem von „Stammesfürsten" verglichen, die nur auf ihre persönlichen Vorteile bedacht sind, ihre Glaubwürdigkeit als schutzbedürftige Verbündete wurde angezweifelt.[15] Es hieß, dass durch die Allianz zwischen DPK und Zentralregierung das Regime Saddam Husain Gelegenheit hatte, rund hundert Kurden, die für die USA (ihren Geheimdienst, die CIA) tätig gewesen waren, gefangenzunehmen und hinzurichten. In aller Eile organisierten die USA über die Türkei die Ausreise von gefährdeten Personen und ihren Familien und flog über 6000 Personen nach Guam aus.

Anfang Oktober hatte sich die PUK von den moralischen Auswirkungen der Niederlage erholt und begann mit der Rückeroberung ihres vorherigen Einflussgebiets im Nordirak. Unterstützt wurde sie von den *Bedr*-Milizen der pro-iranischen Schiiten des Irak und, zumindest im Anfang, auch vom iranischen Militär. Gegenoffensiven der DPK konnten die Rückeroberungen der PUK nicht aufhalten. Nachdem letztere, mit Ausnahme von Arbil, alle zuvor kontrollierten Gebiete erneut in Besitz genommen hatte, trat wieder einmal ein Waffenstillstand zwischen DPK und PUK in Kraft (23. Oktober).

Ende Oktober 1996 fanden in Ankara Friedensverhandlungen zwischen der PUK und der DPK statt. Hauptstreitpunkte waren nach wie vor die Aufteilung der Zolleinnahmen sowie die bei vorangegangenen Gesprächen vorgesehene Friedensüberwachungstruppe, bestehend aus den USA, Großbritannien, der Türkei sowie aus Turkmenen, Assyrern und neutralen kurdischen Parteien des Nordirak.

10   Die Unfähigkeit zur Staatsgründung: Fremddetermination oder Eigenverschulden?

Eine Fortsetzung des Konflikts unter den Kurden im Nordirak liegt durchaus im Interesse der Nachbarn: Die irakische Zentralregierung erhofft die Kontrolle über das Kurdengebiet zurückzugewinnen, indem sie eine Konfliktpartei gegen die andere ausspielt, Iran will seine islamische Revolution exportieren, und die Türkei macht „Sicherheitsinteressen" geltend, d. h. eine von der Anwesenheit von PKK-Guerillas im Nordirak ausgehende Gefahr für die Bevölkerung in der Türkei. Im Hintergrund steht jedoch die Angst, dass ein Kurdengebiet mit weitreichender Autonomie im Nordirak Signalwirkung auf die kurdische Bevölkerung in der Südosttürkei ausüben könnte.

Der 1996 in Ankara vereinbarte Waffenstillstand zwischen DPK-Irak und PUK hielt nur ein Jahr. Im Oktober 1997 eroberte die PUK, unterstützt von Stammeskriegern, um Sidakan nördliche von Rowanduz die Stadt Jalala und 87 Dörfer im Gebiet

---
[15] Turkish Daily News, Ankara, 1.9.1996.

des Bradost-Stammes. Die Allianzen der PUK mit den verschiedenen Stämmen und Klanen waren rein strategischer Natur („die Feinde meiner Feinde..."). Bei der Allianz mit den Bradost ging es um die Beherrschung der Hamilton Road.

Zu diesem Zeitpunkt hatten die USA in der nordirakischen Kurdenfrage ihre frühere übergroße Rücksichtnahme gegenüber der Türkei aufgegeben. Ausschlaggebend war die Regierung des Islamisten Erbakan von Juni 1996 bis Juni 1997 gewesen, der eine betont auf die islamische Welt ausgerichtete Außenpolitik betrieben hatte.[16] Sie organisierten im September 1998 ein „Gipfeltreffen" zwischen Talabani und Barzani in Washington, auf dem sie beiden einen Kooperationsvertrag mit angefügtem Durchführungszeitplan abrangen. Seitdem sprechen Jalal Talabani und Masud Barzani wieder miteinander; den vorgesehenen Zeitplan – u.a. Wahlen im Juli 1999 – hielten sie nicht ein.

Eingebettet in sich widersprechende Interessen von benachbarten Ethnien – Türken, Arabern, Iranern – hatten die Kurden im Nordirak anscheinend keine Gelegenheit, ihre eigene Ethnizität, ihr gesamtkurdisches politisches Bewusstsein, hinreichend auszuprägen, um die traditionellen internen Rivalitäten überwinden zu können. Schon Ende des 17. Jh. hatte der Dichter Ahmad-i Khani in seinem Epos *Mem û Zîn* die Zerstrittenheit der kurdischen Führer in den Auseinandersetzungen zwischen dem Osmanischen und dem Persischen Reich beklagt.[17] Für ihn traf die Dichter und die Armen keine Schuld daran. Geht man jedoch davon aus, dass die Verhaltensweisen der Führungselite allgemein kurdische Verhaltensmuster reflektieren, erhebt sich die Frage, ob die Kurden nicht tatsächlich ein unregierbares Volk – und daher ohne Staat – sind.

---

[16] Gründung der *Developing 8* am 15. Juni 1997, der Organisation der am weitesten entwickelten islamischen Länder Nigeria (!), Ägypten, Türkei, Iran (!), Pakistan, Bangladesh, Malaysia und Indonesien.
[17] Kemal FUAT: Kurdische Sprache und Literatur im Überblick. – Mizgîn, Bonn, 1/1984, S. 42-45, hier S. 42.

Krisenregion Kaukasien: ethnogeographische Differenzierung, politische Konfliktpotentiale und wirtschaftliche Entwicklungschancen

Jörg Stadelbauer

Nicht erst der Čečenienkrieg machte in der Medienberichterstattung auf die Bedeutung Kaukasiens als Konfliktregion aufmerksam; bereits vor den beiden russisch-čečenischen Kriegen handelte es sich um einen Unruheraum, seitdem 1988 noch unter sowjetischer Herrschaft – und damals nicht zum ersten Mal – armenische Ansprüche auf Nagorno-Karabach der zunehmenden Einvernahme dieser Bergregion durch Azarbajcan entgegengesetzt worden waren und seitdem mit dem Zerfall der Sowjetunion eine Vielzahl von Souveränitätserklärungen einherging.

Die Fragestellung und Gliederung des folgenden Beitrags ist durch den Titel vorgegeben:

(1) Der Zerfall der Sowjetunion war von ethnischen, meist ethnoterritorialen Konflikten begleitet, deren Ursachen wenigstens bis in die Sowjetzeit zurückreichen. Am Anfang muss daher eine knappe Bestandsaufnahme hinsichtlich der ethnischen Differenzierung des Raumes und ein Blick auf die Vielzahl dieser Konflikte stehen, gefolgt von einem Überblick über gelungene oder verfehlte Konfliktbewältigung im zurückliegenden Jahrzehnt.

(2) Können kleinräumige Beispiele verdeutlichen, wie eng einzelne Konfliktsituationen miteinander verflochten sind? Welchen Erklärungs- und Prognosewert besitzt die Domino-Theorie, die aus der Verflechtung der ethnischen Gruppen untereinander auch eine unlösbare Verknüpfung der Konflikte ableitet und einen Flächenbrand befürchtet?[1]

(3) Welche Bedeutung hat die (derzeit noch ausbleibende) wirtschaftliche Konsolidierung für das Fortleben der Konflikte; ist die Hypothese tragfähig, dass das Konfliktpotential mit einer wirtschaftlichen Besserstellung der Region, mit Entwicklung reduziert werden könnte?

---

[1] So z.B. Markus WEHNER in FAZ 15.11.1999, S. 2.

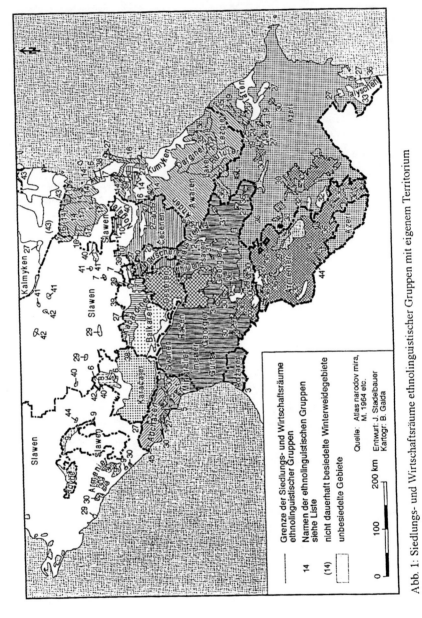

Abb. 1: Siedlungs- und Wirtschaftsräume ethnolinguistischer Gruppen mit eigenem Territorium

Zu Abb. 1: **Ethnolinguistische Gruppen in Kaukasien (Nummerierung wie in Abb. 1)**

Kaukasische Sprachfamilie
Kartveli-Gruppe (Südkaukasische Sprachen)

1	Georgier	a Tušen	b Račen	c Pšaven	d Imerer	e Adžaren
		f Mtiulen	g Gurier	h Gurier	i Ingilonen	

2 Megrelier
3 Lazen
4 Svanen

Adygo-abchazische Gruppe (Westkaukasische Sprachen)

5	Abchazen	8	Čerkessen		
6	Abazinen	9	Adygejer	k Abadsechen	l Šapsugen
7	Kabardiner				

Nachisch-dagestanische Gruppe (Ostkaukasische Sprachen), Veinachische Sprachen

10	Čečenen	12	Kisten
11	Ingušen	13	Batsi (Cova-Tušen)

Dagestanische Sprachen

14	Avaren	19	Lesgier	24	Krys
15	Anden	20	Aguler	25	Chynalug
16	Laken	21	Rutuler	26	Uden
17	Darginer	22	Cachuren		
18	Tabasaranen	23	Buduchen		

Indoeuropäische Sprachfamilie

27	Slaven (Russen, Ukrainer)	30	Armenier	33	Talyšen
28	Moldavier	31	Osseten	34	Taten
29	Griechen	32	Kurden	35	Bergjuden

Altaiische Sprachfamilie

36	Azeri	39	Kumyken	42	Tataren
37	Karačaier	40	Nogajer	43	Kalmyken
38	Balkaren	41	Turkmenen		

Semitisch-hamitische Sprachfamilie

44 Ajsoren (Assyrer)

Uralische Sprachfamilie

45 Esten

Mischgebiete sind auf der Karte nicht ausgewiesen, auch wurden Verschiebungen aufgrund von Umsiedlungen und Flüchtlingsbewegungen in den zurückliegenden Jahren nicht berücksichtigt.
Quellen: *Atlas narodov mira* 1964, S. 15, 18f.; DEETERS 1963; KLIMOV 1994.

1 Ausgangssituation in Kaukasien beim Zerfall der Sowjetunion

1.1 Ethnische Differenzierung

Kartographische Darstellungen der ethnischen Differenzierung Kaukasiens (meist in Form einer ethnolinguistischen Differenzierung) gehen in der Regel auf eine umfassende Bestandsaufnahme zurück, die in den späten 50er Jahren vorgenommen und 1964 in einem ethnographischen Weltatlas zusammengefasst wurden (Abb. 1). Gliederungsprinzip ist die ethnolinguistische Zusammengehörigkeit. Einige Zuordnungen, die damals erarbeitet wurden, sind allerdings nach heutiger Sicht nicht mehr haltbar, so Details der Differenzierung der kaukasischen Sprachfamilie (DEETERS 1963, KLIMOV 1994, BIELMEIER 1994).

Dies erscheint jedoch in unserem Zusammenhang weniger bedeutsam als die Tatsache, dass die kaukasische Region eine ausgeprägte Gemengelage ethnischer Gruppierungen aufweist. Die Zahl der erfassten Gruppen war bei den einzelnen sowjetischen Zählungen unterschiedlich, die Zugehörigkeit musste immer als Politikum angesehen werden. Die linguistische Zuordnung wurde im Schulunterricht instrumentalisiert, denn der Grundschulunterricht erfolgte auch zu sowjetischer Zeit bei den zahlenmäßig größeren Gruppen teilweise in den Regionalsprachen. In einigen Fällen wurden die Sprachen erst in sowjetischer Zeit zu Schriftsprachen, bei anderen Gruppen reicht die Schriftlichkeit nur ins 19. Jh. zurück. Wo benachbarte Gruppen als Einheit begriffen wurden (wie z.B. bei den Nordosseten), konnte sogar durch Schrift und Literatur einer regionalen Ethnizität Vorschub geleistet werden.

Durch das sowjetische Schul- und Bildungssystem entstand zusätzlich zur mündlichen Überlieferung eine breite Kenntnis, die Ende der 1980er Jahre zunehmend zur Basis politischer Ansprüche wurde. Diese zielten in erster Linie auf eine eigenständige Verfügungsgewalt über die natürlichen Ressourcen des jeweiligen Siedlungsraumes und wandten sich damit gegen die dominante russisch-sowjetisch orientierte Außenbestimmung.

1.2 Ethnische Konflikte

Während des Zerfallsprozesses der Sowjetunion wurde von einer Arbeitsgruppe am Geographischen Institut der Akademie der Wissenschaften in Moskau eine Übersichtskarte erarbeitet, die diejenigen Konflikte darstellt, welche Anfang der 1990er Jahre registriert wurden (GLEZER et al. 1991, 1992). Insgesamt ließen sich anfangs 76, später gar 180 Konflikte identifizieren, in denen es um Wiederherstellung ehemaliger Territorialverhältnisse, um die Korrektur der bestehenden administrativen oder zwischenstaatlichen Grenzen, um die Sicherung von Wirtschafts- und Siedlungsräumen oder um eine Neuformulierung des politischen Status im Staatsaufbau ging. Nur ein geringer Teil dieser Konflikte wurde tatsächlich beigelegt; die politische Praxis neigte eher zur Beschwichtigung, zum Akzeptieren eines Status quo oder zur Fixierung brüchiger Waffenstillstände. Kaukasien gehörte zu den innersowjetischen Regionen mit besonders hoher Dichte an Konfliktsituationen (Abb. 2).

Die ethnischen Konflikte machen einen wesentlichen Teil des politischen Konfliktpotentials in den Nachfolgestaaten der Sowjetunion aus, das jedoch darüber hinausreicht und zudem einzelne Regionen in unterschiedlicher Weise in verschiedenartigen Konflikttypen einbindet (Abb. 3; vgl. HALBACH 1992, STADELBAUER 1996). Zu unterscheiden sind
- ethnoterritoriale Konflikte, die auf dem ethnischen Selbstbewusstsein linguistisch sich definierender Gruppen beruhten,
- Herrschaftskonflikte (beide im Zusammenhang mit *nation building*); dazu gehört auch der Streit um Grenzziehungen, die in sowjetischer Zeit erfolgt waren und nur scheinbar den ethnischen Grenzen entsprachen und deren Korrektur sogar militärisch angemahnt wurde;
- ökonomische Konflikte um den Zugang zu und die Verfügung über natürliche Ressourcen und schließlich
- ökologische Konflikte.

Diese Konflikte sind eingebunden in global verfolgbare Entwicklungen, nämlich
- die Tatsache, dass einzelne Erscheinungsformen des demokratischen Nationalstaats westeuropäischer Prägung für manche nichteuropäische Kultur fragwürdig wurden,
- das generelle Aufleben von Ethnizität und Regionalismen als Gegenbewegung zu Globalisierung und Internationalisierung,
- eine allgemeine Zunahme von ökologischen Katastrophen, die sich nicht auf politische Raumeinheiten begrenzen lassen, aber auch berechtigte Sorge hinsichtlich ihrer Folgen.

Damit ist auch ein weiterer theoretischer Rahmen angesprochen: Die Grundlage heutiger Ethnizität ist umstritten. Handelt es sich um eine anthropologisch unabdingbare Grundkategorie, die das Handeln sowohl im Kollektiv wie beim Individuum mitbestimmt? Oder geht die Bedeutung von Ethnizität im Zuge der Moderni-

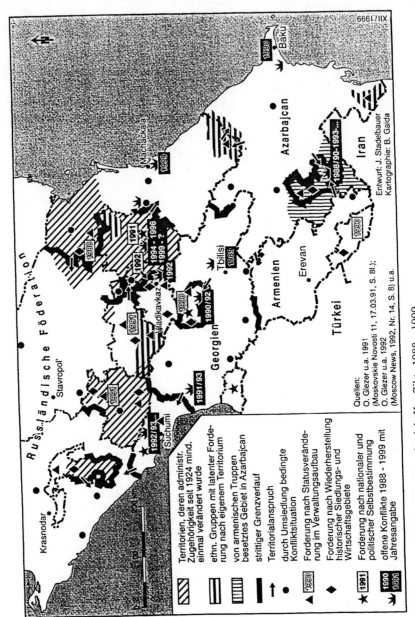

Abb. 2: Kaukasien / politisch-territoriale Konflikte 1988 – 1999

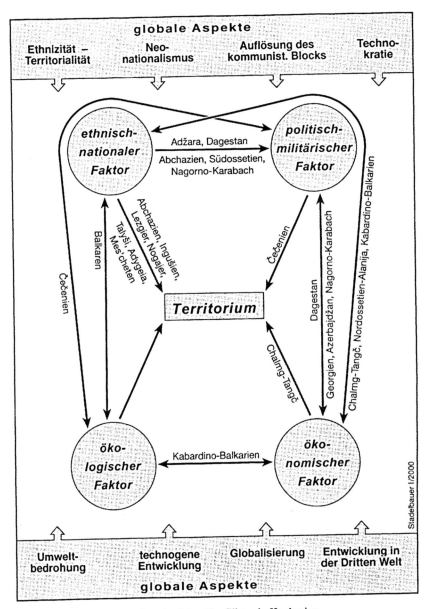

Abb. 3: Einflußfaktoren bei territorialen Konflikten in Kaukasien

sierung und der Annäherung an eine Weltgesellschaft mehr und mehr verloren? Oder handelt es sich um eine gesellschaftliche Konstruktion mit wichtigen sozialintegrativen Aufgaben?[2]

Aus westeuropäischer Sicht liegt es nahe, die Frage der Ethnizität mit der Gewährung besonderer Minderheitenrecht im Rahmen einer Demokratie zu bewältigen. Diese Möglichkeit fehlte jedoch beim Zerfall der Sowjetunion, da keine gefestigte Demokratie bestand, sondern vielmehr Ethnizität als Vehikel für die Durchsetzung zum Teil sehr partikularer Interessen benutzt wurde. In sowjetischer Zeit war Ethnizität teilweise konstruiert worden; nunmehr schlug diese konstruierte Ethnizität in einem durch soziale und wirtschaftliche Verflechtungen bestimmten Raum zurück.

1.3 Kaukasien als geographischer Raum

In Kaukasien gehen die meisten aktuellen Konflikte auf Veränderungen von Grenzen, Territorien und Siedlungsräumen in der Sowjetzeit zurück. Mitte der 40er Jahren wurden mehrere Völker, die politisch unbequem und unsicher erschienen, vornehmlich nach Mittelasien und Kasachstan deportiert, so die Karačajer, Balkaren, Ingušen und Čečenen in Nordkaukasien sowie die Mes'ch[et]en in Georgien. Ihre verlassenen Siedlungsgebiete wurden teilweise von Gebirgsbewohnern aus anderen ethnischen Gruppen übernommen, die man aus wirtschaftlichen Gründen (geringe Tragfähigkeit und Entwicklungsmöglichkeit im Gebirgsraum) und zum Zweck der besseren politischen Kontrolle in das Gebirgsvorland umsiedelte. Nach der partiellen Rehabilitation der umgesiedelten Völker im Gefolge des XX. Parteikongresses der KPdSU (1956) war seit 1957 eine Rückwanderung der vertriebenen Völker (mit Ausnahme der Mes'ch[et]en) möglich, die jedoch ihre alten Siedlungsräume besetzt vorfanden. Die Wiedergutmachung der Folgen, die aus den Repressionen unter Stalin herrühren, ist heute eine vordringliche Forderung in Kaukasien.

Die Wurzeln der Konflikte reichen jedoch weiter zurück. Seit dem Vordringen des Russischen Reiches stehen zahlreiche Völker Kaukasiens zu diesem in ständiger Opposition. Von der russischen bzw. sowjetischen Führung wurden und werden sie als unzuverlässig und zu Aufständen neigend eingeschätzt. Sie selbst sehen in den Russen eine Kolonialmacht. In Nordkaukasien besinnt man sich heute auf den Kaukasuskrieg des 19. Jahrhunderts sowie auf charismatische Führungspersönlichkeiten wie den avarischen Imam Šamil. In Transkaukasien kommen historische Rivalitäten

---

[2] Vgl. dazu BRUSIS u. JANNING 1999 mit weiteren Hinweisen zu den drei unterscheidbaren Grundpositionen.

zwischen Armeniern, Georgiern und Azeri hinzu, außerdem wechselnde Allianzen mit den oder gegen die Nachbarn in der Türkei (dem früheren Osmanischen Reich) und im Iran.

Die geographischen Charakteristika des Gesamtraumes sind insofern als Rahmenbedingungen der heutigen Konflikte wichtig, als naturräumliche Gegebenheiten und knappe Naturressourcen, die Verwundbarkeit sozialer Systeme erhöhen und ständige Verdrängungsprozesse begünstigen, kulturelle Elemente die Identitäten stützen. Zu nennen sind

- ein relativ hoher Bevölkerungsdruck selbst in mittleren Gebirgslagen mit bestenfalls sehr bescheidenen Anbaumöglichkeiten,
- eine traditionelle Verflechtung zwischen Gebirgsvorländern und Hochgebirgsregionen durch die Wanderweidewirtschaft,
- eine alte Tradition städtischer Kultur insbesondere in Transkaukasien und eine starke russische Überprägung des Siedlungswesens in den zurückliegenden anderthalb Jahrhunderten,
- eine nach klimatischen Bedingungen, verkehrstechnischer Erreichbarkeit, Bodenressourcen und Marktchancen stark diversifizierte Landwirtschaft,
- verschiedenartige, aber ungleich verteilte Bodenschätze für eine industrielle Nutzung, die meist von außen her (Russland) vorangetrieben wurde,
- ein nicht ungünstiges Potential für die Entwicklung von Fremdenverkehr,
- die relativ schlechte Verkehrserschließung über nur wenige Straßen und Eisenbahnlinien, die teilweise sehr anfällig gegenüber den Naturrisiken sind,
- ein beträchtliches Risiko durch Naturkatastrophen (von Bergrutschen, Lawinenverschüttungen und Überschwemmungen bis zu schweren Erdbeben wie 1988 bei Spitak/Armenien),
- eine hohe Mobilität der Bevölkerung, nicht zuletzt durch aktuelle Flüchtlings- und Übersiedlerbewegungen.

2 Zwischenbilanz nach einem Jahrzehnt der Wirren

Was ist aus den vor rund zehn Jahren von russischen Wissenschaftlern identifizierten Konfliktsituationen geworden? Eine Zwischenbilanz lässt nicht nur negative Entwicklungen erkennen, wenn man den Blick über die unmittelbaren ethnischen Konflikte weitet. Sowohl für die internationale Dimension der Einbindung der NUS in die Staatengemeinschaft als auch für die nationale Ebene der einzelnen Nachfolgestaaten lassen sich eine Reihe von teilweise recht widersprüchlichen Entwicklungen skizzieren:

2.1 Die internationale Ebene

- Im Rahmen der Konsolidierung der NUS sind die Nachfolgestaaten durchweg international anerkannt, auch wenn es sich nicht in allen Fälle um demokratische Regierungssysteme westlichen Zuschnitts, sondern um autoritär-bürokratische Regime handelt.
- Generell wird überwiegend ein Status quo zumindest bei den Staatsgrenzen akzeptiert, weil allen Nachfolgestaaten bewusst ist, dass jegliche Verschiebung der Staatsgrenzen gewaltige Konflikte nach sich ziehen würde. Von nicht verstummenden latenten Ansprüchen abgesehen, gibt es allerdings in Kaukasien zwei wichtige Ausnahmen: Der Status Abchaziens ist nach wie vor nur durch einen brüchigen Waffenstillstand gekennzeichnet; der Verbleib im Staat Georgien erscheint alles andere als wahrscheinlich. Armenien hält nach wie vor ein Fünftel azarbajcanischen Territoriums besetzt, um ein Faustpfand für die zwischenstaatlichen Verhandlungen zu besitzen, bei denen es um eine weitreichende Autonomie für Nagorno-Karabach gehen wird (CROISSANT 1998).
- Trotz der Konsolidierung besteht weiterhin ein wenigstens latenter Hegemonialanspruch der Russländischen Föderation; er wird von einigen wenigen Nachfolgestaaten geduldet (z.B. Armenien), von den meisten anderen dagegen mit einer deutlicheren Hinwendung zum Westen abgelehnt (Georgien).
- Neue Minderheiten entstanden durch die Ziehung von Staatsgrenzen. Besonders gravierend ist dabei das Problem der 25 Mill. Russen im „nahen Ausland". Zwar gibt es eine gewisse Rückwanderung, doch ist die Aufnahmebereitschaft Russlands – prinzipiell gegeben – nicht unbegrenzt, wenn man an den Mangel an Wohnraum und die wachsenden Arbeitslosenzahlen denkt. Azarbajcan und Georgien waren in den gesamten 1990er Jahren Abwanderungsländer, Armenien seit 1993, wenn auch mit jährlich schwankenden Abwanderungsquoten.
- Einige Völker sind wie in historischer Vergangenheit gezwungen, in der Diaspora zu leben. Für die Armenier, die Armenien aufgrund der wirtschaftlichen Schwierigkeiten nach 1990 verließen, gilt dies auch weiterhin; die Juden bilden dagegen in der Regel nur noch verschwindend kleine Minderheiten, nachdem ein großer Teil nach Mitteleuropa oder Israel auswanderte.

2.2 Die nationale Ebene

- Formale Voraussetzungen für eine Konfliktbewältigung auf nationaler Ebene sind in der Verwaltungsgliederung gegeben, die sich am unübersichtlichsten - und zugleich problematischsten in Russland präsentiert. Dort wird eine Gleichheit der Verfassungssubjekte suggeriert, die *de facto* nicht besteht. Außerdem entspricht die räumliche Verwaltungsorganisation in Nordkaukasien gerade nicht einem der Hauptprinzipien des territorialen Verwaltungsaufbaus, nämlich dem ethnischen.[3]

- Hinzu kommt, dass die Zuständigkeiten des Zentrums und die gemeinsamen Zuständigkeiten von Zentrum und Region verfassungsmäßig sehr genau geregelt sind (Abb. 4), die alleinige Zuständigkeit der Region jedoch nicht im einzelnen definiert wird; der Vorrang des föderalen Rechts gegenüber regionalen Gesetzen ist aber verfassungsmäßig verankert.

Eigenständigkeitsbestrebungen einiger größerer ethnischer Gruppen (insbesondere Tataren, Baškiren, Jakuten) führten zur deutlichen Abweichung von der verfassungsmäßig festgelegten „Gleichheit" und damit zu einem verstärkten ethnischen Regionalismus – selbst wenn die eponyme ethnische Gruppe keine deutliche Majorität besitzt. Dies wiederum erhöhte die Unzufriedenheit bei den anderen Gruppen bzw. Regionalverwaltungen. Durch eine Reihe bilateraler Kompetenzabgrenzungsverträge (Abb. 5), die zwischen der Zentralverwaltung und einzelnen Gebieten besondere politische und wirtschaftliche Beziehungen zugunsten einzelner Regionen begründeten, entwickelte sich in der ersten Hälfte der 1990er eine zunehmende Asymmetrie der Föderation (SCHNEIDER 1997). Führend waren bei der Erlangung solcher Sonderrechte die ethnisch-national bestimmten Republiken Sacha-Jakutien, Tatarstan und Baškortostan, aber auch nordkaukasische Regionen beteiligten sich an der Jagd nach Sonderrechten.

Die bilateralen Kompetenzabgrenzungsverträge, die zwischen Moskau und einzelnen „Subjekten" geschlossen wurden, um separatistische Strömungen aufzuhalten, erweisen sich für die entsprechenden Republiken, *oblasti* und *krai* als vorteilhaft. Bei den meisten Verträgen ging es weniger um eine Modifizierung der gegenseitigen Rechte als um eine Fixierung regionaler Sonderrechte. So spielt im Vertrag von Sacha-Jakutien die Festlegung der Rechte an Gold und Diamanten die entschei-

---

[3] Die aktuelle Verwaltungsgliederung entspricht mit Ausnahme der Abtrennung Ingušiens vom früheren Čečeno-Ingušetien derjenigen der Sowjetzeit, wenn sich auch der Status der früheren Autonomen Bezirke verändert hat; zu den sowjetischen Gebietseinheiten *Handbuch der Sowjetverfassung* (1983) mit weiteren Hinweisen.

Abb. 4: Zuständigkeit des Zentrums (nach Art. 71 der Verfassung):

- Verabschiedung und Änderung der Verfassung sowie von föderalen Gesetzen und Kontrolle über deren Einhaltung;
- föderativer Aufbau der Russländischen Föderation und die Kontrolle ihres Territoriums;
- Regelung und Schutz der Rechte und Grundfreiheiten;
- Festlegung des Systems der föderalen Organe der drei staatlichen Gewalten;
- föderales Staatseigentum und dessen Verwaltung;
- Festlegung der Grundlagen der föderalen Politik auf allen Gebieten;
- Festlegung der rechtlichen Grundlagen eines einheitlichen Marktes sowie Regelung des Finanz-, Währungswesens usw., die Geldemission und die Grundlagen der Preispolitik;
- föderaler Haushalt, Steuern usw., föderale Fonds für Regionalentwicklung;
- föderale Energie-, Kernenergie-, Verkehrs- und Kommunikationssysteme sowie Weltraumaktivitäten;
- Außenpolitik und internationale Beziehungen sowie Fragen von Krieg und Frieden;
- Außenwirtschaftsbeziehungen;
- Verteidigung, Sicherheit und Rüstungsindustrie;
- Status und Schutz der Staatsgrenzen;
- Gerichtsordnung, Staatsanwaltschaft usw.;
- föderales Kollisionsrecht;
- meteorologischer Dienst, Normen, Eichmaße, Zeitberechnung, Geodäsie, offizielle Statistiken usw.;
- staatliche Ehrentitel und Auszeichnungen der Russländischen Föderation;
- föderaler Staatsdienst

(Quelle: E. SCHNEIDER 1997)

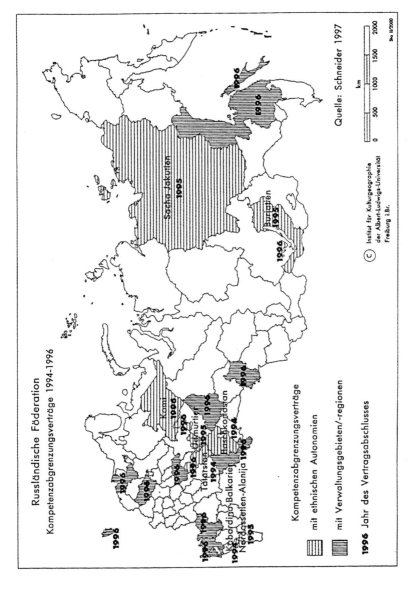

Abb. 5: Russländische Föderation: Kompetenzabgrenzungsverträge 1994-1996

dende Rolle. Für Burjatien stand der Schutz des Baikalsees im Vordergrund, wobei die Finanzierung von Schutzmaßnahmen in den Aufgabenbereich des Zentrums fallen sollte. Internationale Beziehungen dürfen aufgrund der Verträge Tatarstan, Baškortostan, Nord-Ossetien-Alanija, Sacha-Jakutien, Komi und Čuvašien unterhalten. Weitere Gegenstände der Vertragsregelungen sind die Nutzungsrechte bei den Bodenschätzen, eigenständiges Budgetrecht, eigenes Steuerrecht, die Möglichkeit zur Einrichtung einer Nationalbank (Tatarstan, Kabardino-Balkarien, Baškortostan, Nord-Ossetien-Alanija) und außenwirtschaftliche Aktivität.

Diese Verträge hatten Signalwirkung, weil damit der weiteste Rahmen angedeutet war, in dem das Zentrum Rechte an die Regionen zu gewähren bereit war. Die Kompetenzabgrenzungsverträge wurden in der Regel für fünf Jahre geschlossen; es ist nicht auszuschließen, dass Moskau in einer zweiten Verhandlungs- und Vertragsrunde zur Aufrechterhaltung der staatlichen Integrität weitere Zugeständnisse machen muss. Immerhin wurde mit diesen Verträgen ein Instrument entwickelt, regionalistische Konflikte innerhalb der Russländischen Föderation mittelfristig zu lösen.

3 Eine Fallstudie unspektakulärer Verstrickung: Die Laken in Dagestan – eine kleine ethnische Gruppe verdeutlicht räumliche Beziehungen und Konfliktpotentiale

Als Beispiel für die enge Verquickung geographischer und ethnologischer Aspekte sollen die Laken dienen, eine relativ kleine Gruppe im nordöstlichen Kaukasien, die sich gut eignet, die räumlichen Bezüge und Verflechtungen herauszuarbeiten, die für das heutige Kaukasien so bestimmend geworden sind. Diese Gruppe verdeutlicht auch die natur- und wirtschaftsgeographischen Bedingungen, vor deren Hintergrund die aktuellen Entwicklungen in Kaukasien zu sehen sind.

3.1 Bevölkerung, Siedlung und Wirtschaft an überkommenen und neuen Standorten

Die Laken gehören zu einer mittelgroßen Gruppe unter den zahlreichen Völkern Dagestans (Abb. 6). Mit den Avaren, den Darginern, den Kumyken, den Lezgiern, den Tabasaranen und den Nogajern ist ihnen gemeinsam, dass sie eine Literatursprache entwickelt haben. Sie wird zur dagestanischen Gruppe der kaukasischen Sprachfamilie gerechnet. Akzeptanz und Bewahrung der Sprache sind hoch: Schon zu sowjetischer Zeit wurde der Schulunterricht in den von Laken besiedelten Dörfern während der ersten drei Jahren in lakischer Sprache abgehalten, ferner konnten

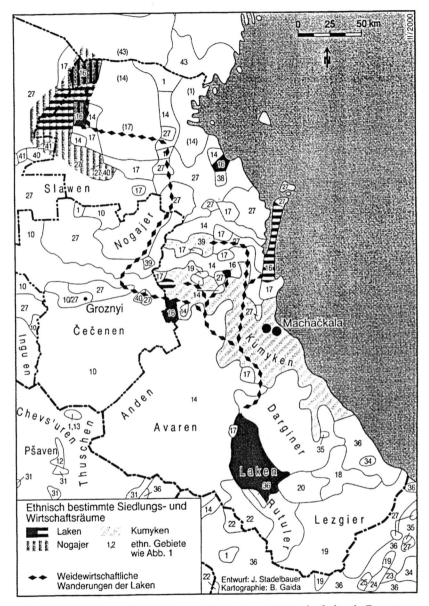

Abb. 6: Die Siedlungs-, Wirtschafts- und Verflechtungsräume der Laken in Dagestan

Übersetzungen aus anderen Sprachen und auch eigene Zeitungen erscheinen. Nicht zuletzt dadurch hat sich die sprachliche Ausrichtung der lakischen Ethnizität gefestigt. Zwischen 1959 und 1979 wuchs die Zahl der sich als Laken bezeichnenden Personen in der Sowjetunion von 64 000 auf 100 000 an; bis 1989 stieg sie auf 118 000. Mit nahezu 92 000 Personen lebte bei der Volkszählung 1989 der größte Teil (78 %) der in der Sowjetunion registrierten Laken in der Dagestanischen ASSR (*Nacional'nyj sostav naselenija RSFSR*, 1990, S. 424). Von ihnen gaben 97,7 % das Lakische als Muttersprache, 78,3 % das Russische als Zweitsprache an.[4] Lakische Minderheiten in Azarbajcan und in den mittelasiatischen Republiken verweisen auf die Bedeutung, welche die Wanderarbeit bereits in früheren Zeiten für die Laken hatte.

Innerhalb von Dagestan konzentriert sich die lakische Bevölkerung auf mehrere Teilräume:

- Historischer Kernraum, am Lakischen (Kazikumuchischen) Kojsu gelegen, ist das ehemalige Chanat von Ghazi-Qumuq, das in der frühen Neuzeit in lockerer Abhängigkeit vom Persischen Reich stand. Dort haben die Laken in etwa 1700-1900 m einen auf bescheidenem Ackerbau für die Selbstversorgung und auf Viehhaltung beruhenden Wirtschaftsraum entwickelt.
- Durch die Fernweidewirtschaft damit verbunden waren aber schon immer Weidegebiete in den Steppen Norddagestans, wo Wintersiedlungen (*kutany*) vor allem im Gebiet der Nogaier, einer turksprachigen Gruppe, unterhalten wurden.
- Ebenfalls zu den traditionellen Weidegebieten gehört die Halbinsel Agrachan, nördlich von Machačkala in der Nachbarschaft des kumykischen Siedlungsgebietes.
- Seit dem Anschluss Dagestans an das Russische Reich im 19. Jh. und nach dem Aufstieg von Petrovsk, dem heutigen Machačkala, zur Hauptstadt der Region ließen sich zahlreiche Laken dort nieder, wo sie wenigstens saisonal Arbeit in gewerblicher Tätigkeit oder auch in der Verwaltung fanden.
- Durch die Umsiedlung an den Gebirgsrand in Gebiete, die nach der Zwangsdeportation von Čečenen verfügbar wurden, sind schließlich neue lakische Siedlungen im Landkreis (*rajon*) Novolakskij und bei Kiziljurt entstanden; dort hatten islamistische Čečenen im September 1999 auf dagestanisches Gebiet überge-

---

[4] Unterschiede treten zwischen den Städten und dem ländlichen Raum auf: Während in den städtischen Siedlungen 96,9 % Lakisch als Muttersprache haben und 87,5 % Russisch als Zweitsprache beherrschen, sind es im ländlichen Raum 99,2 bzw. 63,2 % (Nacional'nyj sostav naselenija RSFSR, 1990, S. 424ff.).

griffen und dadurch vordergründig den zweiten russisch-čečenischen Krieg ausgelöst.
- Von dort aus wird derzeit ein sechster – nicht unumstrittener – Siedlungsschwerpunkt bei Machačkala erschlossen, der Übersiedler aus dem von Čečenen beanspruchten Siedlungsgebiet aufnehmen soll.

Traditionelle Mobilität und wirtschaftliche Verflechtungen zwischen dem überkommenen Siedlungsraum im Gebirge und dem Gebirgsvorland haben den lakischen Bevölkerungsteil in Machačkala mittlerweile auf (1989) 36 947 Personen ansteigen lassen, obwohl es sich – anders als bei den Darginern – nicht um ein Händlervolk handelt. Bei den neuen Siedlungen der Umsiedlungsperiode wurde Sesshaftigkeit angestrebt und erreicht. Daher dominiert dort der Ackerbau.

Die Nutzfläche im Gebirge (Lakischer Landkreis) ist unter die Gemeinden (*selsovety*) in einer Art Gemengelage aufgeteilt (Abb. 7); so haben die meisten Gemeinden Nutzungsanteile im oberen Abschnitt des Kojsu-Tales oder oberhalb der höchstgelegenen Siedlung in den Nebentälern und können jahreszeitliche Viehwanderungen innerhalb des Landkreises durchführen. Verflechtungen mit den Winterweideplätzen im Gebirgsvorland und mit den Arbeitsplätzen in Machačkala ergänzen das regionale Wirtschaftsgefüge. Die überwiegend kompakt angelegten, aber durch Verfall älterer und Errichtung neuer Wohngebäude überformten Siedlungen haben weitgehend ihr traditionelles Gepräge beibehalten (GABIEV 1969).

Zwar gibt es heute in Dagestan keinen Landkreis, der über eine ethnisch völlig einheitliche Bevölkerung verfügt, doch stellen die Laken im Lakischen Landkreis (*Lakskij rajon*) mit 8 500 von 9 100 Einwohnern immerhin einen Anteil von 93,4 %. Gegenüber 1979 (88,7 %) hat sich der relative Anteil der Laken in ihrem Kernraum sogar noch erhöht, wenn auch die absolute Zahl von 10 000 auf 8 500 zurückgegangen ist (1979: 10 027 von 11 300 Einwohnern insgesamt).

Das Siedlungssystem im Landkreis ist deutlich auf den Hauptort Kumuch ausgerichtet, den ehemaligen Chanats-Hauptort.[5] Er hat zwischen 1959 und 1989 seine Bevölkerungszahl von knapp 2 000 nahezu halten können. Dieses regionale Zentrum ist offensichtlich das erste Wanderungsziel von Abwanderern aus entlegenen Bergdörfern. Die Zentralität (Verwaltung, periodisch abgehaltene Märkte, einige neuzeitliche Einzelhandelsgeschäfte, weiterführende Schulen) trägt also zur Retardierung der Bevölkerungsabwanderung bei. In den ländlichen Siedlungen (*aul*) ist

---

[5] Das Chanat Ghazi-Qumuq war 1858 von Russland annektiert worden und dadurch erloschen (E. SARKISYANZ 1961, S. 138).

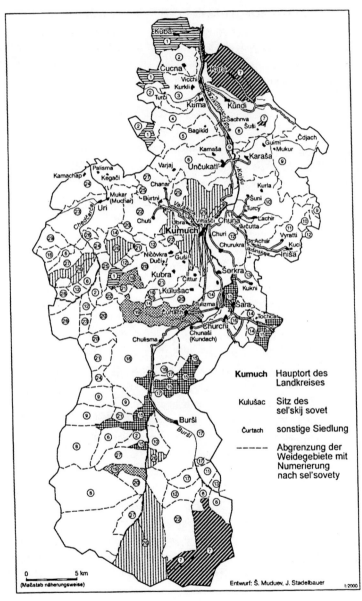

Abb. 7: Daghestan / Lakischer Landkreis (Lakskij rajon)

vor allem der Anschluss an das Straßennetz eine wichtige infrastrukturelle Vorleistung für die Verlangsamung der Abwanderung. Regionale Entwicklungspotentiale könnten im Tourismus gesehen werden, doch ist dabei zu bedenken, dass keinerlei entsprechende Infrastruktur besteht und dass die Werte und Normen der ländlichen Bevölkerung von großer individueller Gastfreundschaft geprägt sind, die den modernen Tourismus als allochthones Element begreifen würde. Diskrepanzen könnten auch zum verstärkt auflebenden Islam entstehen.

3.2 Bergflucht – Landflucht – Umsiedlungen: spontane und erzwungene Migrationen

Die Abwanderung in nichtlandwirtschaftliche Erwerbstätigkeit nach Machačkala und die Umsiedlung ins Gebirgsvorland geht auf die schwierige Situation zurück, die sich für die Landwirtschaft im Gebirge Dagestans durch den hohen Bevölkerungsdruck und die immer geringer werdende Agrarfläche ergab. Bereits im 19. Jh. war es daher zu Abwanderungen gekommen. Die Folgen sind in partiell oder vollständig wüstgefallenen Dörfern und in funktionslos gewordenen Ackerterrassen zu sehen.

Die erste größere Umsiedlung von Laken erfolgte 1944, als nach der Deportation von Čečenen ein Teil der bisherigen Čečeno-Ingušischen ASSR abgetrennt, Dagestan zugeordnet und mit Laken und Avaren besiedelt wurden. Als 1957 den Čečenen die Rückkehr nach Nordkaukasien gestattet wurde, verblieb der Novolakskij Rajon bei Dagestan. Dort waren 16 lakische Siedlungen angelegt worden (MURDUEV u. POLJAN 1989, S. 72, Anm. 5). Mit der Aufsiedlung dieses Verwaltungsgebietes durch lakische Gruppen (teilweise wurden ganze Siedlungsgemeinschaften aus den Bergen in das Gebirgsvorland umgesiedelt) entstand neues Konfliktpotential im dagestanisch-čečenischen Grenzgebiet.

Bis in die Gegenwart belasten solche Umsiedlungen die politische Situation in Dagestan in zweierlei Hinsicht:
- Die Rückwendung zu den traditionellen Siedlungsgebieten hat wieder zugenommen, und das wachsende ethnische Bewusstsein der Bevölkerung fordert auch territoriale Lösungen, obwohl die wirtschaftliche Basis für die Gebirgsbevölkerung schwach geblieben ist.
- In den Übersiedlungsgebieten werden ältere Ansprüche laut, die nach einer Revision der Landzuteilung verlangen.

3.2 Konfliktpotentiale im Kontakt zu anderen ethnischen Gruppen: Nogajer und Kumyken

Durch die wirtschaftlichen Verflechtungen und die Umsiedlungen ist das Schicksal der Laken nicht nur mit den Čečenen, sondern auch mit zwei weiteren in Dagestan siedelnden Völkern verbunden, den Nogajern und den Kumyken.

Das historische Siedlungs- und Wirtschaftsgebiet der Nogajer erstreckt sich über den nördlichen Teil des heutigen Dagestans und über den Osten der Stavropoler Region. Seit 1988 formierte sich eine Nationalbewegung der Nogajer, die auf Wiederherstellung der territorialen Einheit drängte. Keines der übergeordneten Verwaltungsgebiete war aber zu einem solchen Zugeständnis bereit. Im Herbst 1992 warf sich der damalige Präsident der Čečenischen Republik Dudaev zum Fürsprecher des nogajischen Anliegens auf. Unterstützung erhält die nogajische Volksbewegung „Birlik" („Einheit") auch von anderen turksprachigen Gruppen, wobei die Unterstützung von Seiten Tatarstans und Azarbajcans ebenfalls eine deutlich gegen Moskau gerichtete Komponente aufweist.

Auch bei den Kumyken wuchs in den vergangenen Jahren das nationale Selbstbewusstsein. Für die Nationalbewegung „Tenglik" bestand ein wesentlicher Konfliktpunkt darin, dass in der Verwaltung Dagestans die Avaren führende Positionen einnahmen. Aus dieser Konkurrenzsituation heraus machte die Tenglik Front gegen die avarische Volksfront. Erst das Zugeständnis, einen Kumyken zum Justizminister Dagestans zu ernennen, löste 1991 eine die Wirtschaft empfindlich störende Verkehrsblockade im westlichen Dagestan auf, die als Protestmaßnahme errichtet worden war.[6] Hintergrund des Kumyken-Konflikts sind Übersiedlungen während der 50er bis 70er Jahre des 20. Jahrhunderts, durch die altgestammte Weidegebiete der Kumyken von Angehörigen anderer Völker einer ackerbaulichen Nutzung zugeführt wurden (GLEZER u. ŠEVELEV, 1992, S. 2). Die Forderung nach einer eigenständigen Verwaltungseinheit wird von den Kumyken nicht erhoben; das Hauptziel ist vielmehr eine bessere Beteiligung an den politischen Entscheidungen in Machačkala.

Konflikte zwischen Kumyken und Laken beruhen auf der Landzuweisung an diejenigen Laken, die ehemals čečenisches Gebiet räumen wollten. Nachdem ihnen vom dagestanischen Parlament etwa 15 km von Machačkala entfernt Siedlungsland im Küstentiefland zugewiesen worden war, wurden 1992 die Vorbereitungen für die

---

[6] Im Oktober 1991 hatten kumykische Aktivisten die Eisenbahnstrecke Baku-Rostov blockiert und sich in einem Zeltlager für 20 000 bis 30 000 Menschen in der Nähe der Stadt Chasavjurt niedergelassen. Zeitweise hatte sich fast die gesamte kumykische Bevölkerung Dagestans versammelt.

Neuansiedlung getroffen worden (GLEZER u. ŠEVELEV, 1992, S. 2). Hier haben die lakischen Umsiedler aber nicht nur einen Teil des ehemaligen kumykischen Weidelandes in ihre Nutzung übernommen, sondern sie verfügen meist auch über größere Betriebsflächen als die zum Ackerbau übergegangenen Kumyken (*Kazi Kumuch* 15.07.1992, S. 4). Mittlerweile sind neue lakische Siedlungen entstanden, und ein großer Teil der Laken aus dem *Novolakskij* bzw. *Auchovskij rajon* ist umgesiedelt.

4 Die Laken als Beispielfall: übertragbare Phänomene ethnischer Territorialität

Aus dem relativ ausführlich vorgestellten Beispiel der Laken lassen sich einige ethnogeographische Grundtatsachen ableiten und verallgemeinern:

- Der historische Lebens- und Wirtschaftsraum zahlreiche Völker Kaukasiens entspricht nicht den heutigen Gegebenheiten. Sozioökonomisch bedingte und erzwungene Wanderungen bewirkten Veränderungen und hatten zur Folge, dass zahlreiche Völker auf zahlreiche kleinere Diasporagebiete aufgeteilt sind. Dadurch ging ein Teil der historisch gewachsenen Territorialität verloren.
- Aufgrund traditioneller Wirtschaftsbeziehungen, wie sie vor allem mit der Organisation der Fernweidewirtschaft verbunden waren, sind die Lebensgrundlagen und Schicksale zahlreicher ethnischer Gruppen miteinander unlösbar verknüpft. Das disperse Verteilungsmuster der ethnischen Gruppen wird überlagert von einer Vielzahl von Verflechtungen. Störungen in einem solchen Geflecht, wie sie durch Zwangswanderungen und Vertreibungen, aber auch durch die Ausbreitung neuer, konkurrierender Wirtschaftsformen entstehen, verletzen das System und ziehen Konflikte nach sich.
- Der ethnische Bezug, mangels anderer kleinräumiger Identifikationsmerkmale meist an der Sprache festgemacht, mit der auch die orale Tradition verbunden ist, rückt in den Mittelpunkt der Politik und bestimmt die Wahrnehmung räumlicher Zugehörigkeit; Ethnizität entsteht neu aus diesem Gruppenbewusstsein und fordert territoriale Bindung.
- Da das Sowjetsystem willkürlich mit der ethnischen Territorialität umging oder sie sogar bewusst aufzuheben bestrebt war, gewinnt heute die Rückbesinnung auf die historischen Traditionen an Gewicht.
- Umsiedlungen erfolgten im Sowjetsystem als geopolitische Maßnahmen unter politischem Druck und zu Lasten von Völkern, mit denen die Zwangsumsiedler zuvor in einer wirtschaftlicher Symbiose gelebt hatten; außerdem zerriss die

Umsiedlung siedlungs- und sozialräumliche Zusammenhänge. Die dadurch entstandenen Raummuster von Siedlung und Wirtschaft stehen – zumindest aus der Sicht der sich benachteiligt empfindenden kleineren Völker – zur Disposition.

- In den meisten ethnischen Gruppen bildeten sich neue nationale Eliten, welche die Identität der Gruppe in der ethnolinguistischen Zusammengehörigkeit fördern, nachdem mit dem Zerfall der Sowjetunion eine wirtschaftliche und politische Desintegration um sich gegriffen hat.

- Fast jedes Volk ist in interethnische politische Kontakte und Konflikte eingebunden; Kontakte ergeben sich aus überkommener Spezialisierung und Arbeitsteilung sowie aus traditioneller Mobilität, bei den Konflikten sind einzelne Gruppen schon immer Koalitionen eingegangen.

5 Gegenwärtige Konflikte und Ansätze zu Konfliktlösungen in Kaukasien

5.1 Einbindung in die kaukasischen Konfliktherde

Im einzelnen bestanden und bestehen mehrere offene und latente Konfliktherde, die zu umfangreichen Flüchtlingsbewegungen führten (Abb. 2 und 8).

(1) In Nagorno-Karabach schlug der Unwille der armenischen Bevölkerungsmehrheit über die azarbajcanische Wirtschaftspolitik in eine nunmehr zwölf Jahre währende Auseinandersetzung um, in deren Gefolge es anfangs zu pogromartigen Ausschreitungen gegen Armenier in Baku, Sumqayit und Gäncä kam. Jeweils 200 000 bis 250 000 armenische und azarbajcanische Flüchtlinge aus Azarbajcan bzw. Armenien sowie die Besetzung eines Fünftels des azarbajcanischen Territoriums durch armenische Truppen waren die Folge.[7]

(2) Als Südossetien (1990) einseitig seine Loslösung von Georgien deklarierte, hob Georgien die Autonomie des Territoriums auf, beanspruchte seinerseits die volle Verfügungsgewalt und trieb in blutigen Kämpfen etwa 70 000 Menschen in die Flucht, größtenteils nach Nordossetien.

(3) Dort ließen im Herbst 1992 die Inguŝen ihren Gebietsanspruch auf den östlich von Vladikavkaz gelegenen Landkreis Prigorodnyj aufleben, nach blutigen Gefechten wurden etwa 50 000 Inguŝen zur Flucht gezwungen; nur ein Teil konnte inzwischen zurückkehren. Im Zusammenhang mit diesen Auseinandersetzungen wurde 1992 eine vorläufige Abgrenzung der Republik Inguŝien vorgenommen.

---

[7] Zur Einordnung in den südkaukasischen Kontext bietet der Sammelband von MANGOTT (1999) einen guten Zugang.

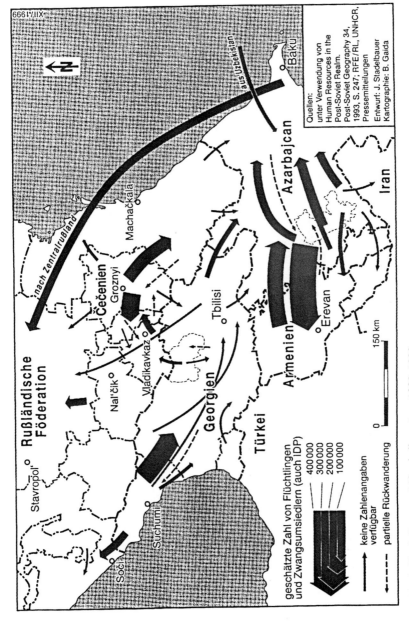

Abb. 8: Flüchtlings- und Umsiedlerströme 1988-1999

(4) Im westlichen Kaukasien sahen die Abchazen angesichts der inneren Zerstrittenheit Georgiens die Chance, ihre Forderung nach Loslösung von Georgien durchzusetzen. Sie fühlten sich durch das georgische Übergewicht in der Bevölkerung und im Wirtschaftsleben zunehmend überfremdet und befürchteten eine weitere „Georgisierung" im Bildungsbereich. Die kriegerischen Auseinandersetzungen führten zur Flucht von wahrscheinlich 250 000 Personen, überwiegend Georgiern, aus Abchazien, zum Eingreifen russischen Militärs und schließlich zu einem vorläufigen Waffenstillstand. Im Frühsommer 1999 mussten jedoch abermals 50 000 Personen den Landkreis Gali verlassen.

Diese bis zum Krieg führenden Konflikte dürfen nicht vergessen lassen, dass auch die russische Kolonialisierung und die sowjetische Wirtschaftspolitik Konfliktpotentiale in Kaukasien schufen wie zum Beispiel:
- die Agrarkolonisation auf Kosten der früheren Wanderweidewirtschaft,
- die Wasserentnahme für große Bewässerungsprojekte,
- Bergbau (Tyrnyauz auf Molybdän und Wolfram) mit unkontrollierter Einleitung der Abwässer in den Baksan-Fluss,
- touristische Erschließung anstelle strikten Naturschutzes im El'brusgebiet – zu Lasten der wieder dort zugewanderten Balkaren.

Was spricht trotz dieser umfangreichen Konfliktpotentiale gegen einen „Flächenbrand" im Kaukasus?
- Die einzelnen ethnischen Gruppen sind zwar untereinander durch wirtschaftliche Beziehungen und Sprachverwandtschaften verbunden oder stehen sich traditionell kontrovers gegenüber, aber ein Dominoeffekt, der im Falle kriegerischer Auseinandersetzungen in einem Konfliktfall sofort eine Reihe weiterer Kriege nach sich zieht, ist nicht erkennbar.
- Die Auseinandersetzungen zeigen eher das Muster des 19. als des 21. Jahrhunderts: Es sind größtenteils kleinräumige Vorgänge auf lokaler oder tribaler Basis (BRUNNER 1999, S. 24).
- Es fehlt eine gemeinsame politische Basis, nachdem die Anfang der 1990er Jahre zeitweise aktive Vereinigung der Bergvölker des Kaukasus offensichtlich ihre Bedeutung eingebüßt hat.

5.2 Čečenien 1999/2000 – geographische Aspekte eines Krieges

Der zweite russisch-čečenische Krieg trägt dazu bei, dass Kaukasien insgesamt weiterhin als Konfliktraum gesehen werden muss. Die Sicherung der russischen Herrschaft über Nordkaukasien veranlasste russisches Militär im Dezember 1994, in einem Luft- und Bodenkrieg Čečenien anzugreifen und die Hauptstadt Groznyj teilweise zu erobern. Wieder wurden Flüchtlingsströme, die auf über 200 000 Personen geschätzt werden, in die kaukasische Bergwelt und nach Dagestan ausgelöst. Im Februar 1995 drohte die Auseinandersetzung zum langwierigen Partisanenkrieg zu werden. 1996 wurde der Krieg abgebrochen, ohne dass Russland sein Ziel einer dauerhaften Unterwerfung Čečeniens erreicht hätte. Im Spätsommer 1999 flammten die Kämpfe erneut auf, nachdem der Konflikt in das benachbarte Dagestan getragen worden war. Im zweiten russisch-čečenischen Krieg wurde die russische Eroberung der weitgehend zerstörten čečenischen Hauptstadt Groznyj zunächst ausgesetzt, dann aber im Vorfeld der russischen Präsidentschaftswahlen im Spätwinter 1999/2000 forciert und erfolgreich abgeschlossen. Die Kämpfe im Gebirge drohen dagegen zu einem langwierigen Partisanenkrieg nach afghanischem Muster zu werden. Von einer friedlichen Konfliktlösung ist Čečenien weit entfernt. Eine geographische Interpretation kann die folgenden Aspekte betonen, die einige Hintergründe des Krieges beleuchten:

(1) Zunächst ist es tatsächlich ein Krieg zum Erhalt des inneren Herrschaftsbereichs Russlands. Nach dem Zerfall der Sowjetunion drohte aufgrund verschiedenartigster Ansprüche politischer und wirtschaftlicher Art auch der größte Nachfolgestaat, die Russländische Föderation, zu zerfallen. Es gelang der Präsidialherrschaft in Moskau jedoch mit der Verfassung von 1993, dem offenen Abdriften von mehreren flächengroßen Gebieten entgegenzuarbeiten. Mit Tatarstan, Baškortostan und Sacha-Jakutien konnten die am stärksten auf regionale Autonomie pochenden Republiken durch wirtschafts- und kulturpolitische Zugeständnisse zum Verbleib in der Föderation gebracht werden. Nur Čečenien, das sich selbst Ičkeria nennt, pocht auf seine im November 1991 einseitig verkündete Unabhängigkeit, die international nicht anerkannt wurde. Ein Verzicht Russlands auf Čečenien könnte andere ethnisch-territoriale Einheiten in peripherer Lage zum Abfall bewegen, insbesondere Dagestan destabilisieren und damit ein „Zerbröseln" des Staates von den Rändern her einleiten. Auf der anderen Seite hatten die Bergvölker Kaukasiens im Destabilisierungsprozess, der das Ende der Sowjetunion begleitete, eine Chance gesehen, die im 19. Jh. nicht gewonnene Unabhängigkeit doch noch zu erlangen.

(2) Es bestehen altangelegte Ressentiments in der russischen Gesellschaft gegen die Kaukasier, die sich häufig in der ethnolinguistischen Gruppe der Čečenen verdichten. Im östlichen Kaukasus war Mitte des 19. Jahrhunderts der russischer Eroberungsdrang zunächst gestoppt worden, und erst nach der Gefangennahme des

Avaren Šamil (1859) wurde der russisch-kaukasische Krieg beendet, der Kaukasus scheinbar befriedet. Die Rückbesinnung auf die Freiheitskämpfer des 19. Jahrhunderts bedeutet für die Kaukasier eine wichtige Basis für die wiederbelebte ethnische Identität im ausgehenden 20. Jahrhundert. Für die Russen wurden dagegen die Čečenen – gewissermaßen stellvertretend für die kaukasischen Bergvölker – zu den Hauptvertretern kaukasischer Eigenständigkeit. Stalin ließ die Čečenen neben anderen kaukasischen Völkern 1944 nach Mittelasien und Kazachstan deportieren, was bis heute zu den traumatischen Erinnerungen des Volkes gehört.

(3) Für die Innenpolitik und die Gesellschaft Russlands ist das Engagement in Kaukasien mit einer Erhaltung des Selbstwertgefühls verbunden. Ein „kurzer siegreicher Krieg" – so die Überlegungen des Zaren 1905, angesichts der inneren Unruhe im Vorfeld einer Revolution die staatliche Ordnung wiederherzustellen – war Russland im 20. Jahrhundert nicht beschieden: Das fernöstliche Unternehmen endete mit der Niederlage gegen Japan, das Abenteuer des Afghanistankriegs dauerte fast ein Jahrzehnt und blieb ähnlich traumatisch wie der Vietnamkrieg der USA, und auch der erste Čečenienkrieg 1994-1996 war erfolglos. Für die Sicherung der Position des damaligen Ministerpräsidenten Putin und für die Festigung der Präsidialherrschaft in Russland ist ein Sieg in Čečenien von großer psychologischer Bedeutung. Die Wahlergebnisse für die Duma in der Wahl vom 19. Dezember 1999 und Putins Sieg bei den Präsidentenwahlen am 26. März 2000 zeigten die Bedeutung dieses innenpolitischen Faktors.

(4) Der Poker um das Erdöl im Kaspischen Meer, insbesondere um die Transportwege, auf denen dieses Erdöl von Azarbajcan dem Weltmarkt zugeführt werden kann, macht auf Čečenien als Durchgangsraum und Teil eines wichtigen Transportkorridors aufmerksam: Eisenbahn, Fernstraße und Pipeline zwischen Baku und Rostov am Don führen am Nordrand des Großen Kaukasus über čečenisches Territorium. Ein Bypass im Norden wäre zwar denkbar und ist für die Pipeline Baku-Novorossijsk auch in Vorbereitung, doch könnte ein russischer Verzicht auf Čečenien die Lage im östlich anschließenden Dagestan so problematisch werden lassen, dass die Destabilisierung der Region fortschreitet und ein weiterer Abschnitt des Transportkorridors bedroht wäre. Im konkurrierenden Südkaukasien werden dagegen mit EU-Hilfe im Rahmen des TRACECA-Projekts gerade transnationale Verkehrskorridore als Instrument regionaler Beruhigung und wirtschaftlichen Aufschwungs vorangebracht (Abb. 9). Russlands Position im Kaspischen Raum würde durch den Verlust Čečeniens politisch wie wirtschaftlich geschwächt. Damit könn-

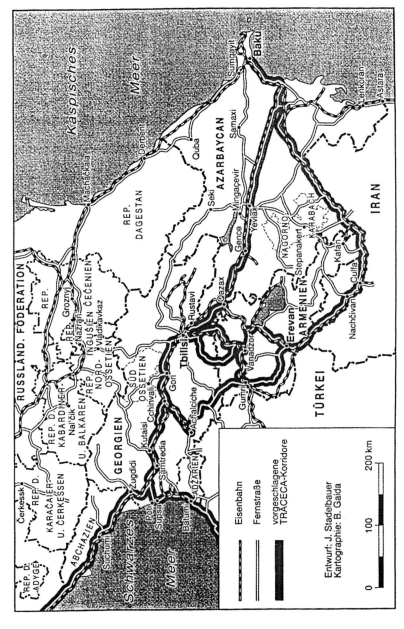

Abb. 9: TRACECA - Transportkorridore in Südkaukasien

ten eher einzelne russische Großunternehmen wie Lukoil vom Erdöl am Kaspischen Meer profitieren als der russische Staat.

(5) Die Bodenschätze in Čečenien selbst spielen nur eine nachgeordnete Rolle, denn die Abbau- und Aufbereitungsanlagen sind weitgehend zerstört; speziell auf das Erdöl Nordkaukasiens ist Russland kaum angewiesen.

Die weitere Entwicklung ist angesichts der überaus komplizierten ethnoterritorialen Situation sowie der unsicheren künftigen sozioökonomischen Lage in den Nachfolgestaaten Kaukasiens schwer abzuschätzen. Eine kriegerische Eskalation ist nach wie vor nicht auszuschließen, doch erscheint eine Art mittleren Wegs zwischen Krieg und Frieden wahrscheinlicher, ein „Szenario der latenten Konflikte und retardierten Wirtschaftsentwicklung". In Südkaukasien scheint der Konflikt um Nagorno-Karabach vor einem möglichen Ende zu stehen, nachdem es seit langem zu keinen heftigen militärischen Auseinandersetzungen mehr gekommen ist, doch sind die jeweiligen Zugeständnisse bisher unzureichend für einen dauerhaften Friedensschluß. Den transkaukasischen Staaten könnte mittelfristig ein politischer Ausgleich mit den Staaten des Vorderen Orients und damit ein weiterer Anschluss an den Weltmarkt gelingen, ohne dass die Verflechtungen mit der Russländischen Föderation abreißen. Azerbajcan hofft auf die Erträge aus dem Erdöl, Georgien erwartet sich Gewinne vom Transport des Erdöls durch seine Pipelines. Die derzeitigen wirtschaftliche Beziehungen erlauben jedoch keinen raschen Ausbruch aus dem Teufelskreis der Verarmung. Dadurch wachsen die sozialen Gegensätze innerhalb der einzelnen ethnischen Gruppen und Territorien. Vor allem die Herausbildung eines sozialen Mittelstandes, der die Wirtschaftentwicklung tragen könnte, verzögert sich auch weiterhin.

5.3 Die wirtschaftliche Situation in Kaukasien

Die Situation in Kaukasien ist wohl vor allem deshalb so verfahren, weil sich auch ein Jahrzehnt nach dem Zerfall der Sowjetunion keine wirtschaftliche Gesundung erkennen läßt. Zwar zeigen die Wirtschaftsdaten zu den drei südkaukasischen Staaten Georgien, Armenien und Azerbajcan seit wenigen Jahren eine leichte Aufwärtstendenz, doch ist zu beachten, dass das Ausgangsniveau jeweils sehr niedrig liegt – nach dem massiven Wirtschaftseinbruch in der ersten Hälfte der 1990er Jahre weit niedriger als Ende der 1980er Jahre –, dass kein ethnisch-territorialer Konflikt tatsächlich gelöst wurde und dass in dieser Konstellation jederzeit ein offener Ausbruch von Feindlichkeiten denkbar ist. Der große Hoffnungsträger, das Erdöl aus dem Kaspischen Meer, zeigt bisher nur geringe Wirkung.

In Nordkaukasien ist die Lage fast noch dramatischer, weil die territoriale Fragmentierung, die immer wieder auflebenden Partikularinteressen und die fehlende oder zerstörte Infrastruktur Wirtschaftsentwicklung verhindert. Besonders dramatisch ist die Situation in Dagestan, wo die industrielle Produktion weiterhin rückläufig ist, in Ingušetien, das unter dem Flüchtlingsproblem zu leiden hat und dessen Deklarierung als Wirtschaftssonderzone keinerlei Impulse gab, aber auch in dem ressourcenarmen Karačaevo-Čerkessien. Welches Ausmaß kriminelle Wirtschaftsaktivitäten einnehmen, kann nur gemutmaßt werden.

5.4 Lösungsmodelle und -chancen

Lösungsmöglichkeiten zu diskutieren, erscheint spekulativ, Lösungschancen abzuschätzen nicht weniger. Daher können auch hier nur einige Stichworte zum Nachdenken anregen:
- Notwendig ist die generelle Gewährung von Minderheitenrechten; die rechtliche Entwicklung im östlichen Europa und im Baltikum zeigt jedoch, wie schwierig dies ist.
- Sinnvoll ist eine Beteiligung von Minderheiten an der Regierungsgewalt: Das Lösungsmodell Dagestan, wo sich Angehörige wenigstens der zahlenmäßig stärksten Gruppen in der Regierung zusammenfinden, kann nur als Minimalkonsens angesehen werden und hat kaum Chancen, zur Norm zu werden.
- Die Gewährung von eigenständigen Territorien, wie es von Čečenien angestrebt wird, könnte zu einer weiteren Fragmentierung führen – genau davor scheut sich aber insbesondere Russland, weil es seine Größe zunächst und vor allem in der Fläche sieht.
- „Ethnische Säuberung", wie sie in Nagorno-Karabach teilweise praktiziert wird (COX und EIBNER 1993), ist als Lösungsmodell sicher unangemessen, weil dadurch neue Konfliktlinien geschaffen würden.
- Vom Modell einer konsensorientierten Demokratie scheinen die Nachfolgestaaten der Sowjetunion, erst recht die Regionen innerhalb Russlands besonders weit entfernt zu sein.
- Sehr schwierig gestaltet sich eine Konfliktlösung durch wirtschaftlichen Aufschwung; statt des formellen Wirtschaftsbereichs entwickelt sich eher der infor-

melle Sektor, weithin besteht Wirtschaftskriminalität, leben „mafiose Strukturen" auf.

- Mit der Einbindung in internationale Strukturen wurde bereits begonnen; insbesondere der Druck der OSZE und des Europarates haben sich konfliktmildernd ausgewirkt, während die Forderungen von IWF und Weltbank zu sehr im makroökonomischen Bereich verhaftet bleiben.
- Ob das Instrument „transnationale Verkehrskorridore", das mit dem TRACECA-Projekt in Südkaukasien verfolgt wird, zum Erfolg führt, muss derzeit auch fraglich erscheinen, obwohl anzuerkennen ist, dass es wirtschaftsfördernd wirken kann.

Literatur

Atlas narodov mira (1964). Moskva.

BIELMEIER, R. (1994): Sprachkontakte nördlich und südlich des Kaukasus. – In: BIELMEIER, R., R. STEMPEL (Hg.): Indogermanica et Caucasica. Festschrift für Karl Horst Schmidt zum 65. Geburtstag. – Berlin, New York (= Untersuchungen zur indogermanischen Sprach- und Kulturwissenschaft 6), S. 427-446.

BRUNNER, G. (1999): Der Transformationsprozeß in Mittel- und Osteuropa. Wachsende Probleme mit den Ethnien? – Internationale Politik 54 (9), S. 21-34.

BRUSIS, M., J. JANNING (1999): „Verhinderte Nationen". Über den Umgang mit ethnischen Minderheiten. – Internationale Politik 54 (9), S. 1-6.

COX, C., J. EIBNER (1993): Ethnic cleansing in progress. War in Nagorno Karabakh. – Zürich, London, Washington.

CROISSANT, M.P. (1998): The Armenia-Azerbaijan conflict: Causes and implications. – Westport.

DEETERS, G. (1963). Die kaukasischen Sprachen. – In: Armenisch und kaukasische Sprachen. – Köln, Leiden (= Handbuch der Orientalistik, I. Abt., Bd. 7), S. 1-79.

Frankfurter Allgemeine Zeitung 15.11.1999. Frankfurt a.M.

GABIEV, D.-M.S. (1969): Ėvoljucija lakskogo žilišča (XVIII-XX vv.). – Kavkazskij ėtnografičeskij sbornik IV. Moskva, S. 147-182.

GLEZER, O. et al. (1991): Samaja političeskaja karta SSSR. – Moskovskie novosti No. 11, 17.3.1991, S. 8-9.

GLEZER, O. et al. (1992): Samaja političeskaja karta byvšego SSSR. – Moskovskie novosti 1992/13, S. 9.

GLEZER, O., M. ŠEVELEV (1992): Dagestan – Rossija v miniatjure. – Zamanalul clu (Golos vremeni) 6.2.1992, S. 2.

Gosudarstvennyj komitet Rossijskoj Federacii po statistike (Hg., 1999): Social'no-ėkonomičeskoe položenie Rossii. – Janvar' 1999 god. Moskva.

HALBACH, U. (1992): Ethno-territoriale Konflikte in der GUS. – Köln (= Berichte des Bundesinstituts für ostwissenschaftliche und internationale Studien, 31, 1991).

Handbuch der Sowjetverfassung. Redigiert von M. FINCKE. Bd. I-II (1983). – Berlin (= Veröffentlichungen des Osteuropa-Instituts München. Reihe: Wirtschaft und Gesellschaft, H. 9/I u. 9/II).

IBRAGIMOV, M.-R.A. (1975): Čislennost' i rasselenija lakcev (1870-1970 gg.). – Sovetskaja ėtnografija 1975, S. 101-108.

Kazi-Kumuch. Nezavisimaja narodnaja gazeta. – Machačkala, No. 1 (1.7.1992) ff.

KLIMOV, G.A. (1994): Einführung in die kaukasische Sprachwissenschaft. – Hamburg.

MANGOTT, G. (Hg.; 1999): Brennpunkt Südkaukasus. Aufbruch trotz Krieg, Vertreibung und Willkürherrschaft? – Wien (= Laxenburger internationale Studien, 14).

Les Marches de la Russie (1989). – Paris (= Hérodote, Revue de géographie et de géopolitique, no. 54-55).

MURDUEV, Š.S., P.M. POLJAN (1989): Dinamika rasselenija naselenija i škol'noj seti (na primere Lakskogo rajona Dagestanskoj ASSR). – *Social'nyj faktor v ėkonomičeskoj geografii* (1989). – Moskva, S. 65-82.

Nacional'nyj sostav naselenija Dagestanskoj ASSR (po dannym Vsesojuznoj perepisi naselenija 1989 goda) (1990). – Machačkala.

Nacional'nyj sostav naselenija RSFSR po dannym Vsesojuznoj perepisi naselenija 1989 g. (1990). – Moskva.

Nacional'nyj sostav naselenija SSSR po dannym Vsesojuznoj perepisi naselenija 1989 g. (1991). – Moskva.

Narodnoe chozjajstvo Dagestanskoj ASSR v odinnadcatoj pjatiletke. Statističeskij sbornik (1987). – Machačkala.

Narody Kavkaza (1960, 1962). Bd. 1-2. – Moskva (= Narody mira).

Pokazateli social'nogo razvitija respublik, kraev i oblastej RSFSR (1991). – Moskva.

SAIZEW, S. (1992): Separatismus in Russland. – Köln (= Berichte des Bundesinstituts für ostwissenschaftliche und internationale Studien, 41).

SARKISYANZ, E. (1961): Geschichte der orientalischen Völker Russlands bis 1917. Eine Ergänzung zur ostslawischen Geschichte Russlands. – München.

SCHNEIDER, E. (1997): Föderalismus in Russland: Kompetenzabgrenzungsverträge und Gouverneurswahlen. – Köln (= Berichte des Bundesinstituts für ostwissenschaftliche und internationale Studien, 21).

SIMON, G. (1986): Nationalismus und Nationalitätenpolitik in der Sowjetunion. – Baden-Baden.

STADELBAUER, J. (1996): Die Nachfolgestaaten der Sowjetunion. – Darmstadt.

STADELBAUER, J. (1997): Kaukasien – Nationalismus, politischer Regionalismus und ethnoterritoriale Konflikte. – Geographie und Schule 106, S. 9-14.

Die Ethnisierung von Konflikten in Zentralafrika

Anna-Maria Brandstetter

1 Einleitung

Kaum mehr als ein Jahr war vergangen, nachdem Laurent Kabila und die *Allianz Demokratischer Kräfte zur Befreiung des Kongo* (ADFL) den Kongo von dem korrupten und maroden Regime Mobutus befreit und dessen Zaire in Demokratische Republik Kongo umbenannt hatte, als im August 1998 die Rebellenbewegung *Kongolesische Sammlung für Demokratie* (RCD) gegen die Regierung Kabila einen neuen „Befreiungskrieg" startete, der als Afrikas „erster Weltkrieg" bezeichnet wurde. Der nach langwierigen Verhandlungen im Juli 1999 im sambischen Lusaka unterzeichnete Friedensvertrag wurde nie umgesetzt, der Waffenstillstand hielt nur einen Monat, und spätestens seit Herbst 1999 eskalieren die gewaltförmigen Auseinandersetzungen an allen Fronten im Kongo, ungeachtet der wiederholten Verhandlungsbemühungen seitens verschiedener afrikanischer Staaten.

Noch nicht von den Folgen des ersten kongolesischen Krieges 1996 erholt, hat sich die Lage der Bevölkerung seit Beginn des Krieges im Sommer 1998 dramatisch verschlechtert. Alle bewaffneten Kräfte haben daran ihren Anteil. Sie plündern und brandschatzen, drangsalieren, überfallen und töten Zivilisten, foltern und vergewaltigen Mädchen und Frauen, halten sie als „Sex-Sklavinnen" und rekrutieren massiv Kinder als Soldaten. Nach einer Studie des International Rescue Committee (IRC) haben in den zwei Jahren Bürgerkrieg mindestens 1,7 Millionen Menschen ihr Leben verloren. Die weitaus meisten davon sind nicht bei Kampfhandlungen gestorben, sondern sind Opfer von Kriegsfolgen wie Vertreibungen, Ausbreitung von Seuchen und Hunger, eine Folge von Kriegswirtschaft und Ausplünderungen. Die UN spricht von über einer Million Kriegsvertriebenen im gesamten Land, davon allein eine halbe Million im Osten des Landes, hinzu kommen 280.000 Flüchtlinge. Menschenrechte werden von allen Kriegsparteien missachtet. Willkürliche Verhaftungen, Folter und Hinrichtungen von Journalisten und Menschenrechtsaktivisten sind an der Tagesordnung (Human Rights Watch 1998, 1999a, 1999b, 2000a, 2000b; siehe auch JOHNSON 1999c, 2000b).

Abb. 1: Demokratische Republik Kongo und benachbarte Staaten

Inzwischen ist es faktisch zu einer Zweiteilung des Landes gekommen. Unterstützt von bewaffneten Kräften aus Angola, Simbabwe und Namibia kontrolliert die Regierung Kabila den Westen des Landes (Abb. 1). Die Herrschaft über den weiten Nordwesten und Osten des Landes beanspruchen die verschiedenen Flügel des RCD, eine explosive Koalition verschiedener Anti-Kabila-Gruppen, die ihrerseits von regulären Truppen aus Uganda, Rwanda und Burundi unterstützt werden. Daneben sind über ein Dutzend bewaffnete Gruppen aus dem Kongo sowie den Nachbarstaaten in den Bürgerkrieg verwickelt. Am bekanntesten sind die *Mai-Mai-*Milizen im Osten des Landes, die in einem Zweckbündnis die Regierung Kabila unterstützen, auf dessen Seite auch Teile der extremistischen Hutu-Milizen und der ehemaligen rwandischen Armee kämpfen.

Ich will im Folgenden nicht die Komplexität der Situation auf dem kongolesischen Schlachtfeld untersuchen, auf dem Soldaten von mindestens sieben Regierungsarmeen, zwei ehemaligen Regierungsarmeen und über ein Dutzend Gruppen von Aufständischen und Milizen seit 1996 ihre Kämpfe austragen, und die vielfältigen sich überschneidenden Konfliktlinien – politisch und ökonomisch, regional, städtisch/ländlich oder geschlechtsspezifisch – und die sich daraus ergebenden flotierenden Allianzen analysieren, die meist dem Muster „der Feind meines Feindes ist mein Freund" folgen.[1]

Ich richte mein Augenmerk vielmehr auf ein Merkmal, das allen Konflikten in der Region, ob gewaltsam oder nicht, inhärent ist: ein dualistisches System politischer Repräsentation, in dem Konflikte vorrangig als Zusammenstoß zweier antagonistischer ethnischer Gruppen gedeutet werden, mit anderen Worten: Ich will der Ethnisierung von Konflikten nachspüren. Diese ethnischen Identitäten sind soziale Konstruktionen, die im Zusammenhang mit den Kämpfen um die Kontrolle des Staates entstanden sind (vgl. BEZENGUISSA-GANGA 1998). Was in Rwanda und Burundi mit der Ethnogenese von Hutu und Tutsi seinen Ausgang nahm und Hunderttausenden das Leben kostete, breitete sich innerhalb kürzester Zeit über die gesamte Region aus und wurde dabei in einen breiteren ethnischen Antagonismus – Bantu gegen Hamiten oder Niloten – transformiert, um mit der dualen Opposition Einheimische gegen Fremde eine unheilvolle Verbindung einzugehen. Diese Ethnisierung von Konflikten führte zu einer tiefgreifenden „Dualisierung" (LUBALA MUGISHO 1998) der Gesellschaft, hinter der alle anderen gesellschaftlichen Widersprüche nur noch schemenhaft hervorschimmern.

Ich werde zunächst die Geschichte der Ethnogenese knapp skizzieren, um dann in einem nächsten Schritt die Ausstrahlung dieses Prozesses auf den Kongo am Beispiel der Banyamulenge zu untersuchen und abschließend die Transformation der Hutu-Tutsi-Dichotomie in die Bantu-Hamiten/Niloten-Dichotomie sowie deren „Aufrüstung" durch den Antagonismus einheimisch-fremd darzulegen.

---

[1] Inzwischen liegen zahlreiche Analysen der gewaltsamen Auseinandersetzungen seit 1996 vor, u.a. Central Africa in crisis 1998; de VILLERS/WILLAME 1998; EMIZET 2000; KENNES 1998; MCNULTY 1999; MOLT 1998; REYNTJENS 1999a, b; REYNTJENS/MARYSSE 1998; SCHATZBERG 1997.

2 Kleine Geschichte der Ethnogenese in Rwanda

Ausgangspunkt war das Bild, das Kolonialbeamte, Missionare und Ethnographen gemeinsam mit rwandischen Intellektuellen und Politikern vom vorkolonialen Rwanda entworfen hatten: ein straff zentralisiertes Königreich mit einer einheitlichen sozialen und politischen Organisation und einer das gesamte Land erfassenden Verwaltungsstruktur, in dem drei streng voneinander getrennte Völker – die Tutsi, die Hutu und die Twa – lebten, deren strikte Hierarchie keinerlei soziale Mobilität zuließ. Als geborene Herrscher dominierte der Hirtenadel der Tutsi die große Masse der Feldbau betreibenden Hutu. Dies gelang vor allem mit Hilfe der omnipräsenten Klientelbeziehung, genannt *ubuhake*, eine persönliche Vereinbarung zwischen einem Tutsi-Hirten (Patron) und einem Hutu-Feldbauern (Klient), in der Kühe zur Nutznießung überlassen wurden, was den reziproken Austausch von Schutz und Dienstleistungen, vor allem auf den Feldern des Hirten, mit sich brachte. Als Rest der vor der Besiedlung durch die Hutu ansässigen „Urbevölkerung" führten die Twa ein marginales Leben im Nordwesten des Königreichs.

Dieser Beschreibung der vorkolonialen Gesellschaft liegt die Annahme zugrunde, dass es in Ostafrika zwei Rassen gibt – die „Hamiten" und die „Bantu", die mit unterschiedlichen geistigen Fähigkeiten ausgestattet sind: die sogenannte „Hamiten-Hypothese", die im 19. Jahrhundert in Europa als Modell zur Erklärung der ostafrikanischen Geschichte aufkam, wonach „alle Zeichen der Zivilisation in Schwarzafrika" auf die Hamiten aus Nordostafrika zurückgehen (SANDERS 1969, S. 532). Rwanda, das „hamitische Königreich im Herzen Afrikas" (PAGÈS 1933), diente als Beispiel par excellence für diese Annahme. Danach waren die Tutsi eine aus dem Norden eingewanderte und „zum Herrschen geborene" hamitische oder hamitonilotische Hirtenaristokratie, die aufgrund ihrer „natürlichen Überlegenheit" die „einfältigen" und „zum Dienen geborenen" Bantu-Bauern, sprich Hutu, unterworfen hatte. Die Twa schließlich waren als „Urbevölkerung" und „Urwaldjäger" Zeugen einer ursprünglichen Primitivität in Afrika. Mit dem „Hamiten-Mythos" setzte in der Kolonialzeit ein Prozess der Ethnogenese ein, der die sozialen Kategorien Hutu und Tutsi, welche historisch wie auch regional variierten, in „naturgegebene" primordiale und essentialistische ethnische Zugehörigkeiten verwandelte, die im kolonialen und postkolonialen Rwanda soziale Realität wurden.[2]

---

[2] Es handelt sich in erster Linie um die Arbeiten von Louis de LACGER 1959, Alexis KAGAME 1954, 1972 und Jacques MAQUET 1954.

Tatsächlich diente die Unterscheidung zwischen Tutsi und Hutu im 19. Jahrhundert zur Beschreibung sozialer Gegensätze. „Tutsi" waren diejenigen, die sich die Macht angeeignet hatten, und eben nicht Angehörige einer bestimmten Ethnie oder Rasse. Innerhalb des sozialen und politischen Systems des Königreichs war soziale Mobilität möglich, wobei durch sozialen Auf- und Abstieg aus Hutu Tutsi und aus Tutsi Hutu werden konnten. Dabei muss berücksichtigt werden, dass sich diese klare soziale Hierarchie nur in den Kernbereichen des Königreiches etabliert hatte, in anderen Regionen war der Gegensatz zwischen Hutu und Tutsi ohne große Bedeutung (u.a. C. NEWBURY 1988; VIDAL 1969; zusammenfassend BRANDSTETTER 1989; 1991).

Die Europäer gingen jedoch von der Existenz eines rassisch/ethnisch begründeten Feudalsystems aus und betrauten vor allem Tutsi mit wichtigen Funktionen in Verwaltung und Kirche. Sie wirkten damit an der tiefgreifenden Ethnisierung der rwandischen Gesellschaft mit. Zugleich wurde dieses Bild, vermittelt durch die westliche Schulbildung, von der rwandischen Bevölkerung als eigene Geschichte und Tradition aufgegriffen. Die sozialen Kategorien Hutu, Tutsi und Twa wurden damit in eine unveränderliche ethnische Zugehörigkeit umdefiniert.

Nach dem Zweiten Weltkrieg kritisierten gebildete Hutu die Privilegierung der Tutsi und forderten Gleichberechtigung. Zugleich richtete sich der Unmut über das Kolonialsystem gegen die von Tutsi geführte Verwaltung. Dabei machten auch die rwandischen Intellektuellen die ethnische Deutung der Gesellschaft zu einem zentralen Element ihres politischen Diskurses. Die sozialen Gegensätze wurden als ethnischer Konflikt gedeutet. Spätestens seit diesem Zeitpunkt war der Prozess der Ethnogenese, der Entstehung von ethnischen Einheiten in Gang gekommen. Die „imaginierte" ethnische Identität der Tutsi, die deren Privilegien sichern sollte, wurde jetzt gegen sie selbst gewendet und diente als ethnische Begründung einer „Revolution". Die nachfolgenden Konflikte, Pogrome und gewaltsamen Vertreibungen von Tutsi und Oppositionellen von 1959 bis 1994 bestätigten diese ethnische Deutung immer aufs Neue.[3]

Die Habyarimana-Regierung und die Hutu-Extremisten betrachteten die Spaltung der Gesellschaft in Hutu und Tutsi als „naturgegeben" und spielten wiederholt auf die Hamiten-Bantu-Unterscheidung an, wonach in Afrika die Bantu-Völker als legitime erste Siedler den äthiopischen oder hamitischen Eindringlingen gegenüberstehen. Ein rwandisches Regierungspamphlet mit dem Titel „Livre blanc sur

---

[3] Zur Analyse der ethnischen Unterscheidung und Ethnogenese siehe BRANDSTETTER 1991; CHRÉTIEN 1985; ELIAS/HELBIG 1991; VIDAL 1985.

l'aggression armée dont le Rwanda a été victime à partir du 1er octobre 1990" behauptet, dass das wahre Motiv der Soldaten der Rwandischen Patriotischen Front (RPF) sei, „ein ausgedehntes Hima-Tutsi-Königreich in dem Lebensraum der Bantu im Zwischenseengebiet zu errichten". Nach der Invasion der RPF brachten die rwandische wie auch die damalige zairische Regierung das Thema des Hima- oder Tutsi-Komplotts auf, in das die burundischen und rwandischen Tutsi verwickelt sein sollen, welche mit ugandischen Hima in Verbindung gebracht werden. Hierbei handelt es sich um die Wiederaufnahme des berühmten „Plan de la Colonisation Tutsi au Kivu et en Région Centrale de l'Afrique" aus den 60er Jahren. Dieser Plan wurde angeblich im August 1962 im Nord-Kivu „entdeckt". Tatsächlich tauchte das Traktat in Zaire und Rwanda zu Beginn der 80er Jahre auf und hängt mit den Zusammenstößen zwischen einheimischen Bahunde und Rwando-Zairern zusammen. Es ist vermutlich eine Provokationsschrift, die vom zairischen oder rwandischen Sicherheitsdienst ausgebrütet und in Umlauf gebracht wurde (CHRÉTIEN 1991; de VILLERS/WILLAME 1998, S. 236-237).

Die unverhohlen rassistische und extremistische Propaganda in den rwandischen Medien der frühen 90er Jahre ließ die strikte dichotome Spaltung der Gesellschaft in Hutu und Tutsi ohne Zwischen- und Grautöne vollends „ausreifen" und hatte damit das Aufgehen aller möglicher anderer Identitäten (regional, sozioökonomisch, urban-rural, konfessionell, professionell, geschlechtsspezifisch ...) in zwei exklusive ethnische Identitäten mit rassischer Konnotation zur Folge – Hutu und Tutsi (siehe African Rights 1995; BRANDSTETTER 2001; MARX 1997; NEUBERT 1999).

3 Der „Export" der Ethnogenese in den Kongo: die Banyamulenge

Die dichotome und exklusive Spaltung der rwandischen Gesellschaft in Hutu und Tutsi zeigte sich mit einer zeitlichen Verzögerung auch im Osten des Kongo. Die Geschichte der Banyamulenge liefert ein bestechendes Beispiel für diesen „Export" (CHAJMOWICZ 1996; D. NEWBURY 1997; WILLAME 1997, bes. S. 76-99). Als Banyamulenge, von denen auch als „ethnic Tutsi" gesprochen wird (u.a. Human Rights Watch 1999b), bezeichnen sich vermutlich erst seit den 60er/70er Jahren die Hirten im Hochland von Itombwe in der Uvira-Region im Süd-Kivu. In der Kolonialzeit war dieser Begriff noch völlig unbekannt. Wörtlich bedeutet Banyamulenge „die aus Mulenge", ein kleiner Ort südlich von Uvira, der gemäß gewisser Traditionen ein wichtiges Dorf war, welches rwandische Hirten gegründet haben, die um 1850 ihre Herden auf das Hochplateau von Itombwe getrieben haben, auf der Suche nach guten Weiden und gutem Land, aber auch um sich dem Zugriff des rwandischen Königs zu entziehen, welcher seine Hand nach dem Südwesten ausstreckte, der bislang seine Autonomie bewahren konnte. Vielleicht hatten sie auch eine Auseinandersetzung mit dem Königshof. Kein Ethnologe sprach in diesem Zusammenhang von Banyamulenge, sondern vielmehr davon, dass die Bewohner von Itombwe rwandisch-burundischer Herkunft sind. Möglicherweise hat die seit langem in der Region ansässige rwandisch sprechende Bevölkerung diesen Namen den Hirten gegeben, die nach Mulenge zogen. Vermutlich war die Bevölkerung bereits vorkolonial viel heterogener; zu den Rwandern kamen Leute aus Burundi, tansanische Klans und Familien von den Bashi aus der Region um Bukavu. Dieses unablässige Hin und Her zwischen den Bevölkerungen in den Grenzgebieten dauerte auch in der Kolonialzeit an und reichte bis in die Unabhängigkeit. Dazu kamen immer wieder neue Flüchtlinge, vor allem Tutsi aus Rwanda nach den Pogromen von 1959-1962 und 1973-1974.

Bis zu den mulelistischen Rebellionen[4] von 1964 hatten in den frühen 60er Jahren – bis sich Mobutu an die Macht putschte – die rwandischstämmigen Bewohner dort enge Tauschbeziehungen mit den Nachbarn, besonders den Bafulero. Die Konflikte begannen, als die besiegte Rebellenarmee „Armée Populaire de Libération", die im übrigen keine Unterstützung bei den Banyamulenge gefunden hatte, sich auf die Hochebene von Itombwe zurückzog und dort begann, das Vieh der Banyamulenge abzuschlachten. Der Krieg der Rebellen wurde schnell zu einer Jagd auf alle Bewohner rwandischer Herkunft. Dies führte letztlich dazu, dass sich viele Banyamulenge Mobutu anschlossen, was erbitterte blutige Kämpfen in der Region zur Folge hatte.

Seit jener Zeit ist die Lage der Banyamulenge oder Zairer rwandischer Herkunft mehr oder weniger prekär. Vermutlich bezeichneten sie sich damals zum ersten Mal selbst als Banyamulenge, um sich als Ethnie zu etablieren, sich von den benachbarten Ethnien abzugrenzen und einen eigenen Verwaltungsbezirk zu erhalten.[5] Mal gelten sie als Kongolesen oder Zairer, mal als Fremde, als Rwander. Diese Unsicherheit hat dazugeführt, dass viele Familien die Rebellen der Rwandischen Patriotischen Front (RPF) im Kampf gegen das frühere Habyarimana-Regime in Rwanda unterstützten.

---

[4] Zur Rebellion von Pierre Mulele sowie den Rebellionen im Kongo siehe VERHAEGEN 1966/1969; WEISS/VERHAEGEN 1986.
[5] Nach CHAJMOVICZ (1996, S. 117) geschah dies erst 1976.

Die „Resolution über die Nationalität" von 1995 brachte das Fass zum Überlaufen: Die Banyamulenge sollten mit den anderen Zairern rwandischer Herkunft und mit den Flüchtlingen des rwandischen Genozids das Land verlassen. In den Medien wurden sie offen diffamiert: „Les Banyamulenge sont des infiltrés rwandais, une 5e colonne pour reconquérir notre Kivu et faire le grand Himaland (Tutsiland)" (zit. nach CHAJMOVICZ 1996, S. 120). Sie wurden verfolgt, getötet und vertrieben, unter den Augen der lokalen Autoritäten (Juli bis September 1996). Im Gegensatz zu den Tutsi rwandischer Herkunft im Nord-Kivu setzten sich die Banyamulenge gegen die Angriffe zur Wehr. Viele von ihnen hatten Erfahrung im Umgang mit Waffen, denn sie hatten in der rwandischen Armee gedient, die seit Mitte 1996 auch Banyamulenge trainierte und mit Waffen versorgte. Im September 1996 startete schließlich die „Rebellion der Banyamulenge" mit massiver Unterstützung von Rwanda (REYNTJENS 1999a S. 242-243). Gleichzeitig wurde eine große neue Tutsi-Gruppe erfunden, denn inzwischen werden alle Tutsi kongolesischer Nationalität als Banyamulenge bezeichnet, ungeachtet ob sie der rwandischstämmigen und -sprechenden Bevölkerung im Nord-Kivu angehören oder aus dem Süd-Kivu stammen (de VILLERS 1998, S. 86; VANSINA 1998).

Ein Grund, weshalb der Konflikt im Osten des Kongo so leicht in die simplifizierende Schablone eines Hutu-Tutsi-Konfliktes zu pressen war, liegt an der weiten Verbreitung von Banyarwanda[6] außerhalb Rwandas vor allem in Uganda und im Kongo. Wo es Tutsi und Hutu gibt, so die scheinbar zwangsläufige Folgerung, lassen sich ähnlich wie in Rwanda Konflikte auch immer mit Auseinandersetzungen zwischen Hutu und Tutsi erklären. Die rwandischen Bevölkerungsgruppen in Uganda und im Kongo wurden aber nicht immer als Tutsi und Hutu wahrgenommen und identifizierten sich auch selbst nicht durchgängig als Tutsi oder Hutu. Vielmehr wurden sie als Banyarwanda gesehen und betrachteten sich selbst als Banyarwanda. Erst mit der tiefgreifenden Spaltung der rwandischen Gesellschaft in Hutu und Tutsi wurden besonders die Rwander im Kongo nicht mehr nur als Banyarwanda wahrge-

---

[6] Banyarwanda werden die rwandophonen Bewohnerinnen und Bewohner im Zwischenseengebiet genannt, die ganz unterschiedlicher Herkunft sind. Zu ihnen gehören erstens die „einheimischen" Banyarwanda, die durch die koloniale Grenzziehung zu Ugandern, Kongolesen oder Burundern gemacht wurden, zweitens die Arbeitsmigranten aus den 20er und 30er Jahren des 20. Jahrhunderts und deren Nachkommen, die der Herrschaft der Tutsi und Belgier und dem Arbeitszwang in Rwanda entflohen und in der Mehrzahl Hutu waren, und drittens die Flüchtlinge nach der rwandischen „Revolution" von 1959 und deren Nachkommen, die fast ausschließlich Tutsi waren und in Uganda, im Kongo, in Tansania und Burundi Zuflucht fanden.

nommen, sondern vermehrt als Hutu und Tutsi.[7] Aus Zairern/Kongolesen rwandischer Abstammung wurden Hutu und Tutsi, aus Bewohnern einer Region wird die Ethnie Banyamulenge, die wegen ihrer pastoralen Wirtschaftsweise auch automatisch zu Tutsi werden. Und klar ist, dass diese wie alle Tutsi der Welt nur ein Ziel haben: ein großes Tutsi- oder Hima-Reich vom Kongo bis Somalia zu errichten.

4 Die Verbindung mit einem anderen antagonistischen Identitätspaar: Autochthone gegen Allochthone

Elemente der Ethnisierung, die aus Rwanda bekannt sind, erhalten durch den „Grenzübertritt" eine stärkere Ausprägung. Dazu gehört auf jeden Fall die Phantasmagorie vom Tutsi- oder Hima-Reich und den Hamiten, welche die Bantu unterjochen wollen. Die Dichotomien werden aber auch durch lokale, regionale und nationale Deutungen von Konflikten erweitert und verstärkt. Hierzu gehört die dominante Wahrnehmung vieler Konflikte als Auseinandersetzungen zwischen Autochthonen und Allochthonen, zwischen Einheimischen und Fremden oder Zugereisten und um nationale Zugehörigkeit.

Beinahe dreißig Jahre dauern nun die Konflikte um Autochthonie und Nationalität in der gebirgigen und dicht besiedelten Region des Kivu. Immer wieder kam es zu politischen Spannungen zwischen den „Kongolesen", den „authentischen Zairern" auf der einen Seite und den „Banyarwanda" im Nord-Kivu und den „Banyamulenge" im Süd-Kivu auf der anderen Seite, die bisweilen in blutigen Auseinandersetzungen eskalierten (BARNES 1999; BUCYALIMWE 1997; LUBALA 1998; MAFIKIRI T. 1996; PABANEL 1991, 1993; POURTIER 1996; TEGERA 1994). Wer ist Kongolese (oder Zairois) und wer ist Rwander – diese Fragen stellten immer eine zentrale Herausforderung in der Region dar, vor allem dort, wo die Banyarwanda, die rwandischstämmige und -sprechende Bevölkerung die Mehrheit stellte, in der Verwaltung und Politik dominierten oder Land erworben hatten, das im lokalen politischen Recht als unveräußerlich gilt. Jedoch konnte keine Volkszählung jemals die „Autochthonen" von den „Allochthonen" unterscheiden (WILLAME 1998a, S. 71).

Im Nord-Kivu galten die Rwander und ihre Nachkommen als "citoyens à nationalité douteuse", ein Deckname für Kinyarwanda-Sprecherinnen und -Sprecher (REYNTJENS 1999a, S. 242). Sie wurden von der Nationalkonferenz ausgeschlossen

---

[7] Allerdings lässt sich gerade im Kongo für lange Zeit ein Nebeneinander der beiden Zuordnungen feststellen.

und von der Commission de Validation des Mandats dieser Konferenz als „Fremde" klassifiziert (WILLAME 1994, S. 135). Auch wenn zu den Banyarwanda sowohl Tutsi wie Hutu gehören, hatten sich die Hutu öfter mit den „autochthonen" ethnischen Gruppen alliiert und damit die Position der Tutsi erheblich bedroht. Den Tutsi-Banyarwanda wurde unterstellt, dass sie ethnischen gegenüber nationalen Bindungen den Vorrang geben, und ihre Rechte als Bürger wurden bisweilen gewaltsam in Frage gestellt (REYNTJENS 1999a, S. 242).

Diese Frage der Nationalität tritt in enger Verflechtung mit dem Bildern vom „Tutsi-Reich", aber auch vom „Hutu-Land" auf. Wie in Rwanda kursieren seit den frühen 60er Jahren mit schöner Regelmäßigkeit Gerüchte, wonach die rwandischen Nachbarn sich ein „Reich" aus der Region des Kivu schneidern wollen. Neben vermeintlichen „Plänen" über Tutsi-Projekte eines „Hima-Reiches" – wie der bereits erwähnte „Plan de la Colonisation Tutsi au Kivu et en Région Centrale de l'Afrique" – zirkulieren auch Traktate über die Schaffung eines „Hutu-Landes". Bisweilen nährten diese Gerüchte blutige Konflikte wie den „Kanyarwanda"-Krieg von 1964-65 im Nord-Kivu oder im Jahr 1993 die Pogrome zwischen „Banyarwanda" und einheimischen Minderheitengruppen (Hunde, Tembo, Nyanga etc.) in der Region von Masisi und Walikale im Nord-Kivu (PABANEL 1993; TEGERA 1994). Als Hutu-Flüchtlinge in Folge des Genozids 1994 zu Hunderttausenden in den Kivu strömten, schienen sich die Ängste vor Invasion und Eroberung durch die rwandischen Nachbarn in den Augen vieler Zairer zu bewahrheiten (WILLAME 1998a, S. 71-72).

Zunächst richtete sich die Gewalt gegen alle Banyarwanda, ungeachtet ob Hutu oder Tutsi. Bald jedoch wurden die Tutsi alleinige Ziele der Gewalt der „Einheimischen" (de VILLERS 1998, S. 89). Diese Entwicklung hat verschiedene Gründe. Zum einen brachten die rwandischen Milizen (Interahamwe) und Soldaten der früheren rwandischen Armee (FAR) den Bürgerkrieg mit seinem interethnischen Charakter aus Rwanda in den Kivu. Dazu wurde ebenfalls aus Rwanda (und Burundi) eine rassistische Ideologie importiert, welche eine „Banturasse", zu welcher die Hutu gehören sollen und welche ein konstitutives Element in der zairischen Identität oder Authentizität darstellt, einer „hamitischen Rasse" gegenübergestellt, zu denen die Tutsi gerechnet werden, (de VILLERS 1998, S. 89).

In aller Schärfe hat dies ein ehemaliger Sprecher Mobutus geäußert, der den Krieg der Rebellen unter Kabila als „Krieg der Tutsi" bezeichnete: „Es gibt für diesen Krieg eine einfache und zugleich schreckliche Erklärung: Das ist das schwierige Zusammenleben von zwei Rassen (lasst uns keine Angst vor den Wörtern haben, denn selbst das Konzept der Ethnie reicht hier nicht aus, um den erlebten Antagonismen zwischen Hutu und Tutsi gerecht zu werden!). Es gibt eine abgesteckte und von den Protagonisten selbst in den Begriffen von Hamiten und Bantu verinnerlichte Grenze. Diese Trennlinie wird von der Idee getragen, dass der Tutsi geboren ist, um den Hutu zu beherrschen. Und diese Idee stammt nicht erst aus der Kolonialzeit, denn auf ihr gründen alle Eroberungen der Tutsi vor der Ankunft der Weißen sowie ihre gesamte politische Organisation".[8]

Mitte 1996 erreicht die ethnische Mobilisierung den Süden des Kivu, der bislang davon noch relativ unberührt war, wo sein Hauptziel die „Banyamulenge" genannten Tutsi waren, die zur Speerspitze der Rebellion gegen Mobutu wurden und Kabila schließlich nach Kinshasa brachte (REYNTJENS 1999a, S. 242; de VILLERS 1998, S. 90).

5 Die Verstärkung der Ethnisierung im zweiten kongolesischen Krieg

Die Regierung Kabila konnte oder wollte die verschiedenen Rebellengruppen, die vom Osten des Kongo aus immer wieder die Nachbarstaaten Uganda, Rwanda und Burundi angriffen, nicht kontrollieren. Die Lösung des wichtigen Sicherheitsproblems, welches den Anstoß für den Krieg von 1996-1997 gab, schien für die östlichen Nachbarn in weite Ferne gerückt, was zu scharfen Spannungen zwischen Kabila und seinen Alliierten und Paten der ersten Stunde führte. Als Kabila im Juli 1998 anordnete, dass die rwandischen und andere fremden Truppen das Land verlassen sollen, um sich damit von der „Fremdherrschaft" vor allem der rwandischen Verbündeten zu „befreien" und sein internes Legitimationsproblem zu lösen, stellten sich seine ehemaligen Helfer Rwanda, Uganda und Burundi endgültig gegen ihn (REYNTJENS 1999a). Von der kongolesischen Bevölkerung wird diese erneute Bewegung eindeutig als Aggression von Fremden empfunden, was zu einer Verschärfung des Nationalismus führte, welcher sich um eine Anti-Tutsi-Stimmung kristallisiert. Die Tutsi gelten als ultimative Inkarnation des Fremden und werden zu Sündenböcken für die Enttäuschungen mit dem neuen Regime von Kabila. In Kinshasa wie überall im Land beginnt eine tödliche Jagd auf Tutsi und auf alle, die wie „Niloten" aussehen. Tutsi kongolesischer und anderer Nationalität flohen daraufhin aus Kinshasa (de VILLERS 1998, S. 90; Human Rights Watch 1999a, S. 12-15).

---

[8] K.-L. SANDO, 1997: Conflits de l'Est du Zaire. Repères et enjeux. – Kinshasa: Ministrère de l'Information et de la Presse, S. 17; zit. nach de VILLERS 1998, S. 90, übersetzt durch Autorin.

In Radiosendungen wurde Ende Juli 1998 in Kinshasa und anderen Städten des Landes folgende Aufrufe gesendet: „Die Leute sollen eine Machete, einen Speer, einen Bogen, eine Hacke, Spaten, Harken, Nägel, Knüppel, Stacheldraht, Steine und ähnliches mitbringen, um, liebe Hörer, die rwandischen Tutsi zu ermorden. (...) Wo immer ihr einen rwandischen Tutsi seht, betrachtet ihn als euren Feind. Seid gefährlich. Ihr werdet die Feinde entdecken und gnadenlos massakrieren." (MCGREAL 1998; übersetzt durch Autorin).

Dieser Aufruf erinnert in fataler Weise an die Radiosendungen des infamen Sender RTML, der vier Jahre zuvor die Hutu in unendlichen Aufrufen aufgefordert hatte, alle Tutsi zu töten (BRANDSTETTER 2001).

Als die RDC-Kräfte immer weiter auf Kinshasa vorrückten und ein allgemeine Atmosphäre von Angst und Panik herrschte, machten Mitglieder der kongolesischen Regierung offen gefährliche xenophobe Äußerungen und riefen die Bevölkerung auf, zu den Waffen zu greifen und den „Feind" zu töten, d.h. in erster Linie Rwander oder Tutsi. In einer Radiosendung forderte Abdoulaye Yerodia – damals Kabinettchef von Kabila – auf Kikongo, das im Bas-Congo gesprochen wird, „seine Brüder" auf, „wie ein Mann sich zu erheben, um den hinauszuwerfen, der wie der gemeinsame Feind aussieht". Bei einem „Marsch der Wut gegen die rwandische Aggression" in Kinshasa wurden Anti-Tutsi-Lieder gesungen und -Slogans skandiert wie „Besser eine Schlange als einen Rwander verschonen" oder „Die Bewohner von Kinshasa sagen Nein zur Anwesenheit von Tutsi Banyamulenge im Kongo" (Human Rights Watch 1999a, S. 12).

Die Tutsi-feindliche Stimmung hält während der ganzen Zeit mehr oder weniger unvermindert an. So sollen im Herbst 1999 unter der Bevölkerung von Bukavu, einer der großen Grenzstädte im Kuvu, Gerüchte von der bevorstehenden Jagd auf die Rwander, vor allem die Tutsi, umgegangen sein. „Alle jungen Leute in Bukavu sind zum Kampf bereit. (...) Eines Tages werden wir die Tutsi verjagen, und es wird in Bukavu viele Tote geben" (JOHNSON 1999c).

Als im November 1999 die Kämpfe zwischen Kabila-Truppen und Soldaten der „Kongolesischen Befreiungsbewegung" wieder in aller Schärfe aufflammten, schürte Kabila denn auch sofort wieder die Angst im Land mit dem Bild von den „Abenteurern, rwandischen Hunden und Anhängern Bembas", vom „Ungeziefer, das den Körper unserer Nation vergiftet" (Kabinettchef Yerodia; zit. nach JOHNSON 2000b) und eröffnete die erneute Jagd auf Tutsi und andere missliebige Personen in Kinshasa (JOHNSON 1999a).

Diese feindliche Stimmung richtet sich nicht nur gegen die Rwander oder die rwandischen Tutsi im besonderen, sondern gegen alle Alliierten der kongolesischen Rebellen, die unterschiedslos als „Tutsi" oder RCD-Soldaten bezeichnet werden (Human Rights Watch 2000b, S. 6). Nach Angaben von Human Rights Watch legt die lokale Bevölkerung im Kivu eine wachsende Feindschaft gegen die Rwander und besonders gegen Tutsi an den Tag, aber auch gegen die Banyamulenge (2000b, S. 34-35). „Liebe Gomaer[9], die Stunde der Befreiung hat geschlagen, auf dass ihr eure nilotischen Besatzer in die rauchenden Krater des Nyarogongo und des Nyamungiraa befördert" (JOHNSON 2000a).

Der gesamte Kivu hatte eine tiefgreifende „Dualisierung" erfahren (LUBALA M. 1998). „Bantu" stehen „Hima", „Hamiten" oder „Niloten" gegenüber, genauso wie Hutu gegen Tutsi in Rwanda und Burundi. „Therefore, the bipolar ethnic set-up, the instrumentalization of which has claimed so many lives in Rwanda and Burundi, now infects the whole Great Lakes region" (REYNTJENS 1999a, S. 244). Die Anti-Tutsi-Stimmung wird noch geschürt durch Gerüchte über Pläne eines „Groß-Rwanda", gestützt durch die Soldaten der rwandischen Armee, die internationale Grenzen ignorieren und den Spitznamen „Soldaten ohne Grenzen" haben (ebd.).

6   Ein versteckter gesellschaftlicher Konflikt: Jugend gegen Alter

Bisweilen schimmert hinter der ethnischen Deutung des kongolesischen Krieges eine andere Konfliktlinie hervor: die zwischen „sozial Jüngeren" (cadets sociaux) und „sozial Älteren". Unter dem Mobutu-Regime wurden aus den „Älteren", den „anciens", die durch ihre Nähe zu den Ahnen, durch ihre Weisheit und ihre Generosität identifiziert wurden, die „Alten", die „vieux", eine Kategorie, die sich durch die Beziehung zur Macht, welche Mobutu innehatte, konstituierte: die ultimative Quelle von Wohlstand und Reichtum. Die Jungen, die im besonderen Opfer eines massiven Prozesses von Marginalisierung und Exklusion wurden, stellten die Speerspitze in den soziopolitischen Auseinandersetzungen dar, die sich gegen die „vieux" und im besonderen gegen Mobutu als „vieux des vieux" und die „barons/dinosaures" der zweiten Republik richteten. Aus den Reihen dieser „Jeunesses" hat die Allianz von Kabila viele Mitglieder rekrutiert, sogenannte *kadogo*, was die „Kleinen" heißt (de VILLERS 1998, S. 96).

Die Revolte der „sozial Jüngeren" (cadets sociaux) zeigte sich mit besonderer Schärfe sowohl im Shaba/Katanga wie auch im Nord-Kivu. Hier schließen sie sich

---
[9] Goma ist eine der großen Grenzstädte im Kuvu.

zu den *Mai-Mai* zusammen, Banden von Jugendlichen ohne Schulbildung, ohne Zugang zu Ressourcen, ohne Zukunft. Aber der gravierende soziale Konflikt wird wieder ethnisch gedeutet: Es ist von „ethnischen" Milizen die Rede! Die *Mai-Mai*-Kämpfer werden oft in einem Atemzug mit den bewaffneten Hutu-Milizen genannt. Die Bevölkerung scheint die Kämpfer, die eine kongolesische Sprache sprechen, eher als *Mai-Mai* zu identifizieren, und diejenigen, die Kinyarwanda sprechen, eher den *Interahamwe*-Milizen aus Rwanda zuzuordnen (Human Rights Watch 2000b, S. 6). Die *Mai-Mai* haben mehrfach die Fronten gewechselt, sind aber dabei immer erbitterte Feinde von Rwanda und den kongolesischen Tutsi im Kivu geblieben. Sie haben eine starke Gefolgschaft im gesamten Kivu, besonders in der Region um die Stadt Bukavu (de VILLERS/WILLAME 1999, S. 240-246). Ursprünglich kämpften sie mit Kabila gegen Mobutu, brachen dann aber mit ihm, weil sie sich nach dem Sieg marginalisiert und von der Macht ausgeschlossen sahen. Kabila gewährt den *Mai-Mai* seine Unterstützung, kann sie aber nicht kontrollieren. Die „Kongolesische Sammlungsbewegung" RCD wirft den *Mai-Mai* vor, mit den rwandischen und burundischen Milizen zu kollaborieren, hat aber selbst auch versucht, die Kämpfer für sich zu gewinnen. Einigen Beobachtern zufolge „schützen" die *Mai-Mai*-Milizen die Bevölkerung vor den *Interahamwe*-Milizen (JOHNSON 1999b). Sie kämpfen sowohl gegen die kongolesische Armee, welche die Region ausplündert, wie auch gegen die „Banyarwanda", d.h. die Rwander, denen sie unterstellt, sie ihres Landes berauben zu wollen. Sie sehen sich als Widerstandsbewegung gegen die fremden Rwander, die Tutsi, und der Provinzgouverneur in Bukavu nennt sie auch schon mal „unsere Brüder" (JOHNSON 1999c).

Allerdings ist nicht ganz klar, wer die *Mai-Mai* sind und wen sie repräsentieren. Die Menschenrechtsorganisation Human Rights Watch hält sie für kongolesische Hutu und „traditional warrior groups" (1999b, 2000b). Von einigen Kongolesen werden sie als Nachfolger der „Mulelisten", der Rebellenbewegung unter Pierre Mulele beschrieben. Bewaffnete Gruppen mit diesem Namen waren bereits in den Rebellionen der frühen 60er Jahre aktiv. Sie rekrutieren sich aus den Ethnien im Nord-Kivu, vor allem aus den Batembo, Bahunde, Banyanga und Banande. Sie sind jedoch keine ethnische Gruppe, sondern Banden von bewaffneten Jugendlichen und jungen Männern, meist ohne familiäre oder andere soziale Bindungen, „Sozialbanditen" (HOBSBAWN 1972), die schon seit Mitte der 80er Jahre im Maquis sind. Sie lebten damals vom Elfenbeinschmuggel und waren zeitweise zur „Kongolesischen Befreiungspartei" (Parti de Libération Congolais) zusammengeschlossen. Sie werden auch *Bangilima*, *Katuku* oder *Kadogo* genannt.

In den Dörfern gelten sie als „Hexer aus dem Regenwald", verfügen über moderne Waffen und stehen gleichzeitig im Ruf, magische Kräfte zu besitzen, Kugeln in Wasser verwandeln zu können. Daher auch der Name *Mai-Mai*, denn *mai* ist in vielen Sprachen der Region das Wort für „Wasser".[10] Außerdem sollen sie über die Fähigkeit verfügen, die Feinde mit Schwärmen von Mörderbienen angreifen zu können. Ein Zeuge berichtet, dass sie sehr zerlumpt gekleidet sind, Kleidung aus Rindenbast und Raphia tragen, Marihuana rauchen, aber niemals Alkohol trinken. Es sei ihnen strengstens verboten, die Bevölkerung zu bestehlen, sonst würden sich die Kugeln nicht in Wasser verwandeln. Sie haben auch ihre eigenen Tänze, um sich in Trance zu bringen[11].

Die *Mai-Mai*-Milizionäre sind ganz offensichtlich im Zusammenhang mit dem erneuten Aufkommen des „sozialen Banditentums" zu sehen. Mangel an Ressourcen, vor allem an Land, und eine große Zahl von „sozial Jüngeren", die keinen anderen „Ausweg" als den Griff zur Waffe habe, welcher das erste und meist auch das einzige Mittel rapiden sozialen Aufstiegs wird (de VILLERS/WILLAME 1999, S. 243; MATHIEU u.a. 1997). Die „sozialen Kadetten" sind eine große Gruppe von neuen Akteuren in vielen afrikanischen Ländern. Es sind die *Interahamwe* und *Inkotanyi* in Rwanda, die *Mai-Mai*, *Bangilima*, *Kadogo* und *Sans échecs* in Kongo-Kinshasa, die *Cobra*, *Zoulou*, *Ninja*, *Mamba*, *Cocoye* und *Aubevillois* in Kongo-Brazzaville. Es gibt sie von Sierra Leone bis Somalia, vom Sudan bis Burundi (WILLAME 1998b, S. 28).[12]

7   Die Dominanz des ethnischen Antagonismus

Ungeachtet anderer gesellschaftlicher Widersprüche wie Generation, Geschlecht oder Sozialstruktur scheint jedoch das ethnische Modell die dominantere und scheinbar verlässlichere Deutung und Handlungsleitung für die auf vielfältige Weise mit einander verflochtenen Akteure in Zentralafrika von Kigali bis Brazzaville zu sein. Die Annahme, wonach Konflikte Auseinandersetzungen zwischen zwei polaren ethnischen Gruppen sind, wenngleich es eine Vielzahl von ethnischen Gruppen gibt, ist weitverbreitet und gleichermaßen populär bei lokalen wie internationalen

---

[10] Parallele Vorstellungen gab es in anderen Rebellionen in Ostafrika, wie beispielsweise dem sogenannten Maji-Maji-Aufstand in Deutsch-Ostafrika von 1905/1906 (WRIGHT 1995).
[11] "La guerre de Masisi", in: Dialogue 192 (1996) S. 77-78; nach de VILLERS/WILLAME 1999, S. 241-242. Auch hier drängen sich sofort die Ähnlichkeiten zu Rebellenbewegungen in Norduganda auf, wie beispielsweise die *Holy Spirit*-Bewegung von Alice Lakwena (BEHREND 1993).
[12] Zu Kongo-Brazzaville, siehe BAZENGUISSA-G. 1997, 1998, 1999; YENGO 1998.

Akteuren. Diese bipolaren ethnischen Identitäten – Hutu gegen Tutsi oder Bantu gegen Hamiten oder Niloten – aufgepolstert durch den Diskurs von Autochthonie gegen Allochthonie sind Folge solcher Konflikte und liefern gleichzeitig die Argumentation für neue Konflikte. Die Spaltung der Gesellschaft in Zentralafrika in Hutu und Tutsi, in Bantu und Hamiten/Niloten ist durch einen relativ rezenten Prozess der Ethnogenese zustande gekommen, der die Folge und nicht die Ursache der Konflikte ist. Im Verlauf des Prozesses wurden soziale Kategorien oder „Identitätskategorien" („categories identitaires", FRANCHE 1995, S. 5), deren Inhalte deutlich regional und historisch variierten, in unveränderliche ethnische Kategorien umgewandelt. Zwar wissen wir um die Geschichte der zugeschriebenen ethnischen Kategorien, aber wir sollten uns davor hüten, sie als völlig künstlich abzutun. In Zentralafrika waren und sind jene Kategorien soziale Realität, und alle wissen, wer Hutu oder Tutsi ist, wer Bantu oder Hamite ist und somit wer zu verfolgen und umzubringen ist. Deshalb scheint das Aufbrechen dieser scheinbar primordialen, „naturgegebenen" ethnisch/rassischen Identitäten und der damit verbundenen politischen Mythen, zu deren Untermauerung Geschichte und Geschichtsschreibung herangezogen werden (C. NEWBURY 1998; D. NEWBURY 1997; VANSINA 1998), eine wichtige Voraussetzung für den Frieden in Zentralafrika zu sein.

Literatur

African Rights (1995): Rwanda. Death, despair and defiance. – London.

BARNES, William (1999): Kivu. L'enlisement dans la violence. – Politique africaine 73, S. 123-136.

BAZENGUISSA-GANGA, Rémy (1997): Les voies du politique au Congo. Essai de sociologie historique. – Paris.

BAZENGUISSA-GANGA, Rémy (1998): Les milices politiques dans les affrontements. – Afrique contemporaine 186, S. 46-57.

BAZENGUISSA-GANGA, Rémy (1999): The spread of political violence in Congo-Brazzaville. – African affairs 98, 390, S. 37-54.

BEHREND, Heike (1993): Alice und die Geister. Krieg im Norden Ugandas. – München.

BRANDSTETTER, Anna-Maria (1989): Herrscher über tausend Hügel. Zentralisierungsprozesse in Rwanda im 19. Jahrhundert. – Mainz.

BRANDSTETTER, Anna-Maria (1991): Ethnische und soziale Gruppen im vorkolonialen Ruanda. – In: U. LÖBER u. E. RICKAL (Hrsg. 1991): Ruanda. Begleitpublikation zur gleichnamigen Wanderausstellung des Landesmuseums Koblenz. – Landau, S. 51-62.

BRANDSTETTER, Anna-Maria (2001): Die Rhetorik von Reinheit, Gewalt und Gemeinschaft. Bürgerkrieg und Genozid in Rwanda. – In: J. ECKERT, S. CONRAD u. S. REICHARDT (Hrsg.): Reinheit und Gewalt. Politische Bewegungen und die Krise der Repräsentation. – Berlin (im Druck).

BUCYALIMWE MARARO (1997): Land, power, and ethnic conflict in Masisi (Congo-Kinshasa), 1940s-1994. – International journal of African historical studies 30, 3, S. 503-538.

Central Africa (1998): Central Africa in crisis. Issue 26, 1 [Themenheft].

CHAJMOWICZ, Monique (1996): Kivu. Les Banyamulenge enfin à l'honneur! – Politique africaine 64, S. 115-120.

CHRÉTIEN, Jean-Pierre (1985): Hutu et Tutsi au Rwanda et Burundi. – In: J.-L. AMSELLE u. Elikia M'BOKOLO (Hrsg. 1985): Au cœur de l'ethnie. Ethnies, tribalisme et état en Afrique. – Paris, S. 129-165.

ELIAS, Michel u. Danielle HELBIG (1991): Deux mille collines pour les petits et les grands. Radioscopie des stéréotypes hutu et tutsi au Rwanda et Burundi. – Politique africaine 42, S. 65-73.

EMIZET, K. N. F. (2000): The massacre of refugees in Congo. A case of UN peacekeeping failure and international law. – Journal of modern african studies 38, 2, S. 163-202.

FRANCHE, Dominique (1995): Généalogie du génocide rwandais. – Les temps modernes 50, 582, S. 1-58.

HOBSBAWM, Eric J. (1972): Die Banditen. – Frankfurt/M.

Human Rights Watch (1996): Forced to flee. Violence against the Tutsi in Zaire. – New York.

Human Rights Watch (1997): What Kabila is hiding. Civilian killings and impunity in Congo. – New York.

Human Rights Watch (1998): Democratic Republic of Congo (formerly Zaire). – In: Human Rights Watch (Hrsg.): World Report 1998. – New York. (http://www.hrw.org//hrw/worldreport/Africa-04.htm, Stand: 03.11.2000).

Human Rights Watch (1999a): Casualties of war. Civilians, rule of law, and democratic freedom. – New York.

Human Rights Watch (1999b): Democratic Republic of Congo. – In: Human Rights Watch (Hrsg.): World Report 1999. – New York. (http://www.hrw.org/worldreport99/africa/drc.html, Stand: 03.11.2000).

HUMAN RIGHTS WATCH (2000a): Democratic Republic of Congo. – In: Human Rights Watch (Hrsg.): World Report 2000. – New York. (http://www.hrw.org/wr2k/Africa-08.htm#TopOfPage, Stand: 03.11.2000).

HUMAN RIGHTS WATCH (2000b): Eastern Congo ravaged. Killing civilians and silencing protest. – New York.

JOHNSON, Dominic (1999a): Kabila fürchtet Putsch. Der Bürgerkrieg im Kongo ist an mehreren Fronten wieder voll im Gange. – Die Tageszeitung, Nr. 5992 vom 16.11.1999.

JOHNSON, Dominic (1999b): Kabilas Speerspitze gegen den Tutsi-Feind. – Die Tageszeitung, Nr. 5971 vom 22.10.1999.

JOHNSON, Dominic (1999c): Verzweiflung im Land der tausend Kriege. – Die Tageszeitung, Nr. 5963 vom 13.10.1999.

JOHNSON, Dominic (2000a): „Befördert die Tutsi in den Krater". – Die Tageszeitung, Nr. 6065 vom 11.2.2000.

JOHNSON, Dominic (2000b): Kabilas Chefhetzer. – Die Tageszeitung, Nr. 6189 vom 11.7.2000.

JOHNSON, Dominic (2000c): Kongos stiller Tod. – Die Tageszeitung Nr. 6146 vom 10.6.2000.

KAGAME, Alexis (1954): Les organisations socio-familiales de l'ancien Rwanda. – Brüssel.

KAGAME, Alexis (1972): Un abrégé de l'ethno-histoire du Rwanda. – Butare.

KENNES, Erik (1998): La guerre au Congo. – In: F. REYNTJENS u. S. MARYSSE (Hrsg.): L'Afrique des Grands Lacs. Annuaire 1997-1998. – Paris, S. 231-272.

LACGER, Louis de (1959): Le Rwanda. – (1. Ausg. 1933) Kabgayi.

LUBALA MUGISHO, Emmanuel (1998): La situation politique au Kivu. Vers une dualisation de la société. – In: F. REYNTJENS u. S. MARYSSE (Hrsg.): L'Afrique des Grands Lacs. Annuaire 1997-1998. – Paris; Anvers, S. 307-333.

MAFIKIRI TSONGO (1996): Mouvements de population, accès à la terre et question de la nationalité au Kivu. – In: P. MATHIEU, P.-J. LAURENT, J.-C. WILLAME (Hrsg.): Démocratie, enjeux fonciers et pratiques locales. Conflits, gouvernance et turbulences en Afrique de l'Ouest et centrale. Actes du séminaire de Louvain-la-Neuve (2 au 12 mai 1995). – Brüssel, S. 180-201.

MAQUET, Jacques (1954): Le système des relations sociales dans le Rwanda ancien. – Tervuren.

MARX, Jörg (1997): Völkermord in Rwanda. Zur Genealogie einer unheilvollen Kulturentwicklung. Eine diskurshistorische Untersuchung. – Hamburg.

MARYSSE, Stefaan u. Filip REYNTJENS (Hrsg. 1997): L'Afrique des Grands Lacs. Annuaire 1996-1997. – Paris, Montréal.

MATHIEU, Paul et al. (1997): Compétition foncière, confusion politique et violence au Kivu. Des dérives irréversibles? – Politique africaine 67, S. 130-136.

MCGREAL, Chris (1998): Why threatened Rwanda turned on Kabila. – Daily Mail & Guardian, 20.8.1998.

MCNULTY, M. (1999): The collapse of Zaire. Implosion, revolution or external sabotage? – Journal of modern African studies 37, 1, S. 53-82.

MOLT, Peter (1998): Congo/Zaire - Rwanda - Burundi. Stability with new military authorities? Study on the new order in Central Africa. – Politische Vierteljahresschrift 39, 3, S. 633-646.

NEUBERT, Dieter (1999): Dynamics of escalating violence. – In: G. ELWERT, S. FEUCHTWANG, D. NEUBERT (Hrsg.): Dynamics of violence. Processes of escalation and de-escalation in violent group conflicts. – Berlin, S. 153-174.

NEWBURY, Catharine (1988): The cohesion of oppression. Clientship and ethnicity in Rwanda, 1860-1960. – New York.

NEWBURY, Catharine (1998): Ethnicity and the politics of history in Rwanda. – Africa today 45, 1, S. 7-24.

NEWBURY, David (1997): Irredentist Rwanda. Ethnic and territorial frontiers in Central Africa. – Africa today 44, 2, S. 211-222.

PABANEL, Jean-Pierre (1991): La question de la nationalité au Kivu. - Politique africaine 41, S. 32-40.

PABANEL, Jean-Pierre (1993): Conflits et stratégies de tension au Nord-Kivu. – Politique africaine 52, S. 132-134.

PAGÈS, Amédée (1933): Au Ruanda sur les bords du Lac Kivu (Congo belge). Un royaume hamite au centre de l'Afrique. – Brüssel.

POURTIER, Roland (1996:): La guerre au Kivu. Un conflit multidimensionel. – Afrique contemporaine 180, 4, S. 15-38.

REYNTJENS, Filip (1999a): Briefing. The second Congo war. More than a remake. – African affairs 98, 391, S. 241-250.

REYNTJENS, Filip (1999b): La guerre des grands lacs. Alliances mouvantes et conflits extraterritoriaux en Afrique Centrale. – Paris.

REYNTJENS, Filip u. Stefaan MARYSSE (Hrsg. 1998): L'Afrique des Grands Lacs. Annuaire 1997-1998. – Paris, Montréal.

ROSENBLUM, P. (1998): Kabila's Congo. – Current history 97, 619, S. 193-199.

SANDERS, Edith R. (1969): Hamitic hypothesis. Its origin and functions in time perspective. – Journal of African history 10, 4, S. 521-532.

SCHATZBERG, Michael G. (1997): Beyond Mobutu. Kabila and the Congo. – Journal of democracy 8, 4, S. 70-84.

TEGERA, Aloys (1994): La réconciliation communautaire. Le cas des massacres au Nord-Kivu. – In: A. GUICHAOUA (Hrsg.): Les crises politiques au Burundi et au Rwanda (1993-1994). Analyses, faits et documents. – Paris, S. 395-402.

VANSINA, Jan (1998): The politics of history and the crisis in the Great Lakes. – Africa today 45, 1, S. 37-44.

VERHAEGEN, Benoît (1966/1969): Rébellions au Congo. – 2. Bde., Brüssel.

VIDAL, Claudine (1969): Le Rwanda des anthropologues ou le fétichismede la vache. – Cahiers d'études africaines 9, 35, 3, S. 384-401.

VIDAL, Claudine (1985): Situations ethniques au Rwanda. – In: J.-L. AMSELLE u. Elikia M'BOKOLO (Hrsg.): Au cœur de l'ethnie. Ethnies, tribalisme et état en Afrique. – Paris, S. 167-184.

VILLERS, Gauthier de (1998): Identification et mobilisation au Congo-Kinshasa. – Politique Africaine 72, S. 81-97.

VILLERS, Gauthier de u. Jean-Claude WILLAME, in Zusammenarbeit mit J. OMASOMBO u. Erik KENNES (1999): République démocratique du Congo. Chronique politique d'un entre-deux-guerres. Octobre 1996 – juillet 1998. – Paris.

WEISS, Herbert u. Benoît VERHAEGEN (Hrsg. 1986): Les rébellions dans l'est du Zaïre (1964-1967). – Brüssel.

WILLAME, Jean-Claude (1994): Gouvernance et pouvoir. Essai sur trois trajectoires africaines. Madagascar, Somalie, Zaïre. – Brüssel, Paris.

WILLAME, Jean-Claude (1998a): Laurent Désiré Kabila. Les origines d'une anabase. – Politique africaine 72, S. 68-80.

WILLAME, Jean-Claude (1998b): The "Friends of Congo" and the Kabila system. – Issue 26, 1, S. 27-30.

WILLAME, Jean-Claude (1997): Banyarwanda et Banyamulenge. Violences ethniques et gestion de l'identité au Kivu. – Paris.

WRIGHT, Marcia (1995): Maji-Maji. Prophecy and historiography. – In: D. ANDERSON, D. JOHNSON (Hrsg.): Revealing prophets. Prophecy in Eastern African history. – London, S. 124-142.

YENGO, Patrice (1998): "Chacun aura sa part". Les fondements historiques de la (re)production de la "guerre" à Brazzaville. – Cahiers d'études africaines 150-152, 38, 2-4, S. 471-503.

Tod am Gazellenfluss.
Staat, Souveränität und Repräsentation im heutigen Sudan

Richard Rottenburg

Prolog

Der Gegenstand dieses Textes liegt inmitten eines Minenfeldes. Autor und Leser haben indes das Privileg, lediglich die Fallstricke des eigenen Diskursfeldes beachten zu müssen. Wer heute über Korruption, Verbrechen und Staatsversagen, über Gewalt, Mord und Krieg in Afrika schreibt, kann es nicht vermeiden, sich in dem einen oder anderen Fallstrick zu verfangen. Es lassen sich vier verschiedene Ansätze erkennen, wie mit diesem Dilemma umgegangen wird.

Entweder man vertritt die Auffassung, dass es zur Verantwortung des wissenschaftlichen Beobachters Afrikas gehört, vor einer sich immer weiter zuspitzenden Katastrophe zu warnen. Man beschäftigt sich dann beispielsweise mit den rassistisch-völkischen Implikationen der südafrikanischen Ubuntu-Rhetorik nach dem Ende der Apartheid, oder man studiert die unzähligen und schamlosen Verletzungen zivilgesellschaftlicher Spielregeln südlich der Sahara. Oder man ist umgekehrt der Auffassung, dass die notorische Konzentration auf Katastrophen und die panische Vorhersage von immer schlimmeren Katastrophen in erster Linie auf eine eurozentrisch verzerrte Wahrnehmung Afrikas zurückzuführen sind. Die daraus folgende Berichterstattung resultiert in einer Karikatur, die das hervorbringt, was sie zu konstatieren behauptet. Um die negative Alterisierung des schwarzen Kontinents zu vermeiden, betrachten es die Vertreter dieses Standpunktes als ihre Pflicht, vornehmlich von hoffnungsfrohen Entwicklungen zu berichten – etwa unter dem Motto: „Afrika hilft sich selbst" oder „Jenseits von Jihad und McWorld".

Die erste Alternative spannt die Fallstricke für die zweite und umgekehrt. Als dritte Alternative kann man aus diesem Dilemma die Schlussfolgerung ziehen, vorsichtshalber nur noch kleinteilige Berichte zu verfassen, die sämtliche Fragen nach den Aussichten demokratischer Politik und verbindender Märkte tunlichst ausblenden. Die Abstinenz gegenüber allgemeinen Entwicklungsnarrativen und insbesondere gegenüber den großen Meisternarrativen der Moderne erscheint den Vertretern der dritten Alternative als höchste Tugend und wissenschaftliches Ideal.[1] Sie stolpern dann freilich über die Fallstricke der ersten beiden Alternativen. Von der einen Seite heißt es: „Der Kontinent steht in Flammen", während die andere Seite erklärt: „Der Kontinent erlebt seine Renaissance", doch beide Seiten erheben gemeinsam den Vorwurf, dass die dritte Alternative mit ihrer Beschränkung auf Detailstudien letztlich eine zynische und gleichzeitig naive Ausblendung der unhintergehbar politischen Funktion wissenschaftlicher Arbeit ist.

In einer dermaßen vertrackten Situation kann man schließlich versuchen, die Fallstricke durch Beobachtung zweiter Ordnung zu vermeiden. Statt sich fachwissenschaftlich und empirisch auf bestimmte Fälle in der afrikanischen Realität zu konzentrieren, versucht man aufzuzeigen, wie die vorhandenen Berichte über diese Fälle mit den Bezugsrahmen zusammenhängen, in denen sie verfasst wurden. Auf diesem Weg kommt man in der Regel allerdings auch wieder zu keinen substanziellen Aussagen über Afrika. Eher verfängt man sich im Diskurs über Afrika, ohne jemals wirklich dort anzukommen. Ich möchte in dem vorliegenden Aufsatz zeigen, dass man den vierten Weg nicht nur gehen und sehr wohl in Afrika ankommen kann, sondern dass man über diesen Weg besser ausgestattet ankommt, um die Ereignisse vor Ort richtig zu verstehen.[2]

Gleichwohl besteht der Zweck des vorliegenden Textes ganz sicher nicht darin, einen empirisch möglichst detaillierten und sachgetreuen Bericht der Ereignisse am Gazellenfluss zu liefern. Mir geht es vielmehr darum, eine *Deutungsfolie* für solche Ereignisse zu entwickeln. Bei einem derartigen Vorhaben kann es nicht ausbleiben, dass man durch Selektion und Konturierung bis zur Grenze des Zulässigen vereinfacht und dadurch bei denen Anstoß erregt, die meinen, dass man die Grenze bereits überschritten hat. Eine solche Gefahr nehme ich bewusst in Kauf, weil es dazu keine Alternative gibt. Zunächst gehe ich von der Frage aus:

---

[1] Innerhalb dieses Ansatzes gibt es zwei unterschiedliche Ausrichtungen, die sonst keine Gemeinsamkeiten haben: Die einen produzieren genaue und subtile lokalistische Ethnographien über verschwindende Welten; die anderen hingegen beschreiben ebenso präzise und differenziert die kleinsten Details von Transformationsprozessen. Beide verweigern indes die Positionierung ihrer ethnographischen Einblicke in allgemeine Transformationsprozesse.

[2] Die theoretische Folie für jenes Verfahren (die Überwindung der falschen Dichotomie von Objektivismus versus Anti-Objektivismus) habe ich in einem anderen Text entwickelt und möchte sie hier lediglich anwenden (siehe ROTTENBURG 1999).

Was ist der Fall, um den es im Folgenden gehen soll?[3]

In der Übergangszone (siehe Abb. 1), in welcher der Südsudan (topographisch, pedologisch, botanisch und klimatisch) ungefähr am 9. Breitengrad langsam in den Nordsudan übergeht, fließt von Westen nach Osten der Bahr El Arab (Fluss der Araber) hinter Abyei in den Bahr El Ghazzal (Gazellenfluss). Dieser mündet wiederum hinter Bentiu in den Weißen Nil, der später vor Malakal den aus Äthiopien kommenden Sobat aufnimmt. In der Geschichte, um deren Interpretation ich mich im folgenden bemühe, ist der *Gazellenfluss* nicht nur zu einer politischen Trennlinie, sondern zu einem Sinnbild für das destruktive Zusammenspiel von Inklusion und Exklusion geworden. Nördlich des Gazellenflusses, in der sudanesischen Provinz Südkordofan, spielt sich seit ungefähr 1985 eines jener afrikanischen Dramen ab, das den Betrachter sprachlos zurücklässt. Die Katastrophe Südkordofans gehört zum ebenso katastrophalen Südsudankonflikt, der hauptsächlich südlich des Gazellenflusses ausgetragen wird. Während der gut vier Jahrzehnte postkolonialer Unabhängigkeit herrschte im Sudan nur ein Jahrzehnt Frieden, zwischen 1972 und 1983. Ansonsten wütet im Südsudan seit 1955 der größte und längste Krieg Afrikas. Allein seit 1983 sind bei einer Bevölkerung von insgesamt 5 Millionen ungefähr 1,5 Millionen Opfer zu beklagen, sofern man diese überhaupt zählen kann.[4]

Trotz Unübersichtlichkeit der Lage lassen sich zumindest zwei Grundmuster erkennen, deren Evidenz unbestreitbar ist: Erstens hat der sudanesische Staat sein Gewaltmonopol aufgegeben und ist selbst zu einer unter mehreren Kriegsparteien geworden. Zweitens dient der Terror zumindest in Südkordofan – das ist die Region, auf die ich mich anfangs konzentriere – trotz alledem einem staatstragenden Zweck: Die ethnische Identität der „Nuba" soll im Zug einer gewalttätig geworde-

---

[3] Neben den zitierten Quellen verlasse ich mich bei meiner Argumentation auf eine gut dreijährige Feldforschung im Sudan zwischen 1979 und 1983 sowie auf eine ununterbrochene Beobachtung der sudanesischen Ereignisse von 1984 bis heute. Eine Beobachtung, die zwar aus großer Entfernung stattfindet, die aber die traumatische Nähe zu dem Wahnsinn des Krieges auch über die Jahre nicht verliert. Die methodische Herausforderung der vorliegenden Argumentation besteht darin, einen lokalen Vorgang in translokale Prozesse einzubinden bzw. Ethnographie auf große Entfernung zu betreiben. Die Literatur zum Südsudankonflikt, insbesondere zu seiner ersten Phase (1955-1972) ist umfangreich. In deutscher Sprache hat Albert WIRZ (1982, S. 172-292) einen solide recherchierten Überblick der ersten Phase des Krieges vorgelegt und im Zusammenhang der Dekolonisierung analysiert. Einen für meine Argumentation themenzentrierten und aktuellen Überblick gibt Gérard PRUNIER (1999). Dort finden sich auch Hinweise auf die wichtigsten Arbeiten zu den übrigen Aspekten des Südsudankonfliktes, die ich hier übergehen werde.

[4] Der Südsudan ist mit ungefähr 700.000 Quadratkilometern größer als die meisten Staaten Afrikas und doppelt so groß wie das wiedervereinigte Deutschland mit 80 Millionen Einwohnern.

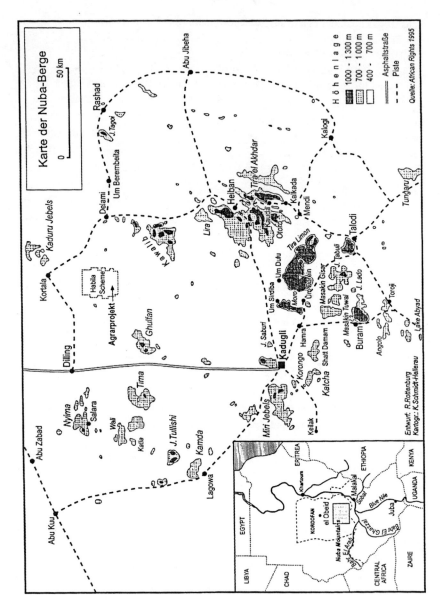

Abb. 1: Karte der Nuba-Berge

nen Autochthoniebewegung ausgelöscht werden.[5] Es gibt Anzeichen, dass es inzwischen nicht nur um die Elimination einer ethnisch-kulturellen Identität, sondern zunehmend um die physische Vernichtung der Nuba geht. Südlich des Gazellenflusses ist die Lage inzwischen so vertrackt, dass man von keinem wie auch immer gearteten Zweck reden kann, doch darauf komme ich erst später.

Wenn es heißt, die Nuba sollen beseitigt werden, scheint es zunächst klar zu sein, um wen es geht. Wer aber sind eigentlich „die Nuba"? Der Name „Nuba" bezieht sich auf ein heterogenes Bündel von Attributen, das einer schwer bestimmbaren Einheit zugeschrieben wird. Das Besondere an „den Nuba" ist nämlich die Tatsache, dass ihre ungefähr 50 verschiedenen Sprachen zu zehn verschiedenen Sprachgruppen gehören und dass sie eine verblüffende Vielfalt an soziokulturellen Formen hervorgebracht haben. Vor allen Dingen aber hat es niemals eine politische Einheit „der Nuba" gegeben. In der ethnographischen Literatur Südkordofans ist nach Siegfried NADELs Vorschlag die sogenannte „Berggemeinschaft" als politisch-territoriale Grundeinheit immer wieder bestätigt worden (Abb. 1). Mehrere Berggemeinschaften mit derselben Sprache nehmen sich in manchen Fällen als politische Einheit wahr, doch dies bleibt eine stets situationale und fluide Angelegenheit, wie es bei akephalen Gesellschaften die Regel ist. Es kommt auch vor, dass sich mehrere Berggemeinschaften zu einer Art Amphiktyonie zusammenschließen, welche die ethnolinguistischen Grenzen durchquert (NADEL 1947 sowie KRAMER und MARX 1993).

Die Diversität der südkordofanischen Berggemeinschaften ist durch die Auseinandersetzung mit den historisch jüngeren Herausforderungen nicht gesunken, sondern weiter angestiegen. Trotz der zunehmenden Unterschiede sind heute alle diese Menschen unterschiedslos Opfer einer staatlich organisierten Vernichtungskampagne. Dies ist um so erstaunlicher, als die ethnographische Literatur der siebziger und achtziger Jahre in Südkordofan, aber auch darüber hinaus im Süd-, Ost- und Westsudan vor allem ein Thema in den Vordergrund rückte: eine Art sudanesischer Virtuosität im Bereich multipler, situationaler Identitäten. Noch vor der Hybridisierungswelle, auf der etwa Homi BHABHA (1994) reitet, zeigte Wendy JAMES 1979 mit „Kwanim Pa. The Making of the Uduk People", wie das Zusammenbasteln von Identität funktioniert, ohne dass es jemals abgeschlossen werden könnte (JAMES

---

[5] Mit „Autochthonie" wird eine bestimmte postnationale und postethnische Reaktionsform bezeichnet, die im Zusammenhang mit einer sich beschleunigenden Globalisierung weltweit zu beobachten ist (GESCHIERE und NYAMNJOH 2000). Mit dem neuen Begriff soll der Tatsache Rechnung getragen werden, dass sich die Politik der Zugehörigkeit (im Sinne des Amerikanischen „politics of belonging") in den letzten rund zehn Jahren entscheidend verändert.

1979). Gerd BAUMANN führte 1987 den Begriff „redintegration" ein, um damit den gelungenen Balanceakt zwischen nationaler Integration und lokaler Integrität in den Miri-Bergen Südkordofans einzufangen. Ich selbst wählte 1989 im Anschluss an KROEBER (1940) den Begriff „Akkreszenz", um die Identitätsbastelei in den Moro-Bergen Südkordofans zu erfassen (ROTTENBURG 1989, 1991). Wir alle waren entrüstet über den essentialistisch-völkischen Titel des Fotobandes Leni RIEFENSTAHLS von 1976: „The Last of the Nuba".

Auf tragische Weise sollte RIEFENSTAHL zwar nicht mit der impliziten Begründung, aber doch im Endergebnis recht behalten. Irgend etwas ging mit dem friedlichen sudanesischen Hybridisierungs-Projekt, das wir so gerne studiert haben, gründlich schief. Und ich frage mich heute: Warum ist es so gekommen?[6]

Der erste Schritt auf dem Weg zu einer Antwort besteht wie immer darin, eine theoretische Folie zu wählen. Die zuvor gestellte Frage lautet dann folgendermaßen: Gehen Konflikte, die man üblicherweise als „ethnisch" bezeichnet, darauf zurück, dass Ethnien als politisch agierende Einheiten mit unterschiedlichen Interessen aneinander geraten? Sind also die zeitgenössischen ethnischen Konflikte Afrikas eine Art Überbleibsel vorkolonialer Verhältnisse, eine Fortführung alter Stammeskriege mit modernen Waffen? Oder ist es umgekehrt: Sind Konflikte, die hauptsächlich politische, ökonomische und ideologische Gründe haben, selbst die Ursachen für die politische Aufladung ethnischer Klassifikationen? Sind also die zeitgenössischen ethnischen Konflikte Afrikas eine postkoloniale Neuerscheinung? Über die Diskussion dieser schon etwas älteren Frage komme ich zu aktuellen Überlegungen. Es geht mir um fünf Aspekte, die bei der Entstehung sogenannter ethnischer Konflikte zusammenwirken: (1) das angeschlagene Modell des Nationalstaates, (2) die korrupte Aneignung des Staates durch Kapern, (3) humanitäre Intervention und politisierte Ethnizität, (4) die diskursive Produktivität von Inklusion und Exklusion sowie (5) die Politik der Autochthonie.

Soweit also der Fall, von dem hier die Rede sein soll, und die Deutungsfolie, mit dem die vermuteten Zusammenhänge sichtbar gemacht werden sollen. Im nächsten Abschnitt muss es somit um die Frage gehen:

---

[6] Diese Frage wurde von Fritz KRAMER (1991) in seiner Einleitung zu der Reihe „Sudanesische Marginalien" aufgeworfen, ohne dass er damals schon eine Antwort probieren wollte. Der vorliegende Text kann als Versuch verstanden werden, knapp zehn Jahre später – ein Zeitabstand, welcher der Dimension der Ereignisse und der Agonie der Betrachter angemessen erscheint – eine erste Antwort in die Diskussion zu werfen.

Was steckt dahinter?

Um eine Antwort zu finden, gehe ich von den soeben aufgezählten fünf Aspekten die ersten drei vergleichsweise zügig durch, um mich dann auf den vierten und fünften Aspekt zu konzentrieren, die für mich am wichtigsten sind. Ich fange mit dem angeschlagenen

(1) Modell des Nationalstaates

als erstem Aspekt an. Im Anschluss an Ernest GELLNER (1983/1991) gehe ich davon aus, dass ein Nationalstaat auf der Verwebung von Sprache, Kultur und Volk mit einer politischen Ordnung beruht, deren Legitimität wiederum im *Souveränitätsrecht des Volkes* gründet. Auch wenn bei der Mehrheit aller Staaten der Welt diese vier Dimensionen gesellschaftlicher Ordnung eben gerade nicht deckungsgleich sind, scheint dies wenig an der globalen Wirkung des Modells zu ändern. Die Gültigkeit des Modells ist deshalb schwer zu erschüttern, weil es seine eigene Voraussetzung schafft: das Staatsvolk als Souverän. Die performative Wirkung des Modells Nationalstaat kann sogar auch dann in gewisser Weise funktionieren, wenn das Modell eigentlich erfolglos bleibt. Dieser Mechanismus sieht folgendermaßen aus:

Nationale Homogenisierungsprojekte gehen in der Regel mit der Schaffung eines nationalen Arbeitsmarktes Hand in Hand, der wiederum der Ausdehnung von Marktwirtschaft und Industrialismus folgt. Homogenisierungsprojekte – etwa die Sudanisierung – fordern von denen, die sich anpassen sollen, ihren kulturellen Preis (etwa den Verlust der eigenen Sprache). Ebenso fordert die Ausdehnung eines kapitalistischen Arbeitsmarktes ihren Preis von denen, die dadurch zu Verlierern gemacht werden. Beide Verlusterfahrungen können in positiv verlaufenden Fällen teilweise kompensiert werden, wenn es zu einem volkswirtschaftlichen Wachstum kommt und die Früchte des Wachstums aus der Sicht der Betroffenen gerecht verteilt werden. Um die Funktion des Wachstums als Beschwichtigung gegenüber den Zumutungen von Kapitalismus und Homogenisierung zu pointieren, spricht GELLNER hier ironisch von einem „Bestechungsfond". Bleibt dieser Bestechungsfond aus oder wird nicht gerecht verteilt, wird dies in der Regel nun aber nicht als Beleg für das Scheitern des nationalen Homogenisierungsprogramms gelesen. Vielmehr wird das Prinzip Nationalstaat unerschüttert aufrechterhalten und statt dessen der Rahmen umdefiniert, den man als Nation bezeichnen möchte.

Konkret bedeutet dies, dass nationale Homogenisierungsprojekte ohne faire Verteilung eines Bestechungsfonds strategische Gruppen hervorbringen, die um innerstaatliche Verteilungsgerechtigkeit gegeneinander kämpfen. In den postkolonialen Staaten Afrikas (aber auch andernorts) können solche strategischen Gruppen ihre Legitimität und Effektivität oft dadurch erhöhen, dass sie sich ethnisch konstituieren bzw. bezeichnen. Dieser Mechanismus läuft am Ende darauf hinaus, Ethnien im Prinzip als Souveräne bzw. als Sub-Nationen zu konstituieren, die dann das quasi natürliche Recht auf Selbstbestimmung nach dem Modell des Nationalstaates einklagen. Damit ist häufig ein Nationalisierungsprojekt gegen ein anderes, meist kleineres ausgetauscht. Und es entsteht der falsche Eindruck, dass das Scheitern des ersten Projektes eben daran lag, dass es auf keine „natürlich" gegebene Nation zurückgreifen konnte. In diesem Sinn trägt auch noch das Scheitern eines nationalen Homogenisierungsprojektes zur Verfestigung des Modells Nationalstaat bei. Die deutlichsten Lehrbeispiele stammen aus dem Bereich des zerfallenen Jugoslawiens und der postsowjetischen Staaten.

Die Einführung des Staates hat indes eine weitere Folge, die wiederum die Erfolgsaussichten nationaler Homogenisierungsprojekte à la Sudanisierung beeinflusst: Als organisierter Apparat besteht die heikelste Aufgabe des Staates darin, den erwähnten Bestechungsfonds zu füllen, zu verwalten und zu verteilen. An dieser Stelle wäre ausführlich auf die Frage einzugehen, wie es um die intermediären Institutionen des modernen Staates im Sudan bzw. in anderen Staaten Afrikas bestellt ist. Es müsste hier um die Funktionsweise und Effektivität der Institutionen gehen, die für die Produktion von Vorhersehbarkeit bei der Austragung von Interessengegensätzen und Konflikten ausschlaggebend sind: Rechtsapparat, Verfahrensregelung, Bürokratie, Interessenvertretungen (Parteien, Gewerkschaften, Verbände), preisbildende Märkte und viele andere Konfliktlösungsmechanismen.[7] Im Rahmen des gewählten Fokus muss ich diesen wichtigen Komplex abkürzen und auf einen Punkt reduzieren. Es geht mir im folgenden Schritt um das, was ich als zweiten Aspekt die korrupte

(2) Aneignung des Staatsapparates durch Kapern
bezeichnen möchte.[8] Ich beginne deutlichkeits- und vorsichtshalber mit einem euroamerikanischen Beispiel: Die Verbindung von parlamentarischer Demokratie und Wohlfahrtsstaat führt zwangsläufig zu immer weiteren wahlstrategischen Wohlfahrtsversprechungen. Diese aber treiben den Staat langsam in die Zahlungsunfä-

---

[7] Ein Überblick über jene Debatte findet sich in COMAROFF und COMAROFF (1999).
[8] Ich orientiere mich in diesem Abschnitt an Jean-Francois BAYART (1993), Georg ELWERT (1987) und an eigenen Untersuchungen zur Aneignung von Organisationsmodellen in verschiedenen afrikanischen Staaten: ROTTENBURG (1994, 1996, 1999, 2000).

higkeit bzw. in den Zustand, wo der Bestechungsfond nur noch aus Anleihen besteht, die man sich von nachwachsenden Generationen holt, die noch keine Wahlstimme haben. Diese Umfunktionierung des Wohlfahrtsstaates und die Frage, wie sie sich beheben lässt, liefert den Stoff für die brisanteste politische Auseinandersetzung nach dem Ende des Kalten Krieges.

In Afrika geht es im Prinzip um dasselbe Problem: nämlich um das Rentenverhalten derjenigen, die an den entsprechenden Stellen des Staatsapparates sitzen. Allerdings, und das ist der Unterschied, tritt das Problem hier in einer radikalisierten Form auf: „The president's people", so zeigt sich mit beklemmender Regelmäßigkeit, teilen sich solange die einträglichen Posten im Staatsapparat, bis sie mit Gewalt vertrieben werden. Sobald es dann tatsächlich zu einem Machtwechsel kommt, kapern viele der neuen Machthaber den Apparat und setzen ihn mehr oder weniger skrupellos für ihre eigene ethnisch oder religiös aufgebaute Klientel ein. Der letzte Wechsel dieser Art fand im Sudan schrittweise ab ungefähr 1980 statt und war etwa zehn Jahre später vollzogen: Wer heute im Sudan etwas werden möchte, kann das nur durch das Wohlwollen der National Islamic Front (NIF) erreichen, die sich den Staatsapparat restlos gekapert hat.[9]

Das Problem des Kaperns entzündet sich in der Regel in dem Bereich, wo ein Zusammenhang zwischen beruflicher Qualifikation und Marktchancen erwartet wird. Im Hinblick auf nationalstaatliche Modernisierung wurden in allen Ländern Afrikas ab Mitte der sechziger Jahre und mit der Unterstützung der internationalen Entwicklungszusammenarbeit Anstrengungen im Bildungsbereich unternommen. Während die Schulen und Universitäten immer mehr Absolventen entließen, wuchs der Stellenmarkt nicht in demselben Tempo. Zurück blieben relativ gebildete, politisch engagierte junge Männer, denen große Aussichten gemacht wurden, die sie nun enttäuscht fanden. Besonders prekär wurde diese Erfahrung in dem Moment, als sich herausstellte, dass die knappen Stellen im Staatsapparat und in den staatlichen Unternehmen über ethnische Netzwerke verteilt wurden.

Die führenden Kräfte innerstaatlicher Konflikte Afrikas rekrutieren sich in aller Regel aus dem Kreis junger Männer mit Universitätsabschlüssen, die auf der Suche nach einer Lösung für diese Enttäuschung sind. Häufig werden bei dem Kampf um

---

[9] Eine bestechende Darstellung diverser Staatsstreiche in Afrika liefert Ryszard KAPUSCINSKI (1999), der im Tonfall verzweifelter Liebe zu dem Kontinent und seinen Menschen schreibt. Es ist nach der CDU-Spendenaffäre in Deutschland fast schon üblich geworden, in solchen Zusammenhängen auf die frappierenden Ähnlichkeiten von Machtmechanismen an allen Orten zu verweisen. Dieser Gestus trägt dazu bei, die eklatanten Differenzen zu verharmlosen und damit mögliche Ursachen für „civil war" statt „civil society" zu verschleiern.

Verteilungsgerechtigkeit wiederum ethnische Bande mobilisiert. Das ist nicht nur eine effektive Vorgehensweise, sondern – wie ich im vorausgehenden Abschnitt gezeigt habe – auch eine Anpassung an den geltenden Legitimitätsdiskurs des Modells Nationalstaat. Auf unseren Fall bezogen lässt sich feststellen, dass in den siebziger Jahren die ersten Studenten der Universität Khartoum, die aus den Nuba-Bergen kamen, im Untergrund politische Verbände aufbauten, die der Politik der Arabisierung und Islamisierung eine Nuba-Identität entgegenstellten.[10]

Eine Kaperleistung, die für den Südsudankonflikt ausschlaggebend sein sollte, wurde noch von Präsident Nimeiri vollbracht. Am Gazellenfluss im Südsudan befinden sich reiche Erdölquellen, zu deren Erschließung die amerikanische Firma Chevron zwischen 1980 und 1984 1,7 Milliarden Dollar investiert hat. Jahre bevor der erwartete Geldsegen einsetzen konnte, stellte sich die Regierung einen Kaperbrief aus, indem sie die Autonomie des Südsudan 1981 wieder aufhob. Auf die Weise sollte sichergestellt werden, dass die Einnahmen nicht in den Süden nach Juba, sondern in den Norden nach Khartoum fließen.

Die sudanesische Liste ähnlich herausragender Kaperleistungen großen Stils ist ziemlich lang, und alle führen gemeinsam direkt oder indirekt zum Staatsversagen. Für die Situation nördlich des Gazellenflusses ist folgende Aushöhlung rechtsstaatlicher Verhältnisse von ähnlicher Bedeutung, wie die Geschichte des Erdöls für die Situation im Süden:

Die arabischen Staaten jenseits des Roten Meeres haben seit den frühen siebziger Jahren ein strategisches Interesse an den landwirtschaftlichen Anbauflächen des Sudan. Unter günstigen politischen und ökonomischen Bedingungen könnten diese Flächen angeblich in einen Brotkorb des Orients verwandelt werden. Ob dieses Bild realistisch ist oder nicht, lässt sich schwer sagen, da die landwirtschaftlich interessanten Flächen in einem west-östlich verlaufenden Gürtel zwischen dem 9. und dem 12. Grad nördlicher Breite liegen, der mit rund 300 mm Regen pro Jahr eher prekär mit Wasser versorgt ist. Auf jeden Fall aber wirkt das Brotkorb-Bild und hat verheerende Folgen für ganze Landstriche nach sich gezogen. Südkordofan liegt genau in jenem Gürtel zwischen Wüste und Nilsümpfen, der für die Realisierung dieser Fortschrittsvision interessant ist. Voraussetzung einer marktorientierten Nutzung der fruchtbaren Böden Südkordofans ist die Enteignung der ansässigen Subsistenz-Bauern, um großangelegte mechanisierte Farmen entstehen zu lassen. Die politische Führung konfisziert seit den siebziger Jahren die besten Böden und teilt sie nach

---

[10] Bekannt wurden vor allem die Verbände „Komolo" (Jugend) und „As-Sakher al Aswad" (Der Schwarze Fels).

ethnisch-religiösen Kriterien Männern des sudanesischen Kernlandes zu, deren politische Loyalität damit erkauft wird. Teils wird der Boden auch in staatlichen Produktionsgenossenschaften zusammengefasst. Der friedlichen – auch der marktwirtschaftlichen – Weiterentwicklung lokaler Formen wird auf diese Weise politisch buchstäblich der Boden unter den Füßen gezogen.[11]

Sofern die Einführung der Scharia-Gesetze überhaupt noch in die Kategorie des Kaperns passt, war dies freilich der gewaltigste und folgenreichste Akt. Im September 1983, also nur zwei Jahre nach der Aufhebung der Autonomie des Südsudan führte Präsident Nimeiri, dessen Machtbasis im Niltal wackelig geworden war und der sich infolgedessen auf Kompromisse mit den sogenannten Moslembrüdern einließ, die Scharia ein. Dadurch war der erste Schritt in Richtung einer „islamischen Erneuerung" des Sudan getan, die einen Großteil der Bevölkerung nach und nach zu Fremden im eigenen Land machen sollte.

Die zwei soweit skizzierten und miteinander kausal verknüpften Mechanismen – die Durchsetzung des Modells Nationalstaat und das Kapern des Staatsapparates – , die ich hinter sogenannten ethnischen Konflikten vermute, ziehen ein bestimmtes Reaktionsmuster seitens der euro-amerikanischen Öffentlichkeit und Politik nach sich, das selbst wiederum zum dritten Mechanismus wird. Es lässt sich heute nämlich kaum noch übersehen, dass

(3) Humanitäre Intervention und politisierte Ethnizität
miteinander zusammenhängen.[12] Als Ergebnis des fatalen Zusammenwirkens eines Prozesses der Nationenbildung ohne Bestechungsfond auf der einen und Politik durch Kapern auf der anderen Seite kommt es zu einer Fundamentalisierung und gelegentlich zu einer Brutalisierung der nationalen Identitätsfrage. Sobald sich diese Entwicklung etwa mit natürlichen Katastrophen oder mit Hungerkrisen verbindet, kommt es leicht zum Ausbruch von Gewalt und Krieg und damit zur Eskalation von Hungerkrisen. Daraufhin intervenieren die Staaten der nördlichen Hemisphäre, sofern ihre Eigeninteressen betroffen sind oder weil sie Schlimmeres verhindern wollen, das sie am Ende vielleicht teurer zu stehen kommt. Damit soll nicht gesagt sein, dass prinzipielle und ethische Erwägungen hierbei keine Rolle spielen, zumal es genau genommen so ist, dass in den letzten Jahren weniger Staaten intervenieren,

---

[11] In Abb. 1 ist im Norden, südöstlich von Dilling, mit dem „Habila Scheme" das größte unter den Projekten des hier gemeinten Typs eingezeichnet. Kleinere Versionen davon sind über ganz Südkordofan verteilt.
[12] Ich folge in diesem Abschnitt zum Teil Ansätzen von Alex de WAAL (1997a,b) Gérard PRUNIER (1999), François JEAN (1999) und Tim ALLEN (1999).

als global operierende Netzwerke von sogenannten Nichtregierungsorganisatio-nen, die unter dem Banner universaler Menschenrechte arbeiten. Die humanitär meist unstrittigen Interventionen in Katastrophengebieten tragen indes in doppelter Weise zur politischen Aufladung von Ethnizität bei.

Zum einen richten sie sich an eine Opfergruppe, die in der Regel erst durch das zugefügte Leid zu einer ethnischen Einheit gemacht wurde. Damit wird mit der Hilfeleistung die ethnische Klassifikation, die sich im Konflikt fatal zugespitzt hat, weiter bestätigt. Zum anderen wird das Prinzip staatlicher Ordnung, dessen Erodierung ja eine der Ursachen des Desasters war, durch NRO-Interventionen weiter erschüttert. Denn Interventionen dieser Art können sich kaum auf jene staatlichen Instanzen verlassen, die gleichzeitig für die Katastrophe verantwortlich gehalten werden. Die Lösung besteht dann unvermeidlich darin, für den Empfang der Hilfestellung neue Strukturen aufzubauen, die ihre Legitimität daher beziehen, dass sie die Opfergruppe repräsentieren, die wiederum ethnisch konstituiert ist. Der erste Fall, in dem sich dieses Muster abzeichnete, war laut Tim ALLEN (1999) der Biafra-Krieg.

Sobald es einmal soweit ist, wiederholt sich derselbe Mechanismus wie mit dem postkolonialen Nationalstaat: Die Repräsentanten haben nunmehr ein Interesse daran, ihre Positionen zu bewahren. Ob ihnen das gelingt, hängt stark davon ab, ob diejenigen, die sie repräsentieren, ein zufällig zusammengewürfelter Haufen hungernder Menschen bleibt oder ob sie sich tatsächlich als ethnische Einheit mit Souveränitätsrechten konstituieren, was dann eine politische Repräsentation legitimiert. Ebenso stark hängt die Überlebensfähigkeit der neuen Repräsentationsstruktur davon ab, wie fest sie sich im globalen Netz der Nicht-Regierungsorganisationen und der Medien verankern können. Auf jeden Fall aber ist das Ergebnis eine weitere Aushöhlung postkolonialer nationalstaatlicher Souveränität und damit eine folgenreiche Veränderung der Politik der Zugehörigkeit.

Im vorliegenden Fall geht es hier hauptsächlich um die sogenannte „Operation Lifeline Sudan" (OLS). Dies ist die teuerste und größte Rettungsaktionen seit der Berliner Luftbrücke. Sie wurde 1990 von einem Zusammenschluss von gut 40 NROs unter der Federführung von UNICEF eingerichtet. Konkret handelt es sich um eine Luftbrücke, über welche die Hungernden des Südsudan von Lokichokio im Norden Kenias mit Lebensmitteln und Hilfsgütern versorgt werden. Die über „Operation Lifeline Sudan" in das Kriegsgebiet des Südsudan eingeflogenen Ressourcen haben sicherlich einiges Leid gemildert. Sie haben aber gleichzeitig die Kampffähigkeit aller Kriegsparteien gestärkt und selbst den Anlass für weitere Kriegshandlungen abgegeben. Dabei haben sie – allein schon durch die Standortwahl der Landepisten – zu einer immer stärkeren Zersplitterung beigetragen.[13] Um die unterschiedliche Entwicklung in Südkordofan und im Südsudan zu verstehen, ist es wichtig, die Tatsache im Auge zu behalten, dass die Khartoumer Regierung es bisher nicht erlaubt hat, die OLS auf Südkordofan auszudehnen.

Von den einleitend aufgezählten fünf Aspekten, um deren Funktion im innersudanesischen Krieg es mir geht, komme ich nun ausführlicher zu dem, was ich als diskursive

(4) Produktivität von Inklusion und Exklusion

bezeichnen möchte. Es wird gleich im Einzelnen zu zeigen sein, wie dieser vierte Aspekt die ersten drei Aspekte unterläuft bzw. überschreibt. Zwischen dem Sudan und dem Westen hat sich im Laufe des vergangenen Jahrhunderts ein eigenwilliges Zwillingsmuster von Inklusion-Exklusion entfaltet, das immer wieder politisch instrumentalisiert werden konnte. Zum Verständnis dieses Mechanismus ist hier zunächst ein Schritt zurückzugehen.

Schon im Zuge der britischen Kolonisierung zeichnete sich im Sudan deutlicher als in vielen anderen afrikanischen Fällen die Wirkmächtigkeit des abendländischen Bildes vom „guten Wilden" ab, dessen Kehrseite unvermeidlich der „böse Wilde" ist. Die beiden Aussagen, „Der Wilde ist gut" und „Der Wilde ist böse", haben zunächst einen gemeinsamen externen Referenten und können sich infolgedessen nur durch den jeweiligen Bezugsrahmen unterscheiden, in dem die Klassifikation „gut" / „böse" vorgenommen wird. Sowohl „gut" als auch „böse" beziehen sich auf einen relativen Mangel an Zivilisation. Wenn aber Zivilisation in einem Bezugsrahmen dekadent und entfremdend sein kann, in einem anderen aber fortschrittlich und befreiend, changiert der Mangel an Zivilisation umgekehrt proportional dazu.

Denselben Sachverhalt kann man auch so beschreiben: Das Primitive als das ganz Andere evoziert zugleich Abwehr und Verlangen. Das unerreichbare Fremde wird zunächst zur absoluten Alterität stilisiert, um im nächsten Schritt mimetisch angeeignet zu werden. In der politischen Praxis kommt es indes häufig, wenn auch nur situational, zu einer Trennung von Alterität und Mimesis, so als würden sie sich auf unterschiedliche externe Referenten beziehen. Es geht dann nicht mehr um die zwei Seiten derselben Sache, sondern um zwei verschiedene Sachen. Konkret heißt dies, dass bestimmte Menschen alterisiert und andere mimetisch vereinnahmt wer-

---

[13] *Die Zeit*, Nr. 37, 3. September 1998, S. 15-18. John RYLE (1998).

den. Die einen werden Mechanismen der Exklusion ausgesetzt, die anderen solchen der Inklusion.[14]

Die „guten" Sudanesen sind von Anbeginn diejenigen gewesen, die sich für die Rolle des „edlen Wilden" eigneten: die „heidnischen" und „authentisch lebenden" Schwarzafrikaner des Südsudan und der Nuba-Berge, die von den „zersetzenden Einflüssen fremder Zivilisationen" weitgehend unberührt geblieben waren. Die britische Kolonialverwaltung sah eine ihrer fürsorglichen Aufgaben darin, die Eigenarten dieser „unschuldigen" Menschen vor dem entfremdenden Einfluss der dominanten und wirtschaftlich erfolgreicheren arabisch-islamischen Niltalbewohner zu schützen. Aus britischer Perspektive galten die Schwarzafrikaner als autochthon, während die arabisch-islamischen Nordsudanesen als fremde Eindringlinge allochthon waren. Ihnen wurde zudem der negative Ruf geschäftstüchtiger Kaufleute ohne Scholle und Heimat angeheftet, so dass darüber der spätere den früheren Kolonialisten ins Unrecht setzte.

Diese vielleicht wohlmeinende koloniale Unterscheidung untergräbt seit 1955 die Geschlossenheit des Sudan. Sie macht die ehemaligen Schützlinge der Kolonialregierung, die heute im islamisch aufgeladenen Niltal von manchen als Schandfleck des Sudan empfunden werden, zur inneren Bedrohung einer postkolonialen arabisch-islamischen Identität, die alle (nun in einem anderen Sinn) autochthonen Sudanesen umfassen soll, dies aber nicht mehr jenseits der kolonial etablierten Trennung von Zivilisation versus Barbarei leisten kann. Der einleitend erwähnte Fotoband von Leni RIEFENSTAHL ist das vielleicht eindrücklichste Beispiel dafür, wie die westliche Faszination durch den guten Wilden, diesen zum Schandfleck seines eigenen Landes machen kann. Die Aneignung der nackten, jungen, gesunden und vitalen Nuba-Körper durch die mimetische Reproduktionstechnologie Photographie

---

[14] Zur inneren Zusammengehörigkeit der „guten" und der „bösen" Seite des Wilden und ihrer konstitutiven Funktion für die Entstehung der akademischen Ethnologie siehe Fritz KRAMER (1977) und Karl-Heinz KOHL (1981 und 1987). Während Fritz KRAMER (1987) die Bedeutung von Mimesis und ihre Rolle im Umgang mit Alterität herausgearbeitet hat, demonstrierte Michael TAUSSIG (1993/1997) vor allen Dingen die politische Instrumentalisierung des Wechselspiels von Mimesis und Alterität sowie die brisante Aktualität dieser diskursiven Produktivität, die sich in der Funktion sogenannter mimetischer Maschinen (Aufzeichnungs- und Wiedergabemaschinen) niederschlägt. Für den Zweck meiner Ausführungen ist es in Ordnung, wenn ich auf den psychologischen und epistemologischen Tiefgang dieser Argumentation nicht weiter eingehe und folglich auch lieber von der diskursiven Produktivität spreche, die sich zwischen Inklusion und Exklusion entfaltet. Die Behauptung, dass diskursive Praktiken produktiv seien und soziale Tatsache hervorbringen können, wird üblicherweise auf Michel FOUCAULT (1970/1994) zurückgeführt.

bedeutet gleichzeitig die Alterisierung dieser Körper, die im sudanesischen Kontext politisch instrumentalisiert wird.[15]

Das uralte Zwillingsmuster von Inklusion und Exklusion ist im Laufe der letzten rund zwanzig Jahre auf eine vorher nie dagewesene Weise reaktiviert worden. Wie schon der erste Ansatz zu dieser mentalen Kartierung nicht aus den Bedingungen des Sudan selbst ableitbar war, hängt auch ihre neue Reaktivierung mit weit entfernten Prozessen zusammen, die sich wiederum auf besondere Weise mit lokalen Prozessen verknüpfen. Auf die politische Instrumentalisierung des Zwillingsmusters ist im Folgenden genauer einzugehen.

Ähnlich dem Iran und dem Irak gilt der Sudan im westlichen Diskurs seit dem islamistischen Militärputsch von 1989 als „Schurken-Staat", der gegen seine eigene Bevölkerung Krieg führt. Und man scheint sich in Khartoum tatsächlich alle Mühe zu geben, diesem Image gerecht zu werden. So forderten empörte Demonstranten während des Golfkrieges (am 27. Januar 1991) in Khartoum die Bombardierung des Nilstaudamms von Assuan, um den nördlichen Nachbarn Ägypten dadurch zu vernichten.[16] Ägypten hatte damals das arabische Verteidigungsabkommen so ausgelegt, dass Kuwait gegen die irakische Invasion zu verteidigen sei und entsandte infolgedessen Soldaten an den Golf. Der sudanesischen Regierung, die auf irakischer Seite stand, schien die aggressive Forderung der Demonstranten gerade recht zu kommen (wenn sie sie nicht sogar selbst initiiert hatte). Die Bombardierung des Staudamms hätte eine Flutwelle zur Folge gehabt, die das gesamte ägyptische Niltal zerstört und die 12-Millionen-Stadt Kairo ins Meer gespült hätte – aus der Sicht der Khartoumer Demonstranten offenbar eine gerechte Strafe für die Abtrünnigen, die mit dem Erzfeind USA kollaborierten. Die Khartoumer Regierung distanzierte sich erst am 5. Februar 1991 von der Forderung der Demonstranten.

Diese Geschichte lässt sich auf zwei Arten deuten. Nach der einfacheren Version hat sich die Khartoumer Regierung durch ihre Nicht-Stellungnahme zwischen dem 27. Januar und dem 5. Februar 1991 politisch unmissverständlich auf die Seite des Irak positioniert und sich zum Programm der ägyptisch-islamistischen Kampfgruppen Jihad und Gamaat Islamiya bekannt – und dies eben zu einer Zeit, als

---

[15] Michael TAUSSIG schreibt analog über Indianer in Amerika: „Aber während die Phantomgestalt des reinen Indianers zum Objekt der Begierde der Ersten Welt wird, ist der gleiche Indianer Anlass für Unruhe in der Dritten Welt, ja sogar Objekt der Auslöschung – wie in Guatemala, um ein bekanntes Beispiel anzuführen (...)" (1993/1997, S. 145).
[16] Die kriegerischen Auseinandersetzungen des Golfkrieges (Operation Desert Storm, Operation Desert Sabre) dauerten vom 16. Januar bis zum 28. Februar 1991. Zur Bombendrohung von Khartoum siehe die TAZ vom 29.01.1991 Nr. 3318, S. 12.

NATO-Bomber ihre Einsätze gegen den anderen „Schurken" in Bagdad flogen. Es gibt aber Anlass, eine weniger einfache Version in Betracht zu ziehen.

Am 6. Februar 1991 war auf der Titelseite der ägyptischen Zeitung *Al-Gumhuriya* (Kairo) in einer längeren Meldung zu lesen, der sudanesische Sender Radio Omdurman habe am Vortag die Stationierung irakischer Raketen im Sudan dementiert. Die Geschichte von den Raketen sei laut Radio Omdurman von dem westlichen Sender ABC und einem Ex-General der Sudan Defence Force (SDF) verbreitet worden. Die NATO habe daraufhin befürchtet, dass man vom Territorium des Sudan saudische Ölquellen und den Assuan-Staudamm bombardieren wolle. In Wirklichkeit habe es weder die Raketen noch solche Pläne jemals gegeben. So gesehen könnte man meinen, dass die Demonstration in Khartoum vom 27. Januar 1991 eher mit den Protestmärschen vergleichbar war, die in den sechziger Jahren in westlichen Städten gegen die Rolle der USA im Vietnamkrieg stattfanden. Von solchen Protesten brauchen sich Regierungen üblicherweise nicht zu distanzieren. Folgerichtig könnte das Problem weniger im Kriegsgeheul der Demonstranten gelegen haben, als in der Art, wie es von westlichen Sendern aufgegriffen und von der NATO für bare Münze genommen wurde.

Ohne den tatsächlichen Sachverhalt kennen zu müssen, kann man als Ergebnis dieser Episode festhalten: Im Sudan findet ein Ereignis statt, das aus westlicher Perspektive unmittelbar abstoßend wirkt: Empörte Massen fordern den Tod von Millionen Menschen. Für ihre mediale Repräsentation müssen solche Ereignisse indes in größeren Narrative verortet werden, um überhaupt einen translokalen Nachrichtenwert zu erhalten. In dem vorliegenden Fall wird dies hauptsächlich über die Zuordnung zu drei Narrativen erreicht, die den medialen Diskurs über den Vorderen Orient kennzeichnen: Erstens wird das Kriegsgeheul als Regierungsmeinung und zweitens als islamistische Verirrung dargestellt; drittens wird die Quelle jener Verirrung außerhalb des Sudan vermutet, so dass implizit eine strategische Steuerungszentrale der Bewegung unterstellt wird.

Durch diese Verortung des Ereignisses in bestehende Narrative werden weitgehend unbemerkt bestimmte Situationsdefinitionen verfestigt. So wird beispielsweise das Volk der Sudanesen und ihre Kultur insofern entlastet, als das abstoßend Böse als ideologische Verirrung kategorisiert wird, die fremdgesteuert erscheint. Dagegen werden die Demonstranten durch ihre Klassifikation als Handlanger der Regierung zusammen mit dieser Regierung delegitimiert. Zurück bleibt eine Zweiteilung der Sudanesen: Auf der einen Seite stehen gute und vernünftige Menschen, auf der anderen Seite böse und ideologisch infizierte Fanatiker. Schließlich wird durch die

Alterisierung und Dämonisierung dieser Fanatiker die brisante Frage nach einer religiös beglaubigten Politik, wie sie etwa am Nil inbrünstig gestellt wird, ausgeblendet. Man muss zwar die Gefahr ernst nehmen, die von ihnen ausgeht, nicht aber ihre Sichtweise und ihre Argumente. Statt dessen wird ein historischer Akteur „Islam" konstruiert, der weder territorial oder national, noch diskursiv verankert scheint, sondern ebenso ortlos allgegenwärtig ist, wie sein Gegenpart, der „Westen". Nunmehr stehen sich nicht mehr kleinere, örtlich begrenzte Positionen gegenüber, sondern es geht ums Ganze: Vernunft versus Wahnsinn.[17]

Mediale Repräsentationen dieser Art wirken dann sowohl in den Kontext ihrer Herstellung hinein, als auch in den Ort, über den berichtet wurde. Für diejenigen, die den Golfkrieg auf westlicher Seite zu verantworten hatten, war die mediale Repräsentation der Khartoumer Demonstration und der damit in Zusammenhang gebrachten irakischen Raketen im Sudan Anfang des Jahres 1991 äußerst willkommen: Sie half dabei, den Sinn des Krieges zu legitimieren. Für diejenigen aber, die am Nil die religiöse Aufladung von Politik zu verantworten hatten, kam die mediale Repräsentation ebenfalls gelegen, da sie die Dämonisierung des Islam durch den Westen belegte.[18]

Wieweit die internationale Exklusion des islamischen Sudan infolge dieses und ähnlicher Vorgänge der wechselseitigen Zuschreibung von Interessen, Motiven und Identitäten knapp zehn Jahre später fortgeschritten war, konnte man im August 1998 erleben. Als Rache für die Bombenanschläge vom 7. August 1998 auf die amerikanischen Botschaften in Nairobi und Dar Es Salaam zerstörte die US-Army am 20. August ein vermeintlich strategisches Ziel im Norden der Stadt Khartoum durch eine Cruise missile, die von einem Schiff der US-Marine im Roten Meer abgeschossen wurde. Drei weitere Missiles gingen nach Afghanistan.[19]

---

[17] Bernhard STRECK (1993, 1997, S. 115-122) ist der einzige mir bekannte Ethnologe, der sich die Mühe gemacht hat, die islamisch-eschatologische Aufladung der Politik im Sudan in einen Zusammenhang zu stellen, der die Plausibilität nachvollziehbar erscheinen lässt, die sie für ihre Anhänger hat, und die damit einhergehende Rationalisierung der sudanesischen Gesellschaft nicht unterschlägt.

[18] Die theoretische Folie für eine Analyse von Politik als Inszenierung hat Murray EDELMAN (1988) geliefert.

[19] John COOLEY (1999) hat die Dynamik der politischen Arena des Vorderen Orients anhand wechselnder Freund-Feind-Zuordnungen analysiert. Es geht ihm hauptsächlich um den Nachweis, dass die Kalte-Krieg-Vorstellung der USA, um jeden Preis die Sowjetunion zu bekämpfen, dazu geführt hat, einen anti-sowjetischen Jihad im Vorderen Orient zu fördern, der sich später erst dadurch als Jihad gegen die USA entwickeln konnte. Die empirischen Daten der folgenden Ausführungen sind darüber hinaus der internationalen Presse entnommen. Einen Überblick über die erstaunlich zahlreichen Berichte und die ausufernden Spekulationen, die hauptsächlich in der *Washington Post* und der *New York Times* erschienen, gibt James RISEN in der *New York*

Die Logik des CIA, mit der die Clinton-Regierung ihren Vergeltungsschlag begründete, war folgende: Man hielt einen Mann namens Osama Bin Laden für den Drahtzieher der Bombenanschläge auf die amerikanischen Botschaften. Man war zudem überzeugt, dass Bin Laden vom Sudan unterstützt und dass an jenem strategischen Ziel Chemiewaffen für ihn hergestellt würden. Folglich erschien es im Herbst 1998 notwendig, mit einer Cruise missile zurückzuschlagen.

Das Thema Chemiewaffen war (ähnlich der Frage nach irakischen Raketen im Sudan) seit dem Golfkrieg von 1991 aktuell, als man in den USA zu befürchten begann, dass der Irak im Ausland, etwa im Sudan, chemische Massenvernichtungsmittel herstellen lässt, um sie gegen amerikanische Soldaten und Israel einzusetzen. Und Osama Bin Laden lebte von 1991, als er aus seiner Heimat Saudi Arabien ausgewiesen wurde, bis 1996 im Sudan, wo er viel Geld meist in Joint Ventures mit der Regierung investierte. Allerdings wurde er 1996 auf Druck Saudi Arabiens und der USA auch aus dem Sudan verwiesen und ging von dort nach Afghanistan.

Kurze Zeit nach der Cruise missile auf jenes mysteriöse Ziel im Sudan war in der amerikanischen Presse zu lesen, dass man im Pentagon gar nicht so genau wusste, ob und wie das zerstörte Ziel, Osama Bin Laden und die Frage der Chemiewaffen zusammenhingen. Manche Berichterstatter bestätigten die offizielle sudanesische Stellungnahme, wonach die pharmazeutische Fabrik Ash-Shifa zerstört wurde, aus der rund die Hälfte aller im Sudan verkauften Medikamente stammte. Der Fall konnte und brauchte niemals juristisch aufgeklärt werden, zumal der Sudan kein Land ist, das gegen einen solchen Akt der Willkür internationale Solidarität mobilisieren könnte.[20]

Die internationale Exklusion des Sudan ist somit prima facie eine Folge der treuen Verbündung der Khartoumer Regierung mit der Sache des Islam, wie sie von einer radikalen Minderheit definiert wird. Führende Köpfe der National Islamic Front des Niltals verstehen sich als eine der letzten Bastionen gegen die dämonische Entfremdung, die von den Mechanismen des Weltmarktes und der säkularen, utilita-

---

Times vom 27. Oktober 1999 unter dem Titel: „Question of evidence. A special report. To bomb Sudan plant, or not? A year later, debates rankle." Siehe auch: *Die Zeit*, Nr. 26, 24. Juni 1999, Seite 8-9.

[20] Später verschob sich die offizielle amerikanische Argumentation von dem alten Chemiewaffen-Verdacht (der 1997 durch eine Bodenprobe des CIA neu angeheizt wurde), auf finanzielle Beziehungen zwischen dem Eigentümer der Fabrik, Salah Idris, und Osama Bin Laden, der über die ägyptisch-islamistischen Kampfgruppen Jihad und Gamaat Islamiya laufen sollen. Während die Konten, die Salah Idris bei amerikanischen Banken unterhielt, zunächst gesperrt wurden, gab man sie im Mai 1999 wieder frei, als er eine Gerichtsklage einreichte. Gleichwohl hat Salah Idris den amerikanischen Staat nicht wegen Schadensersatz für seine Fabrik verklagt.

ristischen Politik des Westens ausgelöst werden. Ein in Paris ausgebildeter Jurist namens Hassan Al Turabi (der sich gerne auf Max Weber beruft), gilt als Chefideologe der Islamisten des Niltals. Amerikanische Bomben auf Fabriken, die Medikamente für arme Menschen herstellen, kommen wie gerufen. Sie belegen die Auserwähltheit desjenigen, der bombardiert wurde: das islamische Volk des Sudan, das um seinen autochthonen Zusammenhalt kämpft.

Das komplementäre Gegenstück zur islamischen Amerikanisierungsfolie, die statt eines nationalen einen festeren, autochthonen Zusammenschluss notwendig erscheinen lässt, ist die westliche Folie, auf der ein verschworener, terroristischer „Weltislam" aufscheint, um dessen Exklusion es dann gehen muss. Der Austausch des alten Feindbildes „Weltkommunismus" durch das neue Feindbild „Weltislam" ist zwar ein langfristiger und verschachtelter Prozess, doch er hat eine ausschlaggebende Phase, einen konkreten Ort und politischen Kontext: Es geht um den Rückzug der Roten Armee aus Afghanistan im Jahre 1989, wie ihn John COOLEY (1999) analysiert. Von dieser ganzen Geschichte ist für mein Argument nur das Muster wichtig, das sich darin wiedererkennen lässt: die diskursive Produktivität des Wechselspiels von Inklusion und Exklusion und ihr Bezug auf lokale Ereignisse im Sudan.

Die Mujāhidīn, islamisch-afghanische anti-sowjetische Widerstandskämpfer (wörtlich: die Kämpfer des Jihād), wurden in den achtziger Jahren vom CIA finanziert, trainiert und logistisch unterstützt. Mit Hilfe des CIA wurde über zehn Jahre ein weitreichendes Netzwerk aufgebaut, das islamische Kämpfer aus der ganzen arabischen Welt in den Krieg gegen die Rote Armee einbezog. Der Islam galt in jenen Jahren als Kampfbruder gegen den Kommunismus.[21] Als sich die Rote Armee 1989 zurückzog und damit der Kalte Krieg auch in Afghanistan beendet war, blieben das Netzwerk, die hochmotivierten islamischen Kämpfer, die Waffen und teilweise auch das Geld zurück. Einer der Musterschüler des CIA war Osama Bin Laden. Seit 1989 sehen Bin Laden und seine Mitstreiter den Hauptfeind des Islam nicht mehr in Moskau, sondern in Washington, und der CIA baut ihn nun umgekehrt zum Che Guevara des Weltislam auf. Er wird nicht nur hinter den erwähnten Anschlägen von 1998 auf die amerikanischen Botschaften, sondern auch hinter dem Anschlag auf das World Trade Center von 1993 und hinter diversen anderen Terroranschlägen vermutet. Er gilt zudem als einer der wichtigsten Drahtzieher hinter

---

[21] In den afghanischen Flüchtlingslagern in Pakistan wurde die Verteilung von westlichen Hilfsgütern bisweilen mit der Zugehörigkeit zu islamischen Parteien in Verbindung gebracht. In den Flüchtlingslagern wurden ebenfalls Freiwillige für den Jihad rekrutiert; siehe dazu Anthony HYMAN (1987, S. 74).

dem weltweit operierenden islamistischen Terror, der in den letzten Jahren in Ägypten, Algerien, Bosnien, Palästina, Tschetschenien und zuletzt wieder auf den Philippinen von sich sprechen machte. Zwischen 1991 und 1996 war eben dieser Osama Bin Laden ein gern gesehener Gast und Geschäftspartner der Khartoumer Regierung, bis er auf Druck Saudi Arabiens und der USA des Landes verwiesen wurde.[22]

Die zuvor erwähnten drei Cruise missiles, die am 20. August 1998 von amerikanischen Kriegsschiffen auf afghanische Ziele abgeschossen wurden, haben dort drei militärische Camps getroffen. Die Geschichte der Camps eignet sich zur Verdeutlichung der politischen Instrumentalisierung des Wechselspiels von Inklusion und Exklusion: Sie wurden in den achtziger Jahren von Osama Bin Laden unter der Regie des CIA und des pakistanischen Geheimdienstes errichtet, um von dort den „anti-Sovjet jihad" zu unterstützen. Nun sah sich derselbe CIA veranlasst, sie zu bombardieren. Zur Zeit des „anti-Sovjet jihad" bis in die Mitte der achtziger Jahre fühlte sich Washington entsprechend derselben Logik auch nicht den südsudanesischen Rebellen, sondern der Khartoumer Regierung verpflichtet. In diese Periode – es war das Ende der Amtszeit Präsident Nimeiris – fiel auch die erwähnte Investition von Chevron in die Erdölfelder am Gazellenfluss.[23]

Aus der hegemonialen Perspektive Euro-Amerikas nach 1989 handelt es sich bei der politischen Arena des Nil-Sudan um einen Nebenschauplatz des größeren Dramas, in das der Vordere Orient eingespannt ist und in dem es um Erdöl, Israel und den Islam geht. Solange der Sudan sich für jenen Zweck hingibt, hat er aus dieser Perspektive im Reigen der zivilisierten Nationen nichts zu suchen. Die selbstbewusste Schlüsselimplikation der weltfremden Interpretation besteht in der Annah-

---

[22] In *Der Spiegel* (Hamburg), Nr. 18, 1. Mai 2000, Seite 190-191 ist zu lesen, dass sich drei der Gründungsmitglieder der islamistischen Bewegung der Philippinen Abu Sayyaf in den achtziger Jahren am Befreiungskampf der afghanischen Mujāhidīn beteiligt hatten. Ebenso ist zu lesen, dass die Bewegung Abu Sayyaf intensive Kontakte zu Osama Bin Laden unterhält (im Spiegel Ussama Ibn Ladin geschrieben), wobei als Quelle der philippinische Geheimdienst angegeben wird. Es geht hier nicht um die Frage, ob das im Einzelnen stimmt, sondern um die Beobachtung, dass sich ein Erklärungsmuster etabliert, bei dem der ausschlaggebende Punkt systematisch ausgeblendet wird: Es war der CIA, der das in Rede stehende Netzwerk der Mujāhidīn ins Leben rief.

[23] Analog zu den Verstrickungen des Sudan mit den Ereignissen in Afghanistan müsste hier im Grunde auch die Verstrickung mit dem Regimewechsel in Äthiopien verhandelt werden. Aus Platzgründen kann nur darauf hingewiesen werden: Bis April 1991 erhielt die südsudanesische Befreiungsarmee (SPLA) Unterstützung durch das kommunistische Regime von Präsident Mengistu und hatte ihre Zentrale in Addis Abeba. Erst nach dem Zusammenbruch des Mengistu-Regimes und dem daraufhin folgenden Bruch zwischen der SPLA und Äthiopien bahnte sich eine Unterstützung der südsudanesischen Rebellen durch die USA an, die seit damals in vollem Schwung ist (PRUNIER 1999, S. 290f).

me, dass es unter den Sudanesen viele geben müsse, die nur so tun, als seien sie von der Sache des Islam überzeugt, weil ihnen nichts anderes übrig bliebe. Sobald sie aber eine Chance dazu bekämen, würden sie sich für genau die Vernunft und die Freiheit entscheiden, die der euro-amerikanischen Perspektive zugrunde liegt: und zwar aus denselben Gründen. Und auf jeden Fall, so wird ebenso selbstverständlich unterstellt, berufen sich die aktiven Regimegegner des Südsudan und Südkordofans bereits jetzt auf dieselben Überzeugungen, wie ihre euro-amerikanischen Sympathisanten.

Auf diese Weise werden unbemerkt drei Dinge zu einer scheinbar natürlichen Einheit verschmolzen: Regimegegnerschaft, Ethnizität und Konformität mit den westlich-amerikanischen Konzepten sozio-politischer und moralischer Ordnung. Im Gegenzug zu der Alterisierung und Exklusion des islamistisch-arabischen Diskurses vom Nil kommt es so zu einer mimetischen Angleichung und Inklusion zwischen denen, die sich innersudanesisch gegen die islamistisch-arabische Autochthonie zur Wehr setzen und denjenigen, welche die Autochthoniebewegung von außen als Islamismus bekämpfen. Die Krieger des Südsudan und Südkordofans werden zu trojanischen Pferden der westlichen Gegner Khartoums. Das Tragische an diesem Mechanismus ist, dass er tatsächlich funktioniert. Die mimetische Identifikation mit „dem Westen" ist immer wieder beobachtet worden: In jedem Südsudanesen und jedem Nuba steckt eine wehmütige Sehnsucht nach dem Geist der guten alten britischen Kolonialzeit.

Diesen Abschnitt über das Zusammenspiel von Inklusion und Exklusion zusammenfassend lässt sich sagen: Die religiös und ideologisch aufgeladene geopolitische Topographie weist dem Sudan die Rolle eines Staates zu, der aus seiner eigenen Perspektive eine der „letzten zivilisatorischen Bastionen" gegen die Verbreitung „amerikanisch atheistischer Barbarei" ist. Um die Bastion zu halten, muss sich das Volk der Sudanesen unter dem Banner des Islam und der arabischen Kultur opferbereit zusammenfinden. Die größte Gefahr geht bei solchen Autochthoniebewegungen immer von denen aus, die Zugehörigkeit und Teilnahme vortäuschen, in Wirklichkeit aber andere Ziele verfolgen. Letzteres wird dadurch erklärt, dass sie andere „Wurzeln" haben, auch wenn sie de jure zur Nation gehören.[24]

An dieser Stelle kommt es also zu einer selbsterfüllenden Prophetie: je schärfer der translokale Inklusionsdruck auf den Sudan im Namen von Weltmarkt, Demo-

---

[24] Es sei hier daran erinnert, dass der deutsche nationalsozialistische Antisemitismus vornehmlich damit beschäftigt war, eine „jüdische Unterwanderung" insbesondere dort aufzudecken, wo der gesunde Menschenverstand sie nicht vermutete hätte.

kratie und Menschenrechten, desto glaubhafter der Appell der islamischen Elite des Niltals an das Recht auf einen eigenen Weg, an Autochthonie und Zusammenhalt der rechtgläubigen, „echten" Sudanesen. Ein solcher Appell zieht umgekehrt eine verschärfte politische und kulturelle Exklusion des Sudan nach sich. Je schärfer die Ausgrenzung und Alterisierung des Sudan, desto glaubhafter die Behauptung der National Islamic Front, auf dem Weg Gottes zu sein. Jene Behauptung gibt wiederum Anlass für den westlichen Vorwurf zivilisatorischer Apostasie und für die westliche Identifikation mit denjenigen, die wiederum von dem sudanesischen Autochthonie-Programm ausgegrenzt werden. Diese werden dadurch zur inneren Bedrohung und infolgedessen zu Opfern einer mörderischen Politik der autochthonen Zusammengehörigkeit.

Der Ausgangspunkt des sich selbst hochschaukelnden Mechanismus ist zwar die diskursive Produktivität des westlich-amerikanischen Zwillingsmusters von Inklusion und Exklusion. Doch die Unterscheidung in „gute" und „böse" Sudanesen kann freilich erst dadurch wirksam werden, dass sie (nach mehreren Zwischenstufen) innerhalb des Sudan mit laufenden Konflikten instrumentell verknüpft wird und so wesentlich zu einer gewissermaßen ferngesteuerten Strukturierung der Konflikte beiträgt, die wiederum in eine tödliche Eskalation treibt.

Die Produktivität des Zwillingsmusters Inklusion-Exklusion besteht (wie ich oben erwähnt habe) gerade auch darin, nur die Gefahr zu sehen, die von den Alterisierten ausgeht, nicht aber den Zusammenhang ihrer Position. Diesen möchte ich im Folgenden als

(5) Politik der Autochthonie

aufzeigen.[25] Der Kampf um eine Neubestimmung von Zusammenhalt ist nicht nur im Rahmen der politischen Arena des Vorderen Orients, sondern auch im Kontext der Globalisierung zu sehen. Um mit dem Reizwort „Globalisierung" keine irreführenden Missverständnisse und unnötige Irritationen zu verursachen, gebe ich die für meinen Zweck relevanten Sachverhalte einzeln an. Auch wenn zu dem abendländischen Universalismus und zu dem kapitalistischen Weltmarkt nichts prinzipiell Neues dazugekommen ist und man nicht sagen kann, wann genau der alte Globalisierungsprozess vielleicht doch eine neue Qualität gewonnen hat, bestreitet niemand ernsthaft, dass die Welt anders geworden ist.[26] Diese Veränderungen lassen sich in

---

[25] Es ist anfangs bereits darauf hingewiesen worden, dass die Überlegungen zu Autochthonie sich an GESCHIERE und NYAMNJOH (2000) orientieren, die Kamerun und andere vergleichbare Fälle heranziehen.

[26] Eine Position, welche die Kontinuität stark macht, vertritt ELWERT (2000). Die umgekehrte

sieben Punkten auflisten: (1) die informations- und kommunikationstechnologische Beschleunigung, (2) die damit einhergehende Auflösung der Verbindung von Raum- und Zeiterfahrung, (3) die an das Ende des Kalten Krieges anschließende weltweite Deregulierung von Märkten und Devolution von Staaten, (4) die daraus folgende Zunahme und wachsende Bedeutung translokaler Prozesse, (5) die wiederum daraus resultierende Dislokation von Erfahrungszusammenhängen, sowie (6) eine noch nie da gewesene Mobilität. All diese Aspekte resultieren (7) insbesondere in einer tendenziellen Auflösung oder Aufweichung, zumindest aber umfassenden Redefinition von Grenzziehungen aller Art und somit von Identitäten.

Der Auflösung und Verwischung von Grenzziehungen aller Art wird am Nil eine Schließung entgegengehalten, indem das Eigene dem Fremden entgegengesetzt wird. Die Inklusionsmechanismen des Weltmarktes, der universalen Menschenrechte sowie der Demokratie als einzig gültige Politikform erweisen sich in dieser Sicht als Exklusionsmechanismen, die Menschen überflüssig machen und ihre abweichenden Lebensformen barbarisieren. Die Übersetzung des Wechselspieles von Inklusion und Exklusion in eine einfache Dichotomie des Fremden und des Eigenen ist das, was die Politik der Autochthonie auszeichnet. Sie unterschlägt damit, dass sich das Eigene wegen des veränderten Wechselspiels eben erst neu konstituieren muss und gerade nicht schon vorher als fester Kern da war, auf den man nur zurückgreifen müsste.

Rhetorisch knüpfen die Parolen der Autochthonie an jenen des Nationalismus und der Ethnizität an. Doch der ausschlaggebende Unterschied besteht darin, dass die Wir-Zusammengehörigkeit von Autochthonen nationale Zusammengehörigkeit durchquert, indem sie die Frage aufwirft: „Wer gehört hier wirklich dazu?". Gleichzeitig lässt sich die Zusammengehörigkeit von Autochthonen auch nicht auf Ethnizität reduzieren. Man kann ethnolinguistisch, religiös oder kulturell dazugehören, ohne allein deshalb als autochthon zu gelten.

Konkret heißt dies: In den siebziger und frühen achtziger Jahren zeichnete sich langsam ab, worauf die postkoloniale nationale Sudanisierung hinauslaufen würde.

Position, die das Neue und den Umbruch hervorhebt, vertritt SCHRADER (1999). Ich selbst gehe davon aus, dass sich die gegenwärtigen Globalisierungsprozesse mit ausreichender Eindeutigkeit von vorausgehenden Mustern der Diffusion und Universalisierung absetzen lassen. Die Kriterien dazu gebe ich im Text an. Vor allen Dinge aber halte ich den Streit für ziemlich verfehlt, solange er in der schlichten Sprache positiver Empirie ausgefochten wird. Man kann nicht theoriefrei überprüfen, ob es da draußen in der Welt eine beobachterunabhängige Globalisierung gibt oder nicht. Man kann allenfalls Symptome untersuchen (beispielsweise ob sich im Bereich der Politik der Zugehörigkeit etwas verändert) und von den Symptomen theoretisch begründete Schlussfolgerungen zu dem unsichtbaren Phänomen der Globalisierung ziehen.

Es wurden alle möglichen Formen lokaler Kompromissbildung und Diversität gefunden, deren Hauptmerkmal darin bestand, Konfrontationen pragmatisch zu umgehen. Am wichtigsten sind hier vielleicht die Ausprägungen des sudanesischen Volksislam in den zwei größten mystischen Sufi-Orden Ansar und Khatmiyya, die sich durch Anpassung an die lokalen Verhältnisse weit von den anderenorts gepflegten Formen des Islam entfernt haben. Die schützende Klammer für diese Entwicklung stellte die Vorstellung einer *Nation* der Sudanesen bereit, die linguistisch, ethnisch und religiös unbestreitbar heterogen war. Erst die Inklusion des Sudan in die größere Arena des Vorderen Orients, die Umstellung der globalen Arena nach dem Ende des Kalten Krieges sowie die Auswirkungen einer akzelerierten Globalisierung setzten die lokalen Kompromissbildungen und Hybridisierungen außer Kraft, verschoben die Kräfteverhältnisse vor Ort und setzten einen neuen und neuartigen Homogenisierungs- und Reinheitsschub in Gang, der sich nicht mehr an der Klammer der Nation orientiert.

Einerseits ist die Zugehörigkeit zur arabisch-islamischen Welt wichtiger geworden, andererseits und damit zusammenhängend gehören nicht mehr alle Sudanesen schon deshalb dazu, weil sie ethnisch-territorial im alten nationalstaatlichen Sinn eben Sudanesen sind. Wir haben es mit einer autochthonen Erneuerungs- und Erweckungsbewegung zu tun, die mit ihren postnationalen Zügen in einem engen Zusammenhang mit dem akuten Globalisierungsschub steht. Am wichtigsten ist hier wiederum die Frage des Islam: Der vorhin erwähnte, um Heiligengräber und Bruderschaften versammelte und auf diese Weise sudanisierte Volksislam geriet unter Beschuss. Aus der Perspektive der reformislamischen Intellektuellenbewegung, die auch am Nil (unter der Führung des erwähnten Hassan Al Turabi) langsam die Oberhand gewann, galt der mystische Volksislam als „Verkafferung". Bisher konnten am Nil keine zivilen Formen gefunden werden, um auf lokaler Ebene zu neuen Kompromissbildungen zu gelangen, die den veränderten translokalen Bezügen Rechnung tragen.

Soweit habe ich die fünf Aspekte vorgestellt, mit denen ich meinen Fall erklären möchte: (1) das angeschlagene Modell Nationalstaat, (2) der gekaperte Staat, (3) humanitäre Interventionen und politisierte Ethnizität, (4) die diskursive Produktivität von Inklusion und Exklusion sowie (5) die Politik der Autochthonie. Im folgenden Abschnitt soll das bisherige Ergebnis als eine Bewegung

im Teufelskreis
zusammengetragen werden. Wenn man von dem sudanesischen Krieg spricht, klingt es oft so: Da sind die Südsudanesen, die wurden schlecht behandelt, dann hatten sie irgendwann genug davon, gründeten eine Volksarmee, der schlossen sich dann die Nuba von Südkordofan an, und nun sind sie Schulter an Schulter bereit, im Krieg gegen den Nordsudan zu sterben, um den alten Zustand der Ungerechtigkeit abzuschaffen. Wie in diesen Sätzen fasst man die Akteure eines Krieges meist unwillkürlich als feststehende Blöcke auf, deren ebenso feststehende Interessen kollidieren und die infolgedessen zum Krieg als dem letzten Mittel greifen.

Dagegen habe ich in meinen Ausführungen das Konzept der Kollision zwischen Parteien mit feststehenden Identitäten und Interessen zurückgewiesen. Die Block-Konzeption ist, so habe ich behauptet, selbst eine Wirkung, die unter anderem durch die Aneignung des Modells Nationalstaat entsteht. Zieht man sie zur Erklärung von Konflikten innerhalb postkolonialer Staaten Afrikas heran, verwechselt man Ursache und Wirkung.

Weiterhin habe ich behauptet: Im Modell Nationalstaat ist die Hervorbringung von Sub-Nationalitäten als Lösungsmechanismus für zweifelhaft gewordene Verteilungsgerechtigkeit strukturell angelegt. Es handelt sich somit um einen Mechanismus, der die Legitimität und Effizienz eines Staatsapparates tatsächlich erhöhen kann. Durch das Prinzip des Kaperns im subsaharischen Kontext wird aus einem produktiven Mechanismus jedoch eine Ursache für innerstaatliche Gewalt, die leicht zu Kriegen führt, in denen es um die Macht zur Ausstellung von neuen Kaperbriefen geht.

Schließlich habe ich für den Sudan behauptet, dass hier ein diskursiver Mechanismus wechselseitiger Evozierung zu beobachten ist. Dieser findet statt zwischen dem universalen Inklusions-Exklusions-Druck des euro-amerikanischen Gesellschaftsmodells und einem dagegenhaltenden Autochthonie-Diskurs arabisch-islamischer Zivilisation. Es kommt so eine Eskalationsspirale in Gang, die auf den Ausbruch ethnischer Konflikte hintreibt.

Vor dem Hintergrund jener Deutungsfolie kann man nun die folgende Ereignisabfolge interpretieren: Am 3. August 1998 bombardiert die Luftwaffe der regulären Sudan Defence Force Dörfer in den Nuba-Bergen. Am 20. August zerstört die erwähnte amerikanische Cruise missile das pharmazeutische Werk Ash-Shifa im Norden Khartoums. Nun war die Cruise missile mit Sicherheit keine Vergeltung für die Bombardierung der Nuba-Dörfer. Sie galt vielmehr der Unterstützung, welche die Regierung am Nil Osama Bin Laden entgegenbrachte, der hinter den Anschlägen vom 7. August auf die amerikanischen Botschaften von Nairobi und Dar Es Salaam vermutet wurde. Und dass die sudanesische Luftwaffe anschließend am 25. September erneut Ziele in den Nuba-Bergen bombardierte, mag auch noch ein terminlicher Zufall gewesen sein.[27] Gleichwohl ist hier ein Muster auszumachen: Die westlich-amerikanische Alterisierung des Sudan als „Schurken-Staat", der gegen seine eigenen Bürger Krieg führt, wird auf der Weltbühne in dem Stück „Freiheit, Fortschritt und Zivilisation versus Fanatismus und Rückständigkeit" inszeniert. Dieses Stück wird am Nil für die innersudanesische Bühne übersetzt. Und zwar wird es so übersetzt, dass die Gegenüberstellung von fortschrittlicher Zivilisation und primitiver Rückständigkeit mit vertauschten Rollen als zentraler Topos erhalten bleibt. Das Stück lautet entsprechend: „Arabisch-islamische Zivilisation versus afrikanische Rückständigkeit". Gerade weil die Bösen des Nil-Dramas – also die schwarzen, meist nicht-moslemischen Afrikaner – im euro-amerikanischen Drama die Guten sind, muss im Nil-Drama auf jeden Fall und um jeden Preis vor allem eine Botschaft herübergebracht werden: Über die bedingungslose Loyalität unter den Rechtgläubigen darf kein Zweifel aufkommen.

Ich habe bisher einleitend die Situation nördlich des Gazellenfluss in Südkordofan als Fall vorgestellt, den ich erklären möchte. Anschließend habe ich ausführlich gezeigt, in welchem translokalen Zusammenhang der Fall meines Erachtens zu verstehen ist. Im Folgenden komme ich auf die Situation am Gazellenfluss zurück, um nun die Verflechtung lokaler und translokaler Bezüge vorzuführen. Zu diesem Zweck werde ich zuerst eine Geschichte über

Yousif Kuwa Mekki und das Nuba-Parlament
vortragen.[28] Ungefähr ab 1982/83 kam der Krieg aus dem Südsudan langsam nach Südkordofan. Während die Ethnographen der siebziger und achtziger Jahre – darunter, wie schon gesagt, auch ich – ein Loblied auf die sudanesische Virtuosität bei der Herstellung hybrider Identitäten sangen, geriet den Sudanesen die Hybridisierung als dämonischer Karneval zur traumatischen Bedrohung. Es scheint als hätten

---

[27] Zu den Bombardements in den Nuba-Bergen siehe *Nafir*, Oktober 1998, Jahrgang 4, Nummer 3, S. 4-5. Die letzten Bombardements fanden am 8. Februar 2000 statt. Diesmal war eine Schule in Kaunda das Ziel. 14 Kinder und der Lehrer starben, 17 wurden verwundet. Die Verwundeten wurden von den German Emergency Doctors (GED) behandelt, die ohne Genehmigung der Regierung in den Nuba Bergen arbeiten. Präsident Clinton äußerte sich „deeply concerned", während der sudanesische Botschafter in Nairobi erklärte, dass „the bombs landed where they were supposed to land" mit der Begründung, dass die SPLA die Schule mit Absicht in ihr Militärcamp gebaut habe (*Nafir*, April 2000, Jahrgang 6, Nummer 1, S. 2-3).

[28] Der folgende Abschnitt ist theoretisch an Arjun APPADURAI (1998) orientiert.

sie irgendwann Anfang der achtziger Jahre den Eindruck bekommen, dass sie sich ständig hinter Masken gegenübertreten, aber niemals ihre wahren Gesichter zeigen. Situationale Identitäten wurden zum Ausdruck von falschem Schein und Täuschung. Aufgrund dieser Erfahrung von Unbestimmtheit und Unsicherheit machte man sich nach und nach an die schauerliche Arbeit, sich die Masken von den Gesichtern zu reißen, in der tragischen Hoffnung, dahinter das wahre Gesicht zu finden und in der ebenso tragischen Illusion, dadurch mehr Sicherheit und Vorhersehbarkeit in die Welt zu holen. Die Politik der Zugehörigkeit wechselte auf das Register der Autochthonie.

Wenn die einleitend skizzierte Verlaufsform der Fallstricke des Diskurses zutrifft, ist dies die heikelste Stelle meines Argumentes. Wer so redet, dem wird leicht unterstellt, er habe immer noch nicht verstanden, dass erstens alle Kulturen zusammengesetzt sind, und zweitens jede Skepsis gegenüber Hybridisierung am Ende immer auf eine essentialistische Blut-und-Boden-Mystik hinausliefe. Hinter jeder Maske steckt allenfalls eine weitere Maske. So viel sollte heute klar sein.

Doch diese Art der Beschwörung eines Anti-Essentialismus verhindert – so möchte ich behaupten – eine ernsthafte Auseinandersetzung mit der besonderen Dynamik und Logik von Autochthonien, Xenophobien und Ethnoziden der Gegenwart. Das Problem liegt nämlich auf einer anderen Ebene, so dass es gar nicht um die Wiedereinführung eines Essentialismus geht: Es sind nicht irgendwelche da draußen vermeintlich gegebene kulturelle Wesenheiten, die weitere friedliche Hybridisierungsprozesse verhindern oder als bedrohlich erscheinen lassen. Es geht, wie ich gezeigt habe, um etwas anderes.

Das Zusammenwirken von Nationalstaatlichkeit ohne Nation, Kapern des Staatsapparates, humanitären Interventionen und der Produktivität des Zwillingsmusters Inklusion-Exklusion führt nach dem Ende des Kalten Krieges und im Kontext der beschleunigten Globalisierung zu einem vorher unbekannten Maß an Unbestimmtheit und Unsicherheit in allen Fragen der Politik der Zugehörigkeit. Als Reaktion darauf geht es irgendwann nur noch um die Herstellung befriedigender Vorhersehbarkeit sozialer Transaktionen durch die eindeutige Festschreibung von Zugehörigkeit. Ethnische Säuberungen sind das konsequente Mittel gegen Hybridisierungsprozesse, die im Zuge einer fatalen Täuschung des Autochthonie-Diskurses zur Ursache für Unbestimmtheit und Unsicherheit gemacht wird. Ethnische Säuberungen sind Ausdruck eines absolut gesetzten Verlangens nach authentischer, eindeutiger und zuverlässiger Zugehörigkeit in einer unübersichtlichen Welt. Es geht, wie Arjun APPADURAI (1998) sagt, um Herstellung „tödlicher Sicherheit", die man durch das Herunterreißen der Maske zu erzielen hofft: durch Vergewaltigung, Folter, Totschlag.

Diese grauenvolle Geschichte muss zumindest kurz skizziert werden:[29] Die Repressionen der Sudan Defence Force (SDF) gegen die Bauern von Südkordofan häuften sich ab 1985. Die Regierung begann damals zu befürchten, dass sich das Kriegsgebiet des Südsudankonfliktes unerwartet auch nördlich des Gazellenflusses ausdehnen könnte. Tatsächlich ist die südliche Sudanese People's Liberation Army (SPLA) schon ab 1983-84 dazu übergegangen, auch nördlich des Gazellenflusses zu rekrutieren. Dies bedeutete unter anderem eine erhöhte Gefahr für die Erdölvorkommen und die Aktivitäten der Firma Chevron am Gazellenfluss, aber auch für die mechanisierten Großfarmen in Südkordofan. Die ansteigenden Repressionen des Militärs führten wiederum dazu, dass sich mehr und mehr junge Männer aus Südkordofan (und den Vororten der Hauptstadt am Nil) in die SPLA rekrutieren ließen. Sie kamen in Trainingslager in den Süden, erhielten Waffen und kehrten nach Monaten oder Jahren zurück in die Nuba-Berge, um dort zu kämpfen. 1986 stattete die Regierung Sadiq Al Mahdi die arabisch-islamischen Rindernomaden (Baggara) Nord- und Südkordofans mit automatischen Waffen, Munition und einer Lizenz zum Plündern und Töten von Nuba-Bauern und Südsudanesen aus. So entstanden die Nomadenmilizen, die sich den Namen Murāhilīn gaben und wegen ihrer Gräueltaten und Massakern bald berüchtigt wurden.[30]

Dieser Schritt der Entfaltung politischen Wahnsinns ist für die Produktivität des Zwillingsmusters Inklusion-Exklusion erhellend. Die Regierung Sadiq Al Mahdi (1986-1989) beruhte nämlich auf einer Koalition zwischen den beiden großen, traditionellen volksislamischen Parteien (Umma-Partei und Unionisten), die wiederum in den beiden großen Orden des Sudan (Ansar bzw. Mahdisten und Khatmiyya bzw. Mirghanisten) verankert sind. Dieses Lager hat es herkömmlicherweise verstanden, lokale Kompromisse zu finden. Doch die Regierung geriet bald nach ihrem Wahlsieg von 1986 in eine Klemme zwischen dem eskalierenden Krieg im Süden des Landes und dem zunehmenden Einfluss der reformislamischen Elite des Kernlandes am Nil, die schon bei den Wahlen als drittgrößte Fraktion hervorging (nämlich die Moslem-Brüder mit ihrem geistigen Kopf Hassan Al Turabi). Eine solide und wichtige Basis für die Umma-Partei Sadiq Al Mahdis bildeten insofern die Rindernoma-

---

[29] Die Fakten des folgenden Berichtes über den Verlauf der kriegerischen Handlungen sind entnommen (1) *Pogrom. Zeitschrift für bedrohte Völker*, Nr. 178, September 1994, (2) AFRICAN RIGHTS (1995), (3) der Zeitschrift *Nafir*, die seit April 1995 erscheint, sowie (4) verstreuten laufenden Zeitungsberichten.

[30] „Murāhilīn" heißt wörtlich: solche, die zusammen zu einer Mission aufbrechen.

den Kordofans (die Baggara), als diese seit der Jahrhundertwende zum Ansar-Orden gehören und die Umma-Partei nur die politische Artikulation jenes Ordens ist. Ein Versuch der Regierung Sadiq Al Mahdi aus der genannten Klemme herauszukommen, bestand darin, die Baggara mit automatischen Gewehren zu bewaffnen. Die Architekten dieser Politik waren Generäle der Sudan Defence Force, die wiederum von den Baggara-Missiriya abstammten.

Die so entstandenen Nomadenmilizen (Murāhilīn) konzentrierten sich je nach Stammeszusammensetzung auf drei unterschiedliche Bereiche: Diejenigen, deren Weideland bis hinunter zum Gazellenfluss reichte, gingen dazu über, die dort lebenden Dinka auszuplündern, zu vertreiben und zu vernichten.[31] Die Baggara-Missirya aus dem Norden Kordofans heuerten eher als Söldner bei den „Ölsicherheitsdiensten" von Chevron an, um die Arbeiten der Firma am Gazellenfluss „zu verteidigen". Eine dritte Gruppe, deren territoriale und ökonomische Interessen eher in den Ebenen zwischen den Nuba-Bergen Südkorofans lagen, gingen dazu über, die Bauern zu terrorisieren. Dieser Versuch der Regierung, die Situation in den Griff zu bekommen, verwandelte das Gebiet nördlich des Gazellenflusses in eine Hölle. Die Regierung selbst wurde im Juni 1989 durch eine Allianz von Militärs und Moslem-Brüdern gestürzt, die seit damals als National Islamic Front (NIF) an der Macht ist.[32]

Zwischen Januar und März 1989 drang schließlich eine Division der SPLA unter dem Kommando von Yousif Kuwa Mekki, einem Mann aus den Nuba-Bergen, von Süden her in Südkordofan ein.[33] Im Januar 1992, ein Jahr nach dem amerikanischen Angriff auf den islamischen Bruderstaat Irak, erklärte die sudanesische Regierung den Heiligen Krieg, den Jihad: nicht gegen die USA, sondern gewissermaßen stellvertretend gegen den ganzen Südsudan und die Nuba Südkordofans. Makabererweise machte man sich im April 1992 in El Obeid noch die Mühe, eine Inkonsistenz dieses Urteils theologisch zu lösen: Sofern unter den Nuba und gerade unter den SPLA-Kämpfern viele Moslems sind, musste der Jihad durch eine Fatwa legitimiert

---

[31] Die Dinka des Gazellenflusses wurden wiederum von der SPLA mit automatischen Waffen ausgerüstet, um so in den Krieg hineingezogen zu werden. Wie in allen derartigen Konstellationen ist es schwer oder belanglos festzustellen, wer mit diesem tödlichen Spiel angefangen hat.
[32] Die Fakten zu den Nomadenmilizen sind entnommen aus PRUNIER (1999, S. 286f) und AFRICAN RIGHTS (1995, S. 60-109).
[33] Es ist bezeichnend, dass diese Division den Namen „New Kush Division" trägt. Kush ist der Name eines (oberägyptischen) nubischen Königtums (in verschiedenen Formen zwischen 860 und 350 v.u.Z), das für die vorislamische Einheit und Zivilisation des Sudan steht.

werden. Die moslemischen Gegner des Regimes wurden der Apostasie angeklagt, so dass ein Jihad gegen sie gerechtfertigt erschien.[34]

Seit Anfang 1992 besteht die Kriegsführung der regulären Sudan Defence Force, der Murāhilīn (Nomadenmilizen) und der seit 1991 in den Städten unter dem Namen Mujāhidīn (offiziell: Popular Defence Forces) aufgebauten Zelotenmilizen darin, die Gebiete Südkordofans, die unter SPLA-Kontrolle stehen, zu durchkämmen. Offiziell wird davon gesprochen, dass man die Bewohner Südkordofans vor den Soldaten aus dem Süden in Sicherheit bringen und folglich in sogenannten Peace Camps konzentrieren müsse. In Wirklichkeit werden Dörfer niedergebrannt, Rinder beschlagnahmt, Brunnen vergiftet, Feldwege mit Tretminen ausgelegt, Frauen vergewaltigt, Männer gekreuzigt, Wortführer gefoltert und umgebracht. Um den Geist dieser ethnischen Säuberung zu vermitteln, muss ich wenigstens eine Szene schildern: Bei dem Überfall auf ein Dorf durch die Sudan Defence Force konnte die Bevölkerung in die Berge fliehen. Die Soldaten ließen die Menschen laufen. Statt ihnen zu folgen, versteckten sie Tretminen in den Kornspeichern. Bei der Rückkehr wurde eine Frau zerfetzt. Die anderen saßen vor ihren Speichern und konnten nicht mehr an ihr Korn. In dem AFRICAN RIGHTS Bericht von Juli 1995 findet sich eine lange Liste von Belegen für diese und viele andere Gräueltaten, die auf eine Elimination der Nuba abzielen.[35]

Worauf es hier ankommt, ist die Tatsache, dass die ethnische Kategorie „Nuba" zwar schon seit Jahrhunderten existiert, aber niemals – wie einleitend bereits er-

---

[34] Am 22. August 1992 räumte die *FAZ* Bassam Tibi eine Seite ein, in der er den Hintergrund und die Folgen des Jihads im Sudan erklärte. Er tat dies, ohne auf politische, ökonomische und sozio-kulturelle Zusammenhänge einer größeren Arena zu verweisen, so dass der Jihad wie der zufällig ausgebrochene Irrsinn von ein paar wildgewordenen Männern erscheint (siehe dagegen STRECK 1993). Ansonsten bleiben die Ereignisse im Sudan in der internationalen und insbesondere in der deutschen Presse kaum beachtet. Nur wenn wieder einmal irgendwelche Monstrositäten vorgefallen sind, greift man sie kurz auf, um das Land dann schnell wieder zu vergessen.

[35] In *Nafir*, April 2000, Jahrgang 6, Nummer 1, Seite 10 ist zu lesen: „An old lady named Tatu Kuku, 70 years old from Tabsool village of Tabanya, was shot dead in the field from a very close distance on the head. / A man called Tia Ndiel, 52 years old from Tomadorgu, was found hiding in a cave (Kurkur), the government soldiers closed the entrance on him and left him until he died. / Kuku Kafi Tia, over 70 years old from Tomadorgu, was trapped in the field and was beaten to death by the government soldiers. / A man called Daniel Noah, 38, from Tabanya West, was captured by the attackers at his field and tortured until he died. First they tore his upper and lower lips off, then the two ears, then they shot him dead. / An old lady, over 90 years from Tabanya East, was raped. With her were other two young ladies and a little child girl eight years of age. All were raped in broad daylight in the field by nine soldiers. She was beaten and dragged to walk with the soldiers but she couldn't. The soldiers took the other three with them, left her behind to meet her fate alone, but luckily for her a group of people found her lying naked and unconscious and helped her to Kaduru, where she is now. This is what happed in Tabanya."

wähnt – einen Rahmen für kollektives politisches Handeln abgegeben hat. Ursprünglich hatte „Nuba" noch nicht einmal eine ethnische, sondern eine stratifikatorische Bedeutung. „Nuba" ist nämlich seit dem Mittelalter das Wort der Niltalbewohner für Sklave.

Vor der erfolgreichen Durchsetzung der Pax Britannica war das politische Leben Südkordofans, soweit man die Vergangenheit zurückverfolgen kann (also bis ins 17. Jahrhundert), immer wieder durch Raubzüge und wechselnde, unzuverlässige Allianzen gekennzeichnet. Der Zustand permanenter unkalkulierbarer Bedrohung verschlimmerte sich ab 1800 durch das Vordringen der Rindernomaden in die Ebene zwischen den Inselbergen der Nuba. Die berittenen und mit Feuerwaffen ausgestatteten Nomaden schlossen mit einem Dorf eine Allianz, um das Nachbardorf zu überfallen, um die Rinder zu rauben und die Menschen als Sklaven auf die Märkte am Nil zu treiben. Wenn es von Vorteil war, schlossen sie im nächsten Monat eine umgekehrte Allianz. Aber niemals in der Geschichte gab es den Versuch, eine Gruppe auszurotten.

Im September 1992, also neun Monate nachdem die Regierung den Jihad gegen die Nuba ausrief und die militärischen Angriffe massiv verschärfte, trafen sich Vertreter all jener Territorien, die unter SPLA-Kontrolle standen an einem Ort namens Debi in den östlichen Nuba-Bergen. Es kamen in Debi ungefähr zweihundert Menschen zusammen.

Beim ersten Treffen von Debi ging es zunächst darum, Yousif Kuwa Mekki, dem militärischen Führer der SPLA für Südkordofan, politische Legitimation zu erteilen. Sofern man zu diesem Zweck auf kein vorhandenes Verfahren zurückgreifen konnte, musste ein neues geschaffen werden. Man wählte das Konzept des Volkes als Souverän, so dass die in Debi versammelten Menschen sich als legitime Sprecher der Menschen verstanden, die sie in ihren Dörfern daheimgelassen hatten. Damit war eine ethnischlinguistische und soziokulturelle Kategorie – „die Nuba" – in eine nationale Kategorie übersetzt. Die Versammlung wurde im In- und Ausland als „Nuba-Parlament" bekannt.

Das Nuba-Parlament trifft sich seit damals ein Mal im Jahr an unterschiedlichen Orten und versucht nach und nach formalisierte Verfahren zu entwickeln, die für eine zivile Administration unentbehrlich sind. Im Zentrum der Auseinandersetzungen steht von Anbeginn die Frage nach dem gültigen Rechtssystem und seiner polizeilichen Durchsetzung. Dies ist im Hinblick auf den Schutz der Zivilbevölkerung vor den SPLA-Soldaten notwendig. Es ist aber auch deshalb ein prekäres Thema, weil Rechtsbrecher ohne ein funktionierendes System von Gerichten und Polizei die

Chance haben, den Ort ungestraft zu verlassen und sich in den Einflussbereich der Regierungsarmee zu begeben, wo sie als Kollaborateure der Murāhilīn (der Nomadenmilizen) gute Chancen haben. Es geht also darum, der neuen Nation territoriale Grenzen zuzuweisen, um die unverzichtbare Gerichtsbarkeit herzustellen. Mit scheinbar unhintergehbarer Selbstverständlichkeit wird in Südkordofan angenommen, dass es für diesen Zweck nur einen richtigen Weg gibt: die Wiedereinführung eines Polizei- und Rechtsapparates nach zivilgesellschaftlichem Vorbild.

Damit das Nuba-Parlament seine Legitimität beweisen und seine Wirkung erzielen kann, muss seine Existenz und Arbeit nicht nur innerhalb Südkordofans bekanntgemacht werden, sondern auch darüber hinaus. Es geht hier vor allen Dingen darum, dass der politische Prozess in Südkordofan ohne externe Unterstützung zum Scheitern verurteilt ist. Um diese Unterstützung aber zu bekommen, muss der Prozess im Sinn der anvisierten Unterstützer legitim erscheinen.

Diese Aufgabe übernehmen Exil-Nuba. In London gibt es das „International Nuba Coordination Center" und in Nairobi die „Nuba Relief, Rehabilitation and Development Society", die schon im Namen die Formatierungsvorgabe der Weltbank und der Kreditanstalt für Wiederaufbau übernommen hat. Seit 1995 geben diese beiden Organisationen eine Zeitschrift namens „Nafir" heraus, die sich als Sprachrohr aller Nuba vorstellt. Weiterhin gibt es in Addis Abeba das sogenannte „Sudan Rights Programme". Soweit ich erkennen kann, finanziert sich dieses Netzwerk von NROs hauptsächlich aus Spenden und Mitgliedsbeiträgen, die vor allem aus Europa und Nordamerika kommen, und lebt von dem Engagement weniger Schlüsselfiguren, die ebenfalls nicht nur aus den Nuba-Bergen stammen.

Wir haben es hier mit einem kleinen Ausschnitt eines weltumspannenden nichtstaatlichen Netzes zu tun, das sich um Fragen der Menschenrechte und der Ökologie entwickelt hat und für politische Prozesse wie die von Südkordofan maßgebliche Formatierungsvorlagen definiert. Die Frage, ob im Nuba-Parlament im Namen des Volkes der Nuba Recht gesetzt wird, entscheidet sich ganz wesentlich im globalen Netz der NROs und der Medien. Als 1997 zum ersten Mal einige der Nuba-Intellektuellen aus dem Exil nach Südkordofan kamen, um der Parlamentssitzung beizuwohnen, wurde dies in der Zeitschrift „Nafir" als eine wichtige Bestätigung festgehalten.

Damit aus diesem Netz heraus etwas gegen den Ethnozid von Südkordofan unternommen werden kann, ist ein Rückgriff auf die übliche politische Rhetorik der Souveränitätsrechte unverzichtbar: Man kann auf der politischen Bühne nicht im Namen eines (dort notwendigerweise abwesenden) Kollektivs sprechen und gleichzeitig einräumen, dass dieses Kollektiv durch die gerade vollzogene Repräsentation erst geschaffen wird. Einfacher und auf anderer Ebene gesagt: Sofern es um eine Ausrottung der Nuba geht, müssen auch „die Nuba" verteidigt werden.

An der Konstruktion der Nuba als Volk wird schon lange gearbeitet. Doch erst seit 1992, dem Jahr als der Heilige Krieg zur Vernichtung der Nuba ausgerufen wurde und als sich das Nuba-Parlament konstituierte, zeigt diese Konstruktionsarbeit juristisch-politische Folgen. Seit damals wird in dem Nuba-Parlament, in der Zeitschrift „Nafir" sowie in den Websites der genannten NROs das fixiert, was in der politischen Rhetorik des modernen Nationalstaates die Voraussetzung staatlicher Ordnung ist: das Volk der Nuba als Souverän. Die Reihenfolge bzw. die Ursache-Wirkungsbeziehung funktioniert indes umgekehrt: das zu repräsentierende Volk wird durch die Repräsentation erst geschaffen.

Das Ergebnis bestätigt nun aber die Plausibilität des Krieges, sofern sich nun tatsächlich zwei Blöcke mit unvereinbaren Interessen gegenüberstehen. Nun könnte man vielleicht meinen, dass eine Stärkung der Seite, die im Recht ist, eventuell doch noch zu einem glimpflichen Ende führen könnte. In diesem Irrtum steckt die Tragik des postkolonialen Dramas in Afrika. Ich komme deshalb zu der Geschichte

Kerubino Kuanyin Bol und die Politik der Geiselnahme

einer Geschichte, die sich südlich der Nuba-Berge, entlang des Gazellenflusses abspielt. Während die wichtigsten Faktoren hier so ähnlich wie im Fall von Yousif Kuwa Mekki in den Nuba-Bergen gelagert sind, kommt es nicht zu der Konstitution eines Volkes der Dinka mit Souveränitätsrechten, sondern zu einem Warlord-System.[36]

Das sieht ungefähr so aus: 1983 gründete Kerubino Kuanyin Bol zusammen mit John Garang die SPLA. Nach kurzer Zeit sperrte Garang ihn über Jahre ins Gefängnis. Als er schließlich entkam, gründete er am Gazellenfluss eine Splittergruppe. Um an Waffen und Munition zu kommen, ließ er sich mit der in Südkordofan stationieren Sudan Defence Force auf einen Deal ein. Zusammen mit den Murāhilīn (Nomadenmilizen) zog er ab 1994 plündernd durch seine Heimat und zerstörte, was er nicht konfiszieren konnte. Dafür wurde er von der Staatsarmee ausgestattet. Die Folge war eine weitere Hungerkatastrophe in der Region. Als die internationalen Helfer im Rahmen der „Operation Lifeline Sudan" kamen, nahm Kerubino einige der Helfer als Geiseln gefangen, um sie gegen Treibstoff und ein paar Jeeps einzu-

---

[36] Die Fakten für den hier folgenden Bericht sind entnommen aus John RYLE (1998) und Gérard PRUNIER (1999).

tauschen. Er kontrollierte schließlich alle Landepisten der Region für die Flugzeuge mit Hilfsgütern, so dass die Nicht-Regierungsorganisationen der OLS ohne ihn nicht an die hungernde Bevölkerung herankamen. Kerubino kassierte gewissermaßen „Zoll" für die Hilfsgüter, deren Lieferung er durch die Herbeiführung der Hungerkatastrophe erpresst hatte. 1998, als das Gebiet, das er kontrollieren konnte, praktisch menschenleer war – die Menschen waren nicht unwesentlich durch sein Betreiben verhungert oder geflüchtet –, kehrte General-Major Kerubino zur SPLA zurück, die ihn aufnahm, weil sie dadurch sagen konnte, dass sie nunmehr die ganze Provinz kontrolliert. Männer wie Kerubino sind heute im Südsudan keine Seltenheit. Erst wenn alle Zivilisten tot sind, kommt ihr wahnsinniges Geschäft an sein Ende.

Neben dem abscheulichen Geschäft mit dem Hunger verdichten sich die Belege, dass das Prinzip Kapern mit dem sogenannten „Freikauf von Sklaven" einen neuen Kulminationspunkt des Wahnsinns erreicht hat, der ungefähr so aussieht: Entführungen aller Art gehören seit Jahren zum Alltag des innersudanesischen Krieges (und gehen zudem auf eine ältere Tradition zurück). Die westlichen Medien reduzieren dieses komplexe Phänomen auf das Bild „(moslemische) Araber versklaven (christliche) Südsudanesen" und blenden analoge Praktiken der Entführung innerhalb des Südsudans aus. Die amerikanische NRO Christian Solidarity International hat es sich zum Ziel gemacht, sogenannte Sklaven wieder frei zu kaufen. Die Warlords des Südsudan inszenieren inzwischen den Freikauf von „Sklaven" und erhalten dafür Dollar von Christian Solidarity International, mit dem sie dann weitere Waffen kaufen können. Es ist zu befürchten, dass es inzwischen neben den kalkulierten Inszenierungen eine Zunahme tatsächlicher Entführungen gibt und so ein neuer Markt mit ansteigenden Lösegeldforderungen entstanden ist. Die auf diese Weise im Südsudan entfesselte Hölle ist ein bisher wohl kaum überbotenes Beispiel für die medial verstärkte Produktivität des Zwillingsmuster Inklusion-Exklusion.[37]

Zusammenfassend stellen wir fest: Im sudanesischen Kernland, im Niltal, geht es um eine autochthone Redefinition dessen, was die Politik der Zugehörigkeit bestimmen soll. Nördlich des Gazellenflusses, bei den Nuba von Südkordofan

---

[37] Die Fakten dieses Abschnitts sind entnommen aus de WAAL (1998). Am 11. Juli 2000 wurde ein Memorandum zu diesem Thema veröffentlicht von: The European-Sudanese Public Affairs Council, 1 Northumberland Avenue, London WC2N 5BW, England. Siehe auch John HARKER: Human Security in Sudan: The Report of a Canadian Assessment Mission, Prepared for the Minister of Foreign Affairs, Ottawa, January 2000, http://www.dfait-maeci.gc-foreignp3110186-e.jpdf. Die Position von Christian Solidarity International ist ebenfalls im Internet nachzulesen: http://www.csi-int.ch/csi-redemp-program.htm.

kommt als Reaktion darauf das Modell des nationalen Souveräns zum Zug – vorläufig jedenfalls, muss man hier in aller Vorsicht hinzufügen. Im Fall der Dinka entlang des Gazellenflusses sah es die meiste Zeit nach dem Anfang des Südsudankonfliktes im Jahre 1955 so ähnlich aus. Doch seit Mitte der achtziger Jahre nimmt hier eine Politik des Kaperns abgründige Züge an. Es wird nicht mehr der Staatsapparat gekapert – dieser hat sich hier zurückgezogen –, sondern statt dessen die Bevölkerung. Die Entführung und der Austausch von Geiseln gegen Lebensmittel oder Dollar wird zu einer zuverlässigen Erwerbsquelle.

In den dreißiger Jahren des vergangenen Jahrhunderts hat EVANS-PRITCHARD (1940/1970) bei den Nuer, den Nachbarn der Dinka, festgestellt, dass ein Mensch erst dann hungert, wenn alle anderen in seiner Gemeinschaft ebenfalls hungern. Es mag sein, dass EVANS-PRITCHARD die Sache ein wenig romantisch verklärte. Jedoch haben wir keinen Anlass, ihm grundsätzlich zu misstrauen. Ganz im Gegenteil: die ethnographische Literatur Afrikas bestätigt seine Beobachtung.[38] Wie konnte es im Laufe der letzten Jahrzehnte postkolonialer Entwicklung zu der wahnsinnigen Anomie des Warlord-Systems kommen? Ich möchte mit einem Bild schließen:

Das Land nördlich und südlich des Gazellenflusses, wo Nuba, Dinka und arabische Rindernomaden leben, ist einer der abgeschiedensten Orte Afrikas und damit der ganzen Welt. Für unsere mentale Landkarte Afrikas hat Joseph CONRAD (1899/1992) die passende Metapher dieses Ortes geliefert, auch wenn er vom Kongo sprach: Von Alexandria losfahrend, nach gut viertausend Kilometer nilaufwärts in das Innere des dunkeln Kontinents ist man am Gazellenfluss endlich im „Herz der Finsternis". Hier kommt es nach dem schrittweisen Rückzug der Chevron-Experten zwischen 1984 und 1992 und der Auflösung ihrer Privatarmee zu der letzten und fatalen Aufführung des globalen Dramas „Zivilisation versus Barbarei". Das Skript dieses Dramas wird weder am Gazellenfluss, noch an einem entfernten Ort geschrieben. Es wird von der diskursiven Produktivität des medial verstärkten Zwillingsmusters von Inklusion-Exklusion im Zwischenraum hervorgebracht. Aus entfernten und benennbaren Orten kommt allein die technische Ausstattung des Dramas: die Foto- und Fernsehkameras aus Amerika und Europa, die AK-47, die RPG9, die Munition dafür, die sowjetischen Antonov-Bomber und die Tretminen aus irakischer Produktion mit den Namen PAM2, MB6 und „One Leg'"

---

[38] EVANS-PRITCHARD (1940/1970), POLANYI (1944/1990, S. 225), SAHLINS (1973, S. 139-186), SPITTLER (1989).

Literatur

Neben der hier aufgezählten wissenschaftlichen Literatur beruht dieser Text auch auf Auswertungen von Presseberichten, die in den Fußnoten angegeben sind.

ALLEN, Tim (1999): War, genocide, and aid. – Sociologus. (Beiheft 1. Dynamics of violence. Processes of escalation and de-escalation in violent group conflicts) S. 177-201.

AFRICAN RIGHTS (1995): Facing genocide: the Nuba of Sudan. – London: African Rights.

APPADURAI, Arjun (1998): Dead certainty: Ethnic violence in the era of globalization. – Public Culture 10 (2), S. 225-247.

BHABHA, Homi K. (1994): The Location of culture. – London, New York.

BAUMANN, Gerd (1987): National integration and local integrity. The Miri of the Nuba Mountains in the Sudan. – Oxford.

BAYART, Jean-Francois (1993): The state in Africa. The politics of the belly. – London, New York.

COMAROFF, John L. and Jean COMAROFF (eds. 1999): Civil society and the political imagination in Africa: Critical perspective. – Chicago.

CONRAD, Joseph (1899/1992): Herz der Finsternis. – Zürich.

COOLEY, John (1999): Unholy wars: Afghanistan, America and international terrorism. – Pluto.

EDELMAN, Murray (1988): Constructing the political spectacle. – Chicago and London.

ELWERT, Georg (1987): Ausdehnung der Käuflichkeit und Einbettung der Wirtschaft. Markt und Moralökonomie. – Kölner Zeitschrift für Soziologie und Sozialpsychologie (Sonderband 28: Soziologie wirtschaftlichen Handelns), S. 300-321.

ELWERT, Georg (2000): Globalisierung als Phänomen der sozialen und kulturellen Entwicklung. – In: MOSER, R. (Hrsg.): Die Bedeutung des Ethnischen im Zeitalter der Globalisierung. Berlin.

EVANS-PRITCHARD, Edward E. (1940/1970): The Nuer. A description of the modes of livelihood and political institutions of a Nilotic people. – New York.

FOUCAULT, Michel (1970/1994): Die Ordnung des Diskurses. – Frankfurt am Main.

GELLNER, Ernest (1983/1991): Nationalismus und Moderne. – Berlin.

GESCHIERE, Peter and Francis NYAMNJOH (2000): Capitalism and autochthony: The seesaw of mobility and belonging. – Public Culture 12 (3).

HYMAN, Anthony (1987): The Afghan politics of exile. – Third World Quarterly 9 (1), S. 67-84.

JAMES, Wendy R. (1979): Kwanim pa. The making of the Uduk people. – Oxford.

JEAN, Francois (1999): Humanitäre Hilfe und Kriegsökonomie. – In: JEAN, Francois und Jean-Christophe RUFIN (Hrsg.): Ökonomie der Bürgerkriege. – Hamburg, S. 440-476.

KAPUSCINSKI, Ryszard (1999): Afrikanisches Fieber. Erfahrungen aus vierzig Jahren. – Frankfurt am Main.

KRAMER, Fritz W. (1977): Verkehrte Welten. Zur imaginären Ethnographie des 19. Jahrhunderts. – Frankfurt am Main.

KRAMER, Fritz (1991): Patchwork. Zwischen Struktur und Anomie. – In: KRAMER, Fritz W. und Bernhard STRECK (Hrsg.): Sudanesische Marginalien. Ein ethnographisches Programm. – München, S. 7-16.

KRAMER, Fritz W. und Gertraud MARX (1993): Zeitmarken. Die Feste von Dimodonko. – München.

KRAMER, Fritz W. (1987): Der rote Fes. Über Besessenheit und Kunst in Afrika. – Frankfurt am Main.

KOHL, Karl-Heinz (1981): Entzauberter Blick. Das Bild vom Guten Wilden und die Erfahrung der Zivilisation. – Berlin.

KOHL, Karl-Heinz (1987): Abwehr und Verlangen. Zur Geschichte der Ethnologie. – Frankfurt am Main.

KROEBER, Alfred L. (1940): Stimulus diffusion. – American Anthropologist 42 (1), S. 1-20.

NADEL, Siegfried F. (1947): The Nuba. An anthropological study of the hill tribes in Kordofan. – London.

POLANYI, Karl (1944/1990): The Great Transformation. Politische und ökonomische Ursprünge von Gesellschaften und Wirtschaftssystemen. – Frankfurt am Main.

PRUNIER, Gérard (1999): Zur Ökonomie des Bürgerkrieges im Südsudan. – In: JEAN, Francois und Jean-Christophe RUFIN (Hrsg.): Ökonomie der Bürgerkriege. – Hamburg, S. 278-311.

ROTTENBURG, Richard (1989) "Sesam, öffne dich!" Die Außenwelt in der Innenwelt der Moro-Nuba von Lebu in Südkordofan / Sudan. – Anthropos 84, S. 469-485.

ROTTENBURG, Richard (1991): Ndemwareng. Wirtschaft und Gesellschaft in den Morobergen. – München.

ROTTENBURG, Richard (1994): Orientierungsmuster afrikanischer Bürokratien. Eine Befragung modernisierungstheoretischer Ansätze. – In: LAUBSCHER, Matthias S. und Bertram TURNER (Hrsg.): Systematische Völkerkunde (Völkerkundetagung 1991). – München: 216-229.

ROTTENBURG, Richard (1996): When organization travels: On intercultural translation. – In: CZARNIAWSKA, Barbara und Guje SEVÓN (Hrsg.): Translating organizational change. – Berlin, New York, S. 191-240.

ROTTENBURG, Richard (1999): Weithergeholte Fakten. Translokale Übersetzungen der Anthropologie und Entwicklungszusammenarbeit. – Habilitationsschrift. Europa-Universität Viadrina, Frankfurt an der Oder.

ROTTENBURG, Richard (2000): Diffusion und Translation in der Entwicklungszusammenarbeit mit Afrika. – Erscheint demnächst in dem Tagungsbericht Afrika 2000. Tagung des Vereins der Afrikanisten in Deutschland, Leipzig 2000.

RYLE, John (1998): Sudan: The perils of aid. – The New York Review of Books, May 14, S. 63.

SAHLINS, Marshall (1973): On the sociology of primitive exchange. The relevance of models for social anthropology. – In: BANTON, Michael (ed.): A. S. A. Monographs 1. – London and New York, S. 139-186.

SCHRADER, Heiko (1999): Globalisierung, (De)Zivilisierung und Moral. Zur Struktur der "Weltgesellschaft" in der Postmoderne. – In: KÖßLER, Reinhard, Dieter NEUBERT und Achim von OPPEN (Hrsg.): Gemeinschaften in einer entgrenzten Welt. – Berlin, S. 135-157.

SCHIFFAUER, Werner (2000): Die Gottesmänner. Türkische Islamisten in Deutschland. Eine Studie zur Herstellung religiöser Evidenz. – Frankfurt am Main.

SPITTLER, Gerd (1989): Handeln in einer Hungerkrise. Tuaregnomaden und die große Hungerkrise von 1984. – Opladen.

STRECK, Bernhard (1993): Menschenrecht und Gottesrecht. Zu den Auswirkungen des islamischen Fundamentalismus im Sudan. – Manuskript.

STRECK, Bernhard (1997): Fröhliche Wissenschaft Ethnologie. Eine Führung. – Wuppertal.

TAUSSIG, Michael (1993/1997): Mimesis und Alterität: eine eigenwillige Geschichte der Sinne. – Hamburg.

WAAL, Alex de (1997a): Famine crimes. Politics and the disaster relief industry in Africa. – Oxford.

WAAL, Alex de (1997b): Sudan 1972-93. Privatizing famine. – In: WAAL, Alex de: Famine crimes. Politics and the disaster relief industry in Africa. – Oxford, S. 86-105.

WAAL, Alex de (1998): Exploiting slavery: Human rights and political agendas in Sudan. – New Left Review 227.

WIRZ, Albert (1982): Krieg in Afrika – Die nachkolonialen Konflikte in Nigeria, Sudan, Tschad und Kongo. – Wiesbaden.

Ethnisch-politische Konflikte der Modernisierung in den peruanischen Anden

Andreas Thimm

Am 26. Januar 1983 geschah in den peruanischen Anden, im Departamento Ayacucho, ein Verbrechen, das in der Politik hohe Wellen schlug und die Regierung des Präsidenten Fernando Belaúnde Terry in erhebliche Verlegenheit brachte. Eine Gruppe von acht Journalisten wurde auf brutale Weise umgebracht. Anschließend wurden – wie sich später herausstellte – ihre Kleider gewaschen und dann verbrannt. Den Leichen wurden die Knöchel gebrochen; am Rande der Gemarkung wurden sie mit dem Gesicht nach unten verscharrt.

Was war geschehen? Wenige Tage zuvor war bekannt geworden, die Campesinos (Indios) des Weilers Uchuraccay hätten mehrere – die Rede war von sieben – Guerilleros des *Sendero Luminoso*, des „Leuchtenden Pfades", getötet. Die mit der Bekämpfung der Guerilla beauftragten Militärs seien weder beteiligt, noch auch nur in der Region gewesen. Die Journalisten – sechs von ihnen aus Lima, die übrigen aus Ayacucho – wollten den nicht sehr zuverlässig erscheinenden Nachrichten vom Widerstand der indianischen, d.h. Quechua sprechenden Campesinos gegen die maoistische Guerilla nachgehen. Dabei wurden sie getötet (DEL PINO 1998, S. 162).

Sofort kursierten Gerüchte, die Journalisten seien nicht von den Campesinos getötet worden, sondern vom Militär. Sie seien illegalen gegenterroristischen Aktivitäten des Heeres auf die Spur gekommen und deshalb von Militärs umgebracht worden. Man habe den Mord dann den Campesinos in die Schuhe geschoben. Dementis der Militärs und der Regierung wurden von vielen nicht geglaubt. Der Druck auf die Regierung wuchs. Schließlich schlug die Opposition im Parlament vor, eine unabhängige Untersuchungskommission zu beauftragen, die Vorgänge zu klären. Präsident Belaúnde stimmte zu. Die Kommission aus drei angesehenen, unabhängigen Personen wurde gebildet. Sie bestand aus dem Journalisten Abraham Guzmán Figueroa, dem Strafrechtler Mario Castro Arenas und dem Schriftsteller Mario Vargas Llosa.

Dem Untersuchungsbericht dieser Kommission verdanken wir die relativ genaue Kenntnis der Vorgänge. VARGAS LLOSA, der den von den drei Mitgliedern der

Kommission gemeinsam erarbeiteten Bericht abgefasst hat, nahm ihn in den dritten Band der Sammlung seiner publizistischen Gelegenheitsarbeiten auf (1990). Danach waren die Journalisten am frühen Morgen des 23. Januar mit einem Taxi von Ayacucho aus aufgebrochen. Nach etwa zwei Stunden Fahrt hatten sie das Taxi verlassen, um zu Fuß weiter zu gehen. Nach etwa zwei Stunden Marsch in schwierigem Gelände erreichten sie das Dorf Chacabamba, wo einer der Journalisten nahe Verwandte hatte. Dort wurde eine Pause gemacht und gegessen. Unter der Führung des Bruders eines der Journalisten ging es weiter. Nach etwa fünf Stunden wiederum beschwerlicher Wanderung kam die Gruppe in Sichtweite des Dorfes Uchuraccay. „Die Kommission kam zu der *relativen Überzeugung,* dass die Journalisten überraschend und massiv durch eine Menschenmenge attackiert wurden, in der eine Mischung aus Angst und Wut brannte und sie zu einer im täglichen Leben und unter normalen Umständen unüblichen Grausamkeit brachte, ohne dass es zu einem Wortwechsel gekommen wäre. Die Kommission kommt zu dieser Schlussfolgerung angesichts der Tatsache, dass drei Journalisten Quechua sprachen und daher im Falle eines Wortwechsels über ihre Identität, Ziel und Intentionen hätten aufklären können und so das Misstrauen und die Feindseligkeit der Angreifer hätten abbauen können" (VARGAS LLOSA 1990, S. 101). (Die Kommission) „ist zu der absoluten Überzeugung gekommen, dass die Entscheidung, die Terroristen des „Leuchtenden Pfades" zu töten, weder plötzlich, noch zeitgleich mit dem Verbrechen gefällt wurde, sondern im voraus, in zwei Versammlungen, an denen mehrere, möglicherweise alle Comunidades der ethnischen Familie der Iquicha beteiligt waren" (ebd. S. 106). Man war sehr beunruhigt wegen der Übergriffe der Guerilleros, wobei Viehdiebstähle beklagt wurden, aber auch zwei ermordete und mehrere verletzte Campesinos aus Uchuraccay. Der Bericht hielt eindeutig fest, dass sich weder zur Zeit der Ermordung der Journalisten, noch unmittelbar zuvor Soldaten in der Gegend aufgehalten hatten. Die Militärs schieden als Täter aus.

Mit diesem Bericht war die unmittelbare politische Gefahr für die Regierung Präsident Belaúndes gebannt, auch wenn vor allem linke Kreise fortfuhren, die Militärs und damit eben auch die Regierung verantwortlich zu machen und damit durchaus nicht gänzlich erfolglos waren, wie VARGAS LLOSAS vehemente Polemik gegen europäische Journalisten zeigt, die derartige Gerüchte als Nachrichten präsentierten. Der dramatische Zwischenfall brachte einen Konflikt in das Bewusstsein auch der Bewohner der Küste und vor allem der Metropole Lima, der bis dahin kaum zur Kenntnis genommen worden war. Seit 1980 nämlich tobte im südlichen Hochland, ausgehend vom Departamento Ayacucho, ein brutaler Bürgerkrieg, bei dem die indianischen Campesinos zunehmend zwischen die Fronten gerieten.

Im Jahre 1980, genau zur ersten demokratischen Wahl eines Präsidenten seit 1963, hatte sich die bereits länger existierende maoistische Partei des *Sendero Luminoso*, des „Leuchtenden Pfades" als Guerilla konstituiert. Der spektakuläre erste Auftritt bestand darin, dass in entlegenen Dörfern die Wahllokale überfallen und die Wahlurnen verbrannt wurden. Damit war nicht nur die Verachtung demokratischer Verfahren deutlich gemacht worden, sondern – wie sich später herausstellte – auch schon ein wesentlicher strategischer Plan der Guerilla erkennbar geworden: Das Land oder große Teile des Landes sollten unregierbar gemacht werden, um dadurch die neuerliche Machtübernahme durch das Militär zu provozieren. Die zu erwartende scharfe Repression sollte dann das Land reif für die Revolution machen. Man hoffte auf den allgemeinen Volkskrieg (CASTAÑEDA 1995, S. 149).

In der folgenden Zeit wurden häufig Polizeiposten in entlegenen Dörfern überfallen, die Besatzungen ermordet, und gelegentlich wurden auch die gewählten oder vom Konsens der Campesinos getragenen örtlichen Notabeln, die häufig als *teniente gobernador* die Staatsgewalt repräsentierten, hingerichtet. Die Reaktion des Staates war paradox: Einerseits wurde zwar das Departamento Ayacucho unter Ausnahmerecht gestellt und auch die zivile Verwaltung dem militärischen Befehlshaber unterworfen; andererseits aber wurden die mit wenigen schlecht bewaffneten Polizisten besetzten Außenposten aufgelöst und das Gelände damit der Guerilla überlassen. Das Militär trat nur in größeren Verbänden auf, denen die Guerilla leicht ausweichen bzw. durch Hinterhalte zusetzen konnte. Es entstanden „befreite Gebiete", in denen der Staat nicht mehr präsent war oder nur noch sporadisch mit größeren Truppenverbänden auftrat. Die schlecht ausgebildeten Soldaten, die überwiegend von der Küste kamen, kein Quechua sprachen und den verbreiteten Vorurteilen mit rassistischen Untertönen über die „zurückgebliebenen Indios" anhingen, waren nicht dazu angetan, das Vertrauen in die Staatsgewalt zu verbessern. Da die Guerilla nicht zu fassen war, wurden die Campesinos Opfer eines wahllosen Gegenterrors (MANRIQUE 1998, BURT 1998, GONZÁLEZ-CUEVA 2000). Hier liegt der erste Grund für die dramatisch ansteigende Zahl von Flüchtlingen, die in den *pueblos jóvenes* Zuflucht fanden, den Elendsvierteln um die Großstädte herum. Noch heute sind viele Dörfer zerstört und verlassen. Eine Rückwanderung kommt nur sehr zögernd in Gang, und es ist nicht zu erwarten, dass alle diejenigen, die in den 80er und 90er Jahren das Gebiet verlassen haben, dorthin zurückkehren.

Die Vorgeschichte: Wandlungen der Agrarstruktur

Die Wahl Fernando Belaúnde Terrys zum Präsidenten beendete zwölf Jahre Militärdiktatur. Die besondere Ironie bestand darin, dass es Belaúnde war, der am 3. Oktober 1968 vom putschenden Militär am sehr frühen Morgen aus dem Präsidentenpalast geholt und im Schlafanzug in ein Flugzeug ins Exil gesetzt worden war. Der *Gobierno revolucionario de las Fuerzas Armadas* verstand sich als radikale Reformregierung. Die unter Belaúnde zaghaft begonnene Agrarreform, die aber immerhin zahlreiche Landbesetzungen durch *colonos* oder *comunidades* legalisiert hatte, wurde inhaltlich radikalisiert, indem sie auf die hochproduktiven agroindustriellen Komplexe der Zuckerproduktion an der Küste ausgedehnt wurde, die das Agrarreformgesetz von 1965 ausdrücklich ausgenommen hatte. Zudem wurde die administrative Umsetzung erheblich beschleunigt, so dass bis 1975 der traditionelle Großgrundbesitz fast völlig verschwunden war (BOURQUE und PALMER 1975, S. 197). Auf die nicht weniger einschneidenden Reformen im industriellen Sektor will ich hier nicht weiter eingehen, zumal sie – im Gegensatz zur Agrarreform – Episode blieben, der langfristige Wirksamkeit nicht vergönnt war.

Der Grundgedanke der Agrarreform wollte die Großbetriebe erhalten. Verteilung von Land an Einzelbauern gab es nur in Ausnahmefällen. Die Großbetriebe im Andenhochland sollten als Genossenschaften erhalten bleiben und einer durchgreifenden Modernisierung unterworfen werden. Gleichzeitig sollten die teilweise Jahrzehnte alten Landstreitigkeiten zwischen des Haciendas und den umliegenden Comunidades ein für allemal gelöst werden. Die nur zum Teil auf die Kolonialzeit zurückgehenden Haciendas hatten sich nach der Unabhängigkeit im 19. Jahrhundert erheblich zu Lasten der Comunidades ausgedehnt. „Es gibt im heutigen Peru eine unmittelbare Beziehung zwischen mildem Klima und Mestizentum einerseits und kaltem, strengen Klima und rein erhaltenen Indios andererseits. Die Spanier bemächtigten sich der Täler, um sich dort niederzulassen, und drängten die Indios in die hochgelegenen Teile ab" (ARGUEDAS 1959, S. 358). Dieser Prozess begann in der Kolonialzeit, ging aber im 19. Jahrhundert beschleunigt weiter, nachdem die Gesetzgebung der spanischen Krone zum Schutze der Indios hinfällig geworden war. Versuche der Comunidades, den Landraub mit Hilfe des Rechts und der Politik aufzuhalten oder gar rückgängig zu machen, blieben überwiegend erfolglos. Sie führten aber zu zyklisch auftretenden Bauernunruhen, die sich vor allem in Landbesetzungen äußerten. Ob die Landbesetzungen mit Polizeigewalt oder gar unter Einsatz von Militär geahndet und verhindert wurden, hing mehr von politischen Konjunkturen in der Hauptstadt und von den politischen Verbindungen der betroffenen Hacendados ab als von Fragen der rechtlichen Situation. Die sozialen und wirtschaftlichen Verhältnisse wurden von Lima aus als einheitlich unterentwickelt betrachtet. Danach gab es in den Städten, nämlich den Hauptstädten der Departamentos und vielleicht einigen weiteren Unterzentren, spanischsprachige entwickelte Enklaven, die wirtschaftlich, politisch und gesellschaftlich auf die Küste ausgerichtet waren. Für die linken wie die rechten Ideologen boten diese Enklaven Möglichkeiten – allerdings unterschiedlich verstandenen – Fortschritts. Die ruralen Siedlungen, Comunidades wie Haciendas gleichermaßen, wurden als indianisch geprägte unterentwickelte Gebiete angesehen, denen vom Zentrum ein so oder so geprägter Fortschritt gebracht werden musste. Eine derartige Sicht entsprach aber der tatsächlichen Situation schon seit Jahrzehnten nicht mehr.

Vielmehr hatte sich die Lage erheblich differenziert: Hacienda war schon lange nicht mehr gleich Hacienda. Es gab noch die traditionelle Form, auf der je nach Größe zwischen einem Dutzend und mehreren tausend Quechua sprechende Colonos lebten, die winzige Parzellen für die Subsistenz bearbeiteten und auf der Naturweide etwas eigenes Vieh weiden lassen durften, und im Gegenzug zu nicht oder sehr gering bezahlter Arbeit auf dem Ackerboden der Hacienda verpflichtet waren (ALBERTI 1976, S. 264). Es kam auch vor, allerdings nicht sehr häufig, dass diese Arbeitspflicht „vermietet" wurde (WHYTE 1976, S. 243). Die Eigentümer lebten nicht auf der Hacienda, sondern in den Städten, häufig in Lima, und die Verwalter, die *mayordomos*, beuteten nicht nur die Colonos aus, sondern betrogen auch die Eigentümer nach Strich und Faden. Eine Quelle von Reichtum im kapitalistischen Sinne waren die traditionellen Haciendas nicht. Und weil sie nur geringe oder gar keine Erträge für die Eigentümer abwarfen, interessierten sich diese kaum für ihren Landbesitz.

Das Desinteresse konnte unterschiedliche Auswirkungen haben: Es kam vor, dass die Hacienda parzellenweise an die Colonos verkauft wurde, die dann eine Comunidad bildeten, die aber in der Regel nicht als solche staatlich anerkannt wurde. Es kam vor, dass die Hacienda oder große Teile von ihr an eine oder mehrere der umliegenden Comunidades verkauft wurde (BOURQUE und PALMER 1975, S. 212). Es kam aber auch vor, dass eine Hacienda einfach aufgegeben wurde, d.h. sie ging de facto in den Besitz der Colonos über, ohne dass de jure ein Eigentümerwechsel stattgefunden hätte. In einigen Regionen wurden in den 60er Jahren Ländereien von Campesino-Organisationen besetzt, was zwar teilweise zu gewaltsamen Auseinandersetzungen führte, häufig jedoch nicht rückgängig gemacht wurde (MAYER 1999;

BOURQUE and PALMER 1975, S. 197; STRASMA 1976, S. 297). Haciendas, die der Öffentlichen Hand oder Körperschaften des öffentlichen Rechts gehörten, wurden gelegentlich von den Colonos gepachtet, die sich als Genossenschaft konstituiert hatten (ALBERTI 1976, S. 270).

Auf manchen Haciendas gab es aber auch ernsthafte Modernisierungsanstrengungen. Ein als Agraringenieur ausgebildetes Mitglied der Eigentümerfamilie zog auf die Hacienda, modernisierte die landwirtschaftlichen Techniken, beschaffte hochqualitatives Saatgut, investierte in ertragsstarkes Vieh, kaufte moderne Maschinen und erfüllte die schon lange bestehende, aber meistens vernachlässigte Verpflichtung, eine Grundschule zu unterhalten. Wo diese modernisierende Ertragssteigerung auf Intensivierung der Viehzucht beruhte, konnte sie negative soziale Konsequenzen haben: Der Verzicht auf Ackerbau verringerte den Bedarf an Arbeitskräften mit den entsprechenden Folgen für die Colonos, die in Einzelfällen vertrieben wurden, häufiger als Pächter auf ihren Parzellen blieben, nun aber die Pacht in bar entrichten mussten, wofür aber Geld zunächst nicht vorhanden war, weil die Parzellen vermarktbare Überschüsse nicht abwarfen. Suche nach Lohnarbeit in der Region oder temporäre Arbeitsmigration an die Küste waren die Antworten auf diese Lage.

Ähnlich differenziert stellte sich die Situation in den Comunidades dar: Kollektiveigentum an Ackerboden gab es nur sehr vereinzelt; die Regel stellte vererbbares Individualeigentum dar, auch dort, wo de jure die Comunidad als ganze kollektiver Eigentümer war. Kollektiveigentum an den Naturweiden war schon häufiger. Unbezahlte gemeinschaftliche Arbeiten an kommunalen Einrichtungen wie Schulen, Gemeindehäusern, Straßen bzw. Wegen, Bewässerungsgräben u.ä. war nach wie vor weit verbreitet. Auch persönliche Hilfsleistungen auf Gegenseitigkeit der Comuneros untereinander waren und sind üblich. Dies bezieht sich auf landwirtschaftliche Arbeiten ebenso wie auf Hüttenbau, Transport u.ä. Wo die Einkommensverhältnisse stark differenziert sind, lösen die Wohlhabenderen ihre Arbeitsverpflichtungen durch Geldzahlungen ab, wodurch zusätzlich Einkommenschancen für die Ärmeren geschaffen werden. Geldeinkommen können aus Vermarktung agrarischer Überschüsse, aber auch aus Händlertätigkeit, aus Lohnarbeit in der Region oder aus temporärer Arbeitsmigration stammen (MAYER and GLOVE 1999). In zahlreichen Dörfern haben Projekte internationaler Entwicklungsorganisationen die Menge vermarktbarer Agrarüberschüsse beträchtlich erhöht und damit die finanzielle Lage verbessert.

Die durchaus nicht mehr einheitlichen Lebensverhältnisse brachten mit sich, dass die Agrarreform ebenfalls unterschiedliche Folgen nach sich zog. Für alle diejenigen Comunidades und Minifundistas, die keinen Großgrundbesitz in der Umgebung hatten, änderte sich wenig bis nichts. Für die Colonos traditioneller Haciendas waren die Folgen zumindest kurzfristig positiv: Ihre Lebensweise änderte sich zunächst nur wenig, aber die Erträge ihrer Arbeit auf dem bisher dem Hacendado vorbehaltenen Land kam nun ihnen zugute. Allerdings wurde das nicht überall so gesehen: Die nunmehr von der Agrarreformbehörde eingesetzten Verwalter, die zudem aus den erwirtschafteten Erträgen die vom Staat vorfinanzierten Entschädigungszahlungen an die ehemaligen Eigentümer dem Staat zurückzahlen mussten, wurden in vielen Fällen als „Hacendados neuen Stils" angesehen und hatten entsprechende Konflikte mit den ehemaligen Colonos, nunmehr Genossen der Genossenschaften. Auf die Organisationsformen wird zurückzukommen sein (KAY 1995, S. 27-31).

Anders sah die Lage bei den bereits kommerzialisierten Haciendas aus: Sie waren angewiesen auf ein professionelles Management nicht nur im agrartechnischen, sondern auch im kommerziellen und finanziellen Sinne. Da die Landreform im Andenhochland nur langsam in Gang kam – wenn auch sehr viel schneller als unter dem Gesetz von 1964 während der Präsidentschaft Belaúndes – blieb den Eigentümern in vielen Fällen ausreichend Zeit, sich auf die neue Lage einzustellen. Häufig wurde diese Zeit genutzt zu einer systematischen Entkapitalisierung, bei der das Vieh verkauft bzw. geschlachtet, die Maschinen abtransportiert wurden etc., so dass keine funktionsfähigen Betriebe enteignet werden konnten, sondern lediglich Flächen. In anderen Fällen setzte eine selbstgemachte „Reform" ein, bei der die von den Colonos zum Eigenbedarf genutzten Flächen an diese verkauft und die Naturweiden an Comunidades abgetreten wurden. Ziel war in solchen Fällen, mit den fruchtbaren Kernbereichen in den Tälern und entlang der Wasserläufe unter den Höchstgrenzen für Flächen in Privatbesitz zu bleiben und so der Enteignung zu entgehen. Ob die Taktik Erfolg hatte, hing von Imponderabilien wie den persönlichen Beziehungen der Betreiber zu den jeweiligen Verwaltungsstellen der Agrarreformbehörde ab (BOURQUE and PALMER 1975, S. 213-215).

Die enteigneten Haciendas wurden in SAIS (*Sociedad Agrícola de Interés Social* – Agrarische Gesellschaft sozialen Nutzens) umgewandelt. Es handelte sich dabei um Genossenschaften, deren individuelle Mitglieder die ehemaligen Colonos waren. Diese behielten die Parzellen, die sie seit jeher bewirtschaftet hatten, und arbeiteten auf dem Land der Hacienda als Lohnarbeiter. Als Genossen der Genossenschaft hatten sie Anspruch auf die zusätzliche Auszahlung allfälliger Gewinne nach Betriebskosten inkl. Löhne und notwendigen Investitionen. Die benachbarten Comunidades – gelegentlich mehr als 30 – wurden ebenfalls in die SAIS einbezogen. Die Comuneros wurden aber nicht individuell Mitglieder der Genossenschaft, sondern die Comunidad wurde korporatives Mitglied (BOURQUE and PALMER 1975, S. 188). Entsprechend wurden Gewinnanteile der Comunidades nicht individuell ausgezahlt, sondern als Beitrag zu Gemeinschaftsaufgaben wie Schulen, Gemeindehäusern etc. kollektiv (HARDING 1975, S. 247). Diese Konstruktion, welche die Konflikte zwischen Comunidades und Haciendas endgültig ausräumen sollte, schuf neue Konfliktlinien: Die individuellen Mitglieder der SAIS konnten den Gewinn, an dem auch die Comunidades zu beteiligen waren, durch Lohnerhöhungen minimieren. Gleichzeitig verringerten sie dadurch die Chancen der Comuneros, durch Lohnarbeit auf der Hacienda ein Zubrot zu verdienen. Und wenn die Modernisierungs- und Investitionspläne des SAIS-Managements eine Aufwertung der Naturweide zwecks Intensivierung der Viehzucht vorsahen, konnte der Zugang der Comuneros zu diesen Flächen beeinträchtigt werden. Die alten Konfliktfelder bestanden also fort und zusätzlich konnten sich neue ergeben. Landbesetzungen, die vor der Agrarreform durchaus Erfolgschancen hatten (HUBER 1995), wurden nun von der Militärregierung umgehend durch Polizei- oder gar Militäreinsatz rückgängig gemacht (MASON 1998, S. 215-217; MALLON 1998, S. 109).

Aber auch zwischen SAIS-Management und individuellen Genossen herrschte keineswegs eitel Harmonie. Das Management wurde von Regierungsstellen eingesetzt und rekrutierte sich häufig aus SINAMOS (Sistema Nacional de Apoyo a la Mobilización Social – Nationales System zur Unterstützung der gesellschaftlichen Mobilisierung). Diese Institution war eine Superbehörde, die – ganz im Gegensatz zu ihrem Namen – die zahlreichen und teilweise landesweit tätigen Campesino-Organisationen integrierend kontrollieren sollte (BOURQUE and PALMER 1975, S. 190). Entsprechend war der Umgang der Funktionäre mit den Campesinos bestenfalls von wohlwollend besserwisserischem Paternalismus, häufig aber von verächtlicher Arroganz der Hochschulabsolventen von der Küste gegenüber den ungebildeten Indios oder Cholos gekennzeichnet. Das Management der SAIS wurde daher weitherum als neue und besonders bürokratisch-schikanöse Form des Hacendado angesehen. Der alte Hacendado war ein Individuum, mit dem man in vielen Fällen persönliche Beziehungen aufgebaut hatte, der deshalb mit seinen Eigenheiten eine bekannte Größe war. Die neuen „Hacendados" wurden dagegen als seelenlose Bürokraten empfunden, die sich auf abstrakte Regeln beriefen, deren Sinn nicht ersichtlich war. Die im wesentlichen über städtische Seilschaften laufende Personalpolitik führte zudem dazu, dass jüngere Leute aus den Comunidades mit erheblicher

Migrationserfahrung und vergleichsweise hohem Bildungsstand nur selten interessante Positionen bekamen.

Die Investitionspläne des Managements und mehr noch die Bedienung der von der Regierung als Entschädigung für die ehemaligen Eigentümer ausgegebenen Schuldverschreibungen wurden von den Genossen als ungerechte Verkürzung ihrer Lohnansprüche angesehen. Allerdings blieb der betriebswirtschaftliche Erfolg der SAIS in vielen Fällen so weit hinter den Erwartungen zurück, dass dieser Konflikt vielfach gar nicht offen auftrat.

Nur in Ausnahmefällen konnten die SAIS die in sie gesetzten Erwartungen erfüllen. Nur sehr wenige unter ihnen konnten als wirtschaftlich erfolgreich bewertet werden. Mit dem Ende der Militärherrschaft 1980 verschwanden sie zwar nicht sofort, aber sehr viele von ihnen begannen auseinanderzufallen, was ein Gesetzt der Regierung Belaúnde 1981 legalisierte (MAYER 19?, S. 10-11; VARGAS LLOSA 1998). Produktionsgenossenschaften hielten sich nur dort, wo eine starke ideologische Bindung vorhanden war, wie z. B. bei einigen protestantischen Sekten (ESCOBAR 1997). Anfang der 90er Jahre – also bereits unter der Regierung Fujimori – wurde die besondere Rechtsstellung der Comunidades Campesinas, der früheren Comunidades Indígenas, aufgehoben. Das Verbot, Land an nicht zur Comunidad gehörende Personen zu verkaufen, entfiel. Und 1995 wurden auch die Höchstgrenzen für den privaten Landbesitz gestrichen. Größere Betriebe hatten sich schon vorher hier und da gebildet und wurden nun legalisiert. Die Hacienda ist tot, der moderne Großbetrieb auf dem Vormarsch.

Der Krieg des „Leuchtenden Pfades"

Der PCP-SL (*Partido Comunista Peruano-Sendero Luminoso*) entstand bereits Anfang der 70er Jahre als eine der zahlreichen extrem linken Splittergruppen. Sein Vorsitzender Abimael Guzmán, von der Küste aus Moquegua stammend, war Philosophieprofessor an der Universität von Ayacucho und dort als Personaldirektor ein einflussreicher Mann, der systematisch ideologisch affine Personen an die Universität holte. Sein Einfluss auf die Studierenden, insbesondere diejenigen aus ländlichen Gebieten, war erheblich.

Ein Netz von geheimen Mitgliedern überzog nicht nur das Departamento Ayacucho, sondern auch die angrenzenden Regionen. Die dem Projekt Guzmáns zugrunde liegende Analyse war so abwegig nicht: Die Regierungen in Lima, gleichgültig ob zivil oder militärisch, hatten sich als unfähig erwiesen, die Probleme der andinen

Bevölkerung zu lösen und eine durchgreifende Entwicklung in Gang zu setzen. Aus dem in den Präsidentschaftswahlen vom Mai 1980 kulminierenden Demokratisierungsprozess, der bereits unter dem Generalpräsidenten Francisco Morales Bermúdez 1978 mit der Wahl einer verfassunggebenden Versammlung begonnen hatte, ergab sich die Gefahr, dass die traditionellen Parteien erneut, und nun mit demokratischer Legitimation, an die Macht gelangen könnten. Deshalb konstituierte sich der Sendero Luminoso mit der Wahl vom Mai 1980 als Volksheer mit dem Anspruch, Avantgarde eines kommunistischen neuen Peru zu sein. Entsprechend verhinderte der Sendero, wo immer er konnte, die Teilnahme an Wahlen oder die Wahl selbst, indem er die Kandidaten ermordete. Beim nächsten Mal ließ sich dann niemand mehr als Kandidat aufstellen. Wie dieses „neue Peru" im einzelnen aussehen sollte, blieb im Dunkeln, auch wenn man sich an maoistischen Vorstellungen orientierte und die Reformpolitik Deng Xiaopings vehement ablehnte. Die Militärregierung unter Juan Velasco Alvarado hatte relativ intensive Beziehungen zur Volksrepublik China unterhalten. Sogar ein Austauschprogramm für Hochschulen hatte es gegeben (STARN 1995, S. 404).

Die in der Region vorhandenen Mitglieder des Sendero erlaubten ihm in dieser ersten Phase des Krieges – denn darum handelte es sich – gezielt gegen die Repräsentanten der vorhandenen Ordnung vorzugehen. Dazu gehörten nicht nur die Uniformierten, sondern auch die zivilen Funktionsträger. Die Autoritätsstruktur der Ortschaften war dualistisch: Es gab die traditionellen Autoritäten der Varayoc, derjenigen, welche die *vara*, eine Art Szepter, als Zeichen ihrer Würde trugen, religiöse Funktionen hatten und die lokalen Feste ausrichteten. Daneben gab es die staatlichen Funktionsträger Alcalde (Bürgermeister) in den Munizipien und Teniente Gobernador (Ortsvorsteher) in den Weilern. Beide Arten Amtsinhaber wurden gewählt, wobei aber nur die Wahl der staatlichen nach offiziellen Regeln unter Aufsicht von Wahlkommissionen stattfand. In vielen, aber bei weitem nicht allen Fällen fielen formale und informale Autorität zusammen.

Der Sendero eliminierte gezielt alle diejenigen Autoritätspersonen, denen Verbindungen zu politischen Parteien, Gewerkschaften, privaten Entwicklungsorganisationen, Kirchen nachgesagt wurden (DEL PINO 1998, S. 162). Auch Lehrer, soweit sie nicht Anhänger des Sendero waren, gehörten zu dieser Gruppe. Das Ziel war hier die vollständige Zerstörung aller organisatorischen Strukturen, die unabhängig vom Sendero waren. Das traf linke Bauernverbände ebenso wie konservative Händler-Vereinigungen, religiöse Gruppen ebenso wie NGOs jeder Art und vor allem deren Projekte (STARN 1995, S. 411; ROBERTS/ARCE 1998, S. 4). In diesem Punkt ist der Sendero über seine Zeit hinaus erfolgreich geblieben. Die in den 60er Jahren durchaus ermutigenden Versuche, mit auch auf der nationalen Ebene aktiven Bauernverbänden in der Sierra eine Zivilgesellschaft zu schaffen, welche auch die Campesinos einschloss, sind dem Sendero und der anschließenden Militarisierung zum Opfer gefallen. Unabhängige politische Vereinigungen sieht auch die jetzige Regierung nicht gern.

Der Sendero verstand sich zudem als Agent einer fundamentalen Moralisierung der Gesellschaft. Deshalb wurden nicht nur Händler, sondern auch gesellschaftliche Übeltäter wie Ehebrecher vor improvisierte Volksgerichte gestellt und mit Körperstrafen bis zur Hinrichtung belegt (DEL PINO 1998, S. 161). Diese Aktionen waren zunächst selektiv und für Dorfbewohner nachvollziehbar, obwohl schon hier vereinzelt hinter vorgehaltener Hand Kritik wegen der übergroßen Schärfe der Strafen geübt wurde. Aus der Sicht der Campesinos war es in vielen Fällen richtig und gerechtfertigt, die Betroffenen zu bestrafen (DEGREGORI 1998, S. 136-137); aber die Todesurteile wurden als unangemessen angesehen. Dabei spielte die Verpflichtung zur gegenseitigen Hilfeleistung eine entscheidende Rolle: Die Hingerichteten hinterließen Angehörige, die zu unterstützen sich die Campesinos verpflichtet wussten, was eine beträchtliche Last bedeutete. Deshalb sah das autochthone Gefühl für Gerechtigkeit nur im äußersten Notfall den Tod des Delinquenten vor (DEGREGORI 1998, S. 139; DEL PINO 1998, S. 184-184).

Unter den mittleren und niederen Kadern des Sendero spielte die Gruppe derjenigen jungen Leute eine wichtige Rolle, die aus den Comunidades kamen, unter Aufbietung großer Anstrengungen häufig nicht nur der Familie, sondern auch anderer Dorfbewohner in die Städte auf weiterbildende Schulen geschickt worden waren, und vielleicht sogar die Universität besucht hatten. Sie waren bi-kulturell, verstanden sowohl die Sitten der Dörfer als auch die Gebräuche der Stadt, saßen aber dadurch zwischen allen Stühlen. Auf eine Anstellung, möglichst beim Staat, die ihrem Ausbildungsstand entsprach, konnten sie kaum hoffen, einerseits, weil es zu wenig Stellen gab, andererseits weil Vorurteile gegen Campesinos sie auch von den wenigen ausschlossen (MANRIQUE 1998, S. 199; CASTAÑEDA 1995, S. 146-147). In den Autoritätsstrukturen der Dörfer aber waren sie nicht vorgesehen: Sie waren zu jung und nicht reich genug. Denn die Verpflichtung der örtlichen Notabeln, die lokalen Feste auszurichten und zumindest teilweise zu finanzieren, konnte von den eigentumslosen Sekundar- und Hochschulabsolventen nicht erfüllt werden. Die gut ausgebildeten jungen Leute fanden im Sendero eine geistige Heimat (MAYER 1994, S. 17; STARN 1995, S. 406; DEGREGORI 1998, S. 128).

Wie bereits angemerkt, reagierte die Staatsgewalt auf die ersten Überfälle auf Polizeiposten mit dem Rückzug aller Uniformierten aus dem betroffenen Gebiet. Sie überließ dadurch das Feld zunächst weitgehend dem Sendero (STARN 1995, S. 405). Mit der Bekämpfung des Aufstands wurde eine angebliche Elitetruppe beauftragt, die von der Küste ins Hochland verlegt wurde. Völlige Unkenntnis der örtlichen Verhältnisse setzte diese Truppe immer wieder überraschenden Hinterhalten der Guerillas aus. Die Antwort war ein unterschiedsloser, eben nicht selektiver Gegenterror, der zunächst die Bindung der Campesinos an den Sendero eher verstärkte als verminderte (MANRIQUE 1998, S. 193). Die schreckliche Logik dieses Gegenterrors lautete: Wenn der Sendero ein Dorf überfallen hatte, waren die Überlebenden verdächtig, der Guerilla nahezustehen, eben weil sie überlebt hatten. Die Campesinos waren zwischen die Fronten von zwei absolut skrupellosen Mordbrennern geraten (MASON 1998, S. 204-205; DEL PINO 1998, S. 163, 167). Eine erste große Flüchtlingswelle war die Reaktion; der Konflikt intensivierte die Migration insbesondere an die Küste und dort vor allem nach Lima (HUBER 1995).

Es dauerte mehrere Jahre, in denen der Sendero Luminoso seine Präsenz sowohl nach Norden als auch nach Süden ausdehnen konnte, bis er praktisch im ganzen Gebiet vom zentralen Hochland bis zum Departamento Puno am Titicacasee aktiv war. Schließlich stellte das Militär seine Taktik radikal um, einerseits weil der politische Druck – auch aus dem Ausland – wegen der permanenten Menschenrechtsverletzungen zu groß wurde, andererseits weil man einsah, dass die an Völkermord grenzende Taktik militärisch eher kontraproduktiv war. Man ging vom Terror zur Kooperation über (DEGREGORI 1998, S. 146). Den Truppen wurden Quechua sprechende Offiziere und Unteroffiziere beigeordnet; man nahm die Sorgen der Campesinos ernst, verteilte Waffen, wenn auch veraltete mit sehr einfacher Technik, und organisierte die Campesinos in *Comités de Autodefensa Civil* (CAC; zivile Selbstverteidigungs-Komitees), die nach dem Muster der Rondas Campesinas des nördlichen Hochlandes (Departamento Cajamarca), wo der Sendero kaum in Erscheinung trat, gebildet waren, dort aber gänzlich andere Aufgaben hatten (BRSYK and WISE 1997; BURT 1998). Seit der unmittelbare Druck durch die Guerilla entfallen ist, haben die CACs analog zu den Rondas Campesinas des Nordens allgemeine Ordnungsaufgaben übernommen und ersetzen damit die nach wie vor unzureichende Präsenz staatlicher Stellen (HUBER 1995). Neu entstandene Campesino-Organisationen fordern inzwischen, den Dienst in den Rondas als Äquivalent und Ersatz des obligatorischen Militärdienstes anzuerkennen (GONZÁLEZ-CUEVA 2000). Man unterstützte die Campesinos mit Fahrzeugen beim Marktbesuch. Man half beim Wiederaufbau zerstörter Dörfer, baute aber auch befestigte Wehrdörfer, in denen die Bewohner mehrerer unbewohnbarer Ortschaften konzentriert wurden. Daraus resultierten allerdings andere Unzuträglichkeiten: Zwar hörten unterschiedslose Massenrepressionen auf, aber sie wurden durch ein ausgeklügeltes Spitzelsystem ersetzt. Dies führte zu einer großen Zahl von Denunziationen, bei denen persönliche Feinde als Sendero-Anhänger verleumdet und sofort verhaftet wurden.

Trotzdem wurde die neue Lage von den Campesinos mehrheitlich als Verbesserung angesehen. Die Lebensverhältnisse unter der Herrschaft des Sendero Luminoso wurden als eine Tyrannei empfunden, die an Schrecklichkeit alles bisherige übertraf. Es begann damit, dass die Guerilla zur Selbstversorgung die Dörfer plünderte und – aus Sicht der Campesinos – wahllos deren nicht eben reichliches Eigentum raubte. Das ging weiter mit dem Verbot, Märkte in den Städten zu besuchen, und der Zerstörung von Wegen und vor allem Brücken, um dieses Verbot durchzusetzen. Alle religiösen Handlungen wurden bei Todesstrafe verboten. Jegliche Kritik brachte die Betroffenen ebenfalls in Lebensgefahr (DEL PINO 1998, S. 178-181). Der Personenkult um den *Presidente Gonzalo* wie sich Abimael Guzmán nun nannte, nahm bizarre Züge an. Ganze Dörfer wurden mit Waffengewalt in Lager in der Ceja de la Montaña, dem Ostabhang der Anden entführt, wo sie jahrelang unter erbärmlichen Verhältnissen hausen mussten. Desertionen wurden mit dem Tode bestraft. Die Katastrophe von Uchuraccay gehört in diesen Zusammenhang. Die Rache des Senderos, vor der die Uchuraccaínos so viel Angst hatten, dass sie die ankommenden Fremden erschlugen, ereilte das Dorf im August 1983, also sieben Monate später: 70 Campesinos fielen ihr zum Opfer.

Eines Kommentars bedarf das Verbot, Märkte zu besuchen. Es ging hier zum einen natürlich darum, Kontakte mit anderen zu verhindern, um den Austausch von Informationen zu erschweren. Aber es ging auch um die Strategie des Sendero, die Städte zu strangulieren, deren Nahrungsmittelversorgung im wesentlichen aus der näheren Umgebung kam. Indem die Städte von den Lieferungen aus den umliegenden agrarischen Gebieten abgeschnitten wurden, sollten die sozialen Spannungen verschärft werden (STARN 1995, S. 415). Aber diese Taktik brachte auch erhebliche Schwierigkeiten für die Campesinos mit sich, denn subsistent wirtschafteten auch diese schon lange nicht mehr (DEGREGORI 1998, S. 133). Sie waren angewiesen auf den Verkauf von Agrarprodukten und den Einkauf anderer Waren. Das Verbot des Marktbesuches traf die Campesinos also hart und musste sie zum Widerstand reizen, sobald dies möglich war (MANRIQUE 1998, S. 205). Auch die Zerstörung großer Agrarbetriebe im Departamento Junín – vor allem der SAIS Cahuide, eines der wenigen erfolgreichen Unternehmen dieser Art, im November 1988 (HUBER 1995) – ist der Taktik zuzurechnen, die Versorgung der Städte mit Agrarprodukten zu be- oder verhindern (MANRIQUE 1998, S. 198).

Lima wurde in diese Taktik einbezogen lange bevor der Sendero begann, in der Metropole selbst aktiv zu werden: Bereits im Dezember 1980 wurden die ersten Masten von Hochspannungsleitungen gesprengt, die mit Hilfe von Wasserkraftwerken im Mantaro-Tal Lima mit elektrischem Strom versorgten. Zerstörungen der Wasserversorgung von Huancayo und von wichtigen Eisenbahnverbindungen gehörten ebenfalls in jenen Kontext (MANRIQUE 1998, S. 196).

Da mein Thema die Entwicklung im andinen Hochland ist, werde ich den Kampf des und gegen den Sendero im Großraum Lima nicht behandeln, auch wenn dort die entscheidenden Schlachten geschlagen wurden und „Presidente Gonzalo" im September 1992 dort in einem bürgerlichen Quartier verhaftet wurde. Die in extremer Weise durch den „Presidente Gonzalo" geprägte Organisation wurde durch die Festnahme ihres Führers kopflos und zerfiel, auch – aber nicht nur – als Folge der schnellen Verhaftung zahlreicher weiterer Kader. Ich kann die Geschichte des Krieges, der immer noch nicht gänzlich beendet ist, nicht in extenso erzählen. Ich will statt dessen versuchen, das Ergebnis dieses Krieges in wenigen Sätzen zusammenzufassen: Der Sendero Luminoso ist geschlagen, aber er ist nicht verschwunden. Kleine versprengte Trupps ziehen nach wie vor durch die Hochanden und überfallen gelegentlich abgelegene Weiler, um nicht zu verhungern. Andere sind im Huallaga-Tal am Ostabhang der Anden zum Amazonasbecken hin tief ins Coca-Business verstrickt, was sie übrigens mit vielen Militärs gemeinsam haben. Aber eine Gefahr für das politische System Perus stellen diese Restbestände der Guerilla nicht mehr dar.

Als bleibende Hinterlassenschaft, an der auch das Militär nichts ändern will, ist die Zerstörung der in den 60er und 70er Jahren recht weit gediehenen Ansätze einer Civil Society anzusehen. Autonome Organisationen der Campesinos gibt es nicht mehr; neue bilden sich nur sehr zögernd und werden von der Regierung Fujimori auch nur dann unterstützt, wenn sie als regierungstreu gelten können (BRYSK and WISE 1997). Die traditionalen Parteien des rechten wie des linken Lagers sind nach wie vor diskreditiert. Bei den Parlamentswahlen, welche die Wiederwahl Fujimoris 1995 begleiteten, erhielten die Traditionsparteien Acción Popular, der Präsident Belaúnde angehörte, APRA, deren Protagonist Präsident Alán García war, und Izquierda Unida, die zwar keinen Präsidenten gestellt hatte, aber lange Zeit eine wichtige politische Kraft in der Metropolitan-Region Lima-Callao gewesen war, zusammen noch 6,3 % (SCHMIDT 2000). Die einzigen wirkungsvolle Organisationen sind die *Comités de Autodefensa Civil*, die Selbstverteidigungskomitees, die aber unter der Kontrolle des Militärs stehen. Wie stark diese Abhängigkeit im täglichen Umgang gespürt wird, hängt von der individuellen Geschicklichkeit des jeweils zuständigen Militärs ab. Präsident Fujimoris personalistisches Regime hat nicht nur alle staatlichen Institutionen gleichgeschaltet, so dass von Gewaltenteilung und Kontrolle der Exekutive nicht mehr die Rede sein kann, sondern verhindert auch effizient den Aufbau unabhängiger Institutionen der Zivilgesellschaft (LEVITSKY 1999). Mit den mehr als 25 % des Staatsbudgets, die beim Präsidenten ressortieren, verteilt er aufgrund wahltaktischer Überlegungen Wohltaten, die teilweise durchaus nützlich sind, aber eben nicht dem Aufbau von Institutionen dienen, die eine nachhaltige Entwicklung unterstützen könnten. Formale Institutionen der gesamtstaatlichen wie auch der regionalen Ebene werden dabei ebenso beiseite gelassen wie NGOs. Es geht diesem Präsidenten um den Aufbau von Loyalitätsbeziehungen zu seiner Person; institutionelle Überlegungen spielen dabei keine Rolle (SCHMIDT 2000).

Eine entwicklungspolitische Konzeption für die andinen Regionen ist nicht einmal in Ansätzen zu erkennen (STOKES 1997; ROBERTS and ARCE 1998). Lediglich die in der internationalen Entwicklungshilfe tätigen NGOs, deren Projekte der Sendero zerstört hatte und deren Mitarbeiter vertrieben oder ermordet wurden, kommen zurück und bauen ihre Projekte wieder auf. Da politisches Bewusstsein nicht die Folge von Indoktrination ist, wie die Senderistas glaubten, sondern sich aus der Anpassung an veränderte Verhältnisse ergibt, sind diese langfristig angelegten Vorhaben ein Grund für vorsichtigen Optimismus.

Ethnischer Konflikt?

Bleibt zum Schluss die Frage, ob die skizzierten Konflikte durchaus unterschiedlicher Art, die in den peruanischen Anden ineinander verschlungen sind, als „ethnische Konflikte" zu bezeichnen sind. Die Antwort ist m. E. ein komplexes „Jein", das erläuterungsbedürftig ist.

Der Begriff „Indio" hat mehrere Konnotationen, von denen nur eine im engeren Sinne ethnisch ist: Indio sein bedeutet danach, dem Volk zugehörig zu sein, das schon da war, als die Spanier kamen. Die anderen Konnotationen sind sozial, schichtenspezifisch. Sie besagen: arm, auf dem Lande lebend, Analphabet, nicht oder nur sehr schlecht spanisch sprechend (ALBERTI 1996, S. 256). Insofern ist es immer auch sozial abwertend, ja sogar stigmatisierend, jemanden als „Indio" zu bezeichnen. Rassistische Untertöne sind häufig unüberhörbar. Aber es ist kein unveränderliches Kennzeichen, Indio zu sein. Wenn es individuell gelingt, die sozialen Attribute des Indios abzustreifen, hört das Individuum auf, in den Augen der Gesellschaft ein Indio zu sein. Wer also fließend Spanisch spricht, Lesen und Schreiben gelernt hat, eine Schule abgeschlossen hat und in der Stadt lebt, ist kein Indio (BRYSK and WISE 1997).

Allerdings ist das Quechua eine für die städtische, stärker vereinheitlichte und in höherem Maße schriftliche Kommunikation aus linguistischen Gründen wenig geeignet. Es zerfällt in mehrere, zum Teil erheblich voneinander abweichende Dialekte. Sierraweit operierende Organisationen sind deshalb nur in spanischer Sprache arbeitsfähig. Das Quechua ist – ebenso wie das Aymará – eine schriftlose Sprache. Geschrieben werden muß es in lateinischen Buchstaben, aber ein einheitliches Quechua-Alphabet gibt es nicht, lediglich für die Cuzqueño-Variante wurde 1946 ein Alphabet offizialisiert (GUGENBERGER 1994, S. 185). Diese Situation führt dazu, dass Quechua zu schreiben denen vorbehalten bleibt, die im Spanischen perfekt alphabetisiert sind. Zum Paradox zugespitzt kann man sagen, dass Quechua zu schreiben ein Bildungsniveau voraussetzt, das es ausschließt, ein Indio zu sein.

Das vorgestellte Konzept des Indios geht nicht vom Selbstverständnis der Betroffenen aus, sondern von Zuschreibungen durch die Mehrheitsgesellschaft. Das ist vom sozialwissenschaftlichen Standpunkt überaus problematisch, wenn nicht rundweg abzulehnen. In diesem Sinne schreibt Eva GUGENBERGER in einer soziolinguistischen Untersuchung zum Sprachgebrauch von Migranten: [Es] „entscheidet nicht die Kenntnis oder Nicht-Kenntnis einer indianischen Sprache (auch nicht eines anderen kulturellen Merkmals) über die Definition des „Indio", sondern vor allem das Bewusstsein, zu einem indianischen Volk zu gehören"(1994, S. 84). Dass in diesem Sinne ein Bewusstsein davon besteht, zu einem von der Mehrheitsgesellschaft unterscheidbaren Volk zu gehören, kann nicht bezweifelt werden. Unklar ist für mich aber – und ich kenne auch keine spezifischen Untersuchungen zu dieser Frage –, ob die wahrgenommene Differenz positiv bewertet oder als zu überwindendes Handicap angesehen wird. Die Schnelligkeit, mit der sich unter den Migranten der zweiten Generation die Kenntnis des Quechua verliert, spricht eher für die zweite Variante.

In ihrer Untersuchung in einer Zuwanderersiedlung am Rande Arequipas fand GUGENBERGER (1994, S. 232) heraus, dass unter den Migranten selbst etwa 75 % neben Spanisch Quechua und/oder Aymará sprechen und weitere 5,7 % Quechua verstehen. Unter den Jugendlichen aber sprechen und verstehen 56,1 % und unter den Kindern unter 14 Jahren sogar 88,6 % nur noch Spanisch. Dieser Befund deutet darauf hin, dass unter den Migranten die in der Mehrheitsgesellschaft verbreitete Identifizierung der indianischen Sprachen mit der untersten Gesellschaftsschicht soweit internalisiert ist, dass das Ablegen dieser Sprachen als Teil des individuellen sozialen Aufstiegs angesehen wird. Unklar bleibt aber, ob das Ergebnis unter Migranten, die im Weichbild einer Großstadt leben, auf die andine Bevölkerung übertragen werden kann.

Der Sendero Luminoso verstand seinen Kampf nicht als ethnisch bestimmt. Dass Abimael Gúzman von der Küste stammte und ebenso wie sein engerer Kreis zur Mehrheitsgesellschaft gehörte, wurde bereits erwähnt. Man sah sich als revolutionäre Elite des Klassenkampfes und hatte keinerlei Sensorium für die kulturelle Eigenständigkeit der Bevölkerung, in deren Interesse zu handeln man vorgab. Der revolutionäre Krieg sollte die Campesinos aus der Rückständigkeit befreien, und das bedeutete, die traditionale Kultur und insbesondere deren soziale Struktur zu überwinden (DEL PINO 1998, S. 175-176). Als die Campesinos dieses verstanden hatten, gingen sie zum aktiven Widerstand über, indem sie sich einerseits in Rondas Campesinas organisierten, andererseits in den CACs mit dem Militär zusammenarbeiteten. Der Erfolg der CACs beruhte nicht nur auf der Unterstützung durch das Militär, sondern mindestens ebenso sehr auf der Kenntnis des Sendero: Viele der Führer der CACs waren vorher im Sendero aktiv gewesen (DEL PINO 1998, S. 184).

Festgehalten aber werden muss, dass die politischen Organisationen der Campesinos sozioökonomische Ziele verfolgt hatten und nicht mit ethnisch-kulturellen Forderungen hervorgetreten sind. Die Campesinos streben eine ökonomische, soziale und politische Besserstellung mit vollen Rechten als Staatsbürger an. Von indianischen Sonderrechten ist – soweit ich sehe – nicht die Rede. Im übrigen haben die zahlreichen sozialanthropologischen Studien, die in den vergangenen Jahrzehnten in den peruanischen Anden gemacht wurden, bei allen regionalen Unterschieden doch ein gemeinsames Ergebnis gebracht: Es findet ein rapider Wandel statt, in dem die Campesinos sozusagen permanent Innovationen der verschiedensten Art selbst entwickeln oder aus der Umwelt der Mehrheitsgesellschaft aufnehmen und sich für die eigenen Zwecke anverwandeln. Dieser Wandel hat die eigene Kultur trivialer Weise verändert, sie aber keineswegs dadurch derjenigen der Mehrheitsgesellschaft einfach angenähert.

Literaturverzeichnis

ALBERTI, Giorgio (1976): Peasant movements in the Yanamarca Valley. – In: David CHAPLIN (ed.): Peruvian nationalism. A corporatist revolution. – New Brunswick, N. J., S. 252-276.

ARGUEDAS, José María (1959): Der Mythos von Inkarrí. – Antaios. Zeitschrift für eine freie Welt, Bd.1, Nr. 4, S. 354-366.

BOURQUE, Susan C. and David Scott PALMER (1975): Transforming the rural sector. Government policy and peasant response. – In: Abraham F. LOWENTHAL (ed.), S. 179-219.

BRYSK, Alison and Carol WISE (1997): Liberalization and ethnic conflict in Latin America. – Studies in Comparative International Development, Vol. 32, No. 2, S. 76-104.

BURT, Jo-Marie (1998): Unsettled accounts: Militarization and memory in postwar Peru. – NACLA Report on the Americas, Vol. 32, No. 2, S. 35-41.

CASTAÑEDA, Jorge C (1995): La utopía desarmada. Intrigas, dilemas y promesas de la izquierda en América Latina. – Barcelona 1995.

CHAPLIN, David (1976, ed.): Peruvian nationalism. A corporatist revolution. – New Brunswick, N.J.

DEGREGORI, Carlos Iván (1998): Harvesting storms: Peasant rondas and the defeat of Sendero Luminoso in Ayacucho. – In: Steve J. STERN (ed.), S. 128-157.

ESCOBAR, J. Samuel (1997): Religion and social change at the grass roots in Latin America. – Annals of the American Academy of Political and Social Science, Vol. 554, S. 81-103.

GONZALEZ-CUEVA, Eduardo (2000): Conscription and violence in Peru. – Latin American Perspectives, Vol. 27, No. 3, S. 88-102.

GUGENBERGER, Eva (1999): Identitäts- und Sprachkonflikt in einer pluriethnischen Gesellschaft. Eine soziolinguistische Studie über Quechua-Sprecher und -Sprecherinnen in Peru. – Wien.

HARDING, Colin (1975): Land reform and social conflict in Peru. – In: Abraham F. LOWENTHAL (ed.), S. 220-253.

HUBER, Ludwig (1995): Randfiguren der gesellschaftlichen Entwicklung: Die Bauern. – Lateinamerika: Analysen – Daten – Dokumentation, Nr. 29, S. 60-72.

KAY, Cristóbal (1995): Rural Latin America: Exclusionary and uneven agricultural development. – In: Sandor HALEBSKY and Richard L. HARRIS (eds): Capital, power, and inequality in Latin America. – Boulder, San Francisco, Oxford, S. 21-51.

LEVITSKY, Steven (1999): Fujimori and post-party politics in Peru. – Journal of Democracy, Vol. 10, No. 3, S. 78-92.

LOWENTHAL, Abraham F. (ed., 1975): The Peruvian experiment. Continuity and change under military rule. – Princeton, N.J.

MALLON, Florencia E. (1998): Chronicle of a path foretold? Velasco's revolution, Vanguardia Revolucionaria, and "Shining Omens" in the indigenous communities of Andahuaylas. – In: Steve J. STERN (ed.), S. 84-117.

MANRIQUE, Nelson (1998): The war for the Central Sierra. – In: Steve J. STERN (ed.), S. 193-223.

MAYER, Enrique (1994): Patterns of violence in the Andes. – Latin American Research Review, Vol. 29, No. 2, 1994, S. 141 ff.

MAYER, Enrique and Manuel GLOVE (1999): Alguito para ganar (a little something to earn): Profits and losses in peasant economies. – American Ethnologist, Vol. 26, No. 2, S. 344-369.

MASON, T. David (1998): „Take two acres an call me in the morning": Is land reform a prescription for peasant unrest? – The Journal of Politics, Vol. 60, No. 1, S. 199-230.

DEL PINO, H. Ponciano (1998): Family, culture and „revolution". Everyday life with Sendero Luminoso. – In: Steve J. STERN (ed.), S. 158-192.

ROBERTS, Kenneth M. and Moises ARCE (1998): Neoliberalism and lower-class voting behavior in Peru. – Comparative Political Studies, Vol. 31, No. 2, S. 217-246.

ROTH, Joachim (1998): Peru: Der Weg in die „Gelegenheitsdemokratie". – Lateinamerika: Analysen – Daten – Dokumentation, Nr. 37, S. 55–69.

SCHMIDT, Gregory D. (2000): Delegative democracy in Peru? Fujimori's 1995 landslide and the prospects for 2000. – Journal of Interamerican Studies and World Affairs Vol. 42, No. 1, S. 99-132.

STARN, Orin (1995): Maoism in the Andes: The Communist Party of Peru – Shining Path and the refusal of history. – Journal of Latin American Studies, Vol. 27, S. 399-421.

STERN, Steve J. (1998, ed.): Shining and other paths. War and society in Peru, 1980-1995. – Durham, London.

STOKES, Susan C. (1997): Democratic accountability and policy change: Economic policy in Fujimori's Peru. – Comparative Politics, Vol. 29, No. 2, S. 209-228.

STRASMA, John (1976): Agrarian Reform. – In: David CHAPLIN (ed.), S. 291-326.

VARGAS LLOSA, Mario (1990): Informe sobre Uchuraccay. – In: Ders.: Contra viento y marea III. – Barcelona, S. 87-128.

VARGAS LLOSA, Alvaro (1998): A capitalist revolution in Latin America? – Critical Review, Vol. 12, No. 1-2 Winter, S. 35-48.

WHYTE, William F. (1976): Rural Peru. Peasants as activists. – In: David CHAPLIN (ed.), S. 241-251.

WILSON, Fiona (2000): Indians and Mestizos: Identity and urban popular culture in Andean Peru. – Journal of Southern African Studies, Vol. 26, No. 2, S. 239-253.

Zapatismus und Indianismus

Martin Traine

Einleitung

Es steht außer Frage, dass sich die Staaten der neuen Welt auf Basis eines gewaltigen Aufeinanderprallens der Rassen gebildet haben, wodurch verschiedene Formen von Segregation, Konflikten, Mischung und Integration zwischen alten und neuen Bewohnern entstanden. Die Ethnizierung politischer Konflikte scheint aber kurioserweise ein relativ neues Phänomen in Lateinamerika zu sein. Wahrscheinlich waren es nicht so sehr die Konsequenzen der Integration, sondern die enormen Unterschiede in der soziokulturellen Entwicklung der einzelnen bei der *Conquista* aufeinandertreffenden ethnischen Gruppen, welche die Bildung sozialer, auf ethnischen Identitäten beruhender Konfliktlinien verhinderten. Weder die koloniale Gesellschaft, noch die aus der Unabhängigkeit entstandenen Nationalstaaten haben ihre inneren Konfliktlinien durch die ethnische Heterogenität definiert, auch wenn diese von Anfang an von der Segregation und den Konflikten zwischen den verschiedenen Gruppen geprägt waren. Verallgemeinernde Aussagen für den ganzen Kontinent scheinen allerdings keineswegs sinnvoll. Der Grad der ethnischen Homogenität, die kulturellen Merkmale der einen und der anderen Gruppen, die Integrations- oder Segregationsarten unterschieden sich und unterscheiden sich auch heute noch zu stark nach den Regionen, nach den jeweiligen Kulturen und nach den Ideologien der betreffenden dominierenden Eliten, als dass es problemlos möglich wäre, Aussagen über Ursachen und Zukunft mit Gültigkeit für alle ethnischen Konflikte auf dem Kontinent zu wagen[1].

Trotz der angesprochenen großen Unterschiede, können wir in der neueren politischen Entwicklung der indigenen Gruppen einen Prozess mit zwei Merkmalen mehr oder minder großer Ähnlichkeit von Norden bis Süden beobachten: Einerseits eine erfreuliche Ausweitung der Rechte der Ethnien, aber andererseits auch eine wachsende Bereitschaft der Minderheiten zum politischen Protest. Dies alles bildet einen der zentralen Aspekte der in Lateinamerika besonders sichtbaren „dritten Welle" der Demokratisierung. In dieser zeigt sich – eher als eine Veränderung in den Insti-

---

[1] Zur ethnischen Zusammensetzung in Lateinamerika siehe u.a. GURR 1998; Instituto Indigenista Interamericano 1987ff; PSACHAROPOULOS und PATRINOS 1994.

tutionen – eine allmähliche Einbindung der Gruppen und sozialen Schichten, die bis heute jedoch durch eine geringe Repräsentation und Eigenbeteiligung gekennzeichnet ist. In jenem Kontext haben sich neue Formen der politischen Identität und Konflikte verbreitet, die von einfachen Protesten bis zu mehr oder weniger gewalttätigen „Rebellionen" reichen[2].

Mexiko gilt nicht ohne Grund als Spiegel der Neuen Welt, denn an keinem anderen Ort des Kontinents haben sich die Fähigkeiten, die Widersprüche und die Dilemmata Lateinamerikas so eindeutig gezeigt wie hier: eine stabile Demokratie, die aber ineffizient wie wenige ist; eine breit orientierte soziale Integration, die aber unvollständig und ausschließend wirkt; eine bemerkenswerte ökonomische Entwicklung, die aber ungleichgewichtig ist[3]. Der Chiapas-Konflikt und die Erscheinung des Ejército Zapatista de Liberación Nacional (EZLN) geben Zeugnis davon: einen Anachronismus, der die Vielseitigkeit eines so demokratischen wie autoritären und so pluralistischen wie ausschließenden Landes aufdeckt. In der vorliegenden Arbeit werde ich mich zuerst mit dem Indigenismus und dem Indianismus in Mexiko beschäftigen, dann werde ich mein Augenmerk auf den EZLN als neuen politischen Akteur richten, und zuletzt werde ich meine Betrachtungen zum Zapatismus und zur Demokratie in Mexiko mit einer besonderen Berücksichtigung der symbolischen Ebene in den ethnischen Konflikten schließen.

1 Die „Indio-Frage" in Mexiko

1.1 Die ethnischen Beziehungen in Mexiko

Vor allem durch das Fehlen klarer Demarkationslinien sind die ethnischen Beziehungen in Mexiko besonders komplex. So wie die essentialistischen Modelle, weisen auch die konstruktivistischen Ansätze Schwierigkeiten auf, die Phänomene der Identitätsbildung in einer von ethnischen Verschiedenheiten und monotonen Kulturen geprägten Gesellschaft zu erfassen. Dass es indigene Kulturen gibt, ist unumstritten. Die Frage aber, wie zahlreich die einen oder die anderen sind, ist nicht gerade leicht zu beantworten, und zwar deshalb nicht, weil die seit der *Conquista* massiv auftretenden Akkulturationsprozesse zu einer unübersichtlichen Vermischung

---

[2] Für eine quantitative Darstellung der ethnischen Konflikte auf dem Kontinent siehe GURR 1998. Für Arten, Tendenzen und Perspektiven der indigenen Bewegungen siehe u.a. GLEICH 1997 und COTT 1994.
[3] Aus der großen Anzahl der Literatur über die politische Entwicklung Mexikos in den letzten Jahren siehe BRIESEMEISTER u. ZIMMERMANN 1996; LAUTH u. HORN 1995; SEVILLA u. AZUELA 1993; MOLS 1981.

von Lebensarten sowie zu unterschiedlichen Bewertungen ethnischer Provenienz geführt haben: „Indio" ist nicht nur ein Gattungsbegriff, der zu allgemein und ethnozentrisch ist, sondern er ist in der alltäglichen Sprache auch nicht wertneutral verankert. Essentialistisch betrachtet, kann man in Mexiko andererseits die heutigen indigenen Kulturen wegen der verbreiteten Mestizierung noch weniger definieren. Die konstruktivistischen Betrachtungen ihrerseits scheitern daran, dass – obwohl das Land *de facto* aus einer Pluralität von Ethnien und Kulturen besteht – sich die meisten Mexikaner als eine einheitliche Nation, wohlgemerkt im kulturellen und ethnischen Sinne, verstehen[4].

Nach den mehr oder weniger zuverlässigen Daten bilden die indigenen Gruppen in Mexiko zwischen acht und 14 % der gesamten Bevölkerung. Diese zwölf Millionen Indianer gehören allerdings zu keiner einheitlichen Ethnie und leben unterschiedlich verteilt. Je nach geographischer und sozialer Lage variieren die Prozentzahlen: Je ungünstiger das wirtschaftliche und physische Umfeld oder je niedriger die Eingliederung in die soziale Skala einer Gruppe ist, desto höher ist ihr indigener Anteil. Einmal von den im Zuge der Europäisierung gemeinsamen sozialen Merkmalen Mexikos abgesehen, lassen sich Gemeinsamkeiten zwischen den indigenen Gruppen schlecht zeigen. Es ist bekannt, dass die gemeinsamen Merkmale und Identitäten unter den Minderheiten paradoxerweise durch die Anwesenheit der Europäer entstanden. Seit der Begegnung Moctezumas und Cortés stand das politische Schicksal indigener Kulturen in Mexiko vor einer problematischen Alternative: der Integration auf Kosten der eigenen kulturellen Identität oder einer mit sozialem Ausschluss bezahlten Autonomie. Eine Reihe von Faktoren führte – wie bekannt – nicht nur zur Dezimierung der einheimischen Bevölkerung während der spanischen Eroberung, sondern verursachte ebenso den Zusammenbruch alter politischer Strukturen und Traditionen. Nicht wenige Autoren führen die politischen und wirtschaftlichen Unausgeglichenheiten sowie bestimmte charakteristische, politisch-kulturelle Merkmale des heutigen Mexikos auf diesen ursprünglichen, misslungenen Zusammenprall der Kulturen zurück.

Tabelle 1 zeigt die Verteilung der ethnischen Gruppen in den mexikanischen Staaten. Mit der empirisch vergleichenden Analyse unter der Leitung von T. GURR (1993, 1998) über ethnische Konflikte der ganzen Welt, die wahrscheinlich der ehrgeizigste Versuch auf diesem Feld ist, lässt sich den Schluss ziehen, dass, Mexiko

---

[4] Eine knappe, aber sehr klare Darstellung des Disputs zwischen primordialistischen und konstruktivistischen Modellen kann bei GANTER 1995 und auch bei WALDMANN u. ELWERT 1989 konsultiert werden.

Tab. 1.: Indianische Bevölkerung in Mexiko

Staat	Städte	Gesamtbevölkerung	Indianer	Ethnien
Aguascalientes	9	719.659	771	Tarascos
B.Calif. Norte	4	1.666.855	22.427	Tarascos
B.Calif. Sur	4	317.764	3.372	Mixtecos
Campeche	9	535.185	105.994	Mayas
Chiapas	111	3.210.496	885.605	Tzecales, Tzotziles, Mames, Zapotecos, Zoques, Mayas, Tojobales, Choles
Chihuahua	67	2.441.873	74.716	Tarahumaras, Pimas
Coahuila	38	1.972.340	4.513	Nahuas, Zapotecos,Mayas
Dist. Fed.	16	8.235.774	134.120	Nahuas
Durango	39	1.349.378	21.901	Tepehuanos
Guanajuato	46	3.982.593	10.839	Otomíes, Pames
Guerrero	75	2.620.637	360.374	Nahuas, Mixtecos, Tlapanecos, Amuzgos
Hidalgo	84	1.888.366	303.665	Nahuas, Otomíes
Jalisco	124	5.302.689	30.010	Huicholes
Mexiko	121	9.815.795	397.336	Mazahuas, Otomíes, Nahuas, Mixtecos
Michoacán	113	3.548.197	126.756	Tarascos, Mazahuas, Nahuas, Otomíes, Mayas
Morelos	33	1.195.059	24.900	Nahuas
Nayarit	20	824.643	29.386	Cotas, Huicholes, Tepehuanes, Mayas
Nueva León	51	3.098.736	5.783	Nahuas, Otomíes, Tarascos
Oaxaca	570	3.019.560	1.208.821	Zapotecos, Mixes, Chinantecos, Cuicatecos, Nahuas, Huaves, Chochos, Chatinos, Triquis, Zoques, Chantales, Mixtecos, Amuzgos
Puebla	217	4.216.101	611.388	Nahuas, Tontonacos, Chochos, Mixtecos, Otomíes
Querétero	18	1.051.235	24.884	Otomíes, Pames
Quintana Roo	7	493.277	164.919	Mayas
S. Luis Potosí	56	2.003.187	248.993	Nahuas, Pames, Huastecos
Sinaloa	18	2.204.054	37.290	Mayos, Tarahumaras
Sonora	70	1.823.606	57.547	Mayos, Papagos, Pimas, Yaquis, Coras, Seris, Otomíes, Tarahumaras
Tabasco	17	1.501.744	59.993	Choles, Chontales
Tamaulipas	43	2.249.581	10.489	Nahuas
Tlaxcala	44	761.277	28.437	Nahuas, Otomíes
Veracruz	207	6.228.239	704.891	Nahuas, Huastecos, Popolucas, Totonacos, Zapotecas, Mazatecos, Tepehuanos, Chinantecos, Otomíes
Yucatán	106	1.362.940	628.945	Mayas
Zacatecas	56	1.276.323	1.081	Mayas, Huicholes, Nahuas
Total	2.483	81.249.645	6.411.972	

Quelle: Instituto Nacional de Antropología e Historia (Mexiko 1987), zit. nach COTT 1994

trotz seiner relativ geringen Homogenität (55 %, laut VANHANEN 1987), eine sehr schwache Tendenz zur interethnischen Konfliktivität aufweist (Tab. 2).

Tab. 2: Arten und Motive ethnischer Konflikte in Mexiko

Konfliktart	ECOGR	SOCGR	POLRI	AUTGR	COMCON	PROT	RIOT	REBEL
Zahl der Konflikte	4	3	2	0	0	4	0	0

ECOGR: demands for greater economic rights; SOCGR: social and cultural rights; POLRI: political rights; AUTGR: political autonomy; COMCON: communal groups; PROT: non-violent protest; RIOT: violent protest; REBEL: group rebellion.   Quelle: GURR 1998

Obwohl es sich grundsätzlich um indigene Völker handelte, sind nach diesen Untersuchungen jedoch kaum konstante Arten oder häufige Motive ethnischer Konflikte Mexikos zu verzeichnen. Beobachtungen über das politische Verhalten indigener Gruppen in den Staaten mit hohem indigenen Anteil zeigen im Gegenteil eine starke interethnische Integration, ohne vertikale noch horizontale cleavages.

1.2 Vom Indigenismus zum Indianismus

Über die gesamte Kolonialzeit hinweg unbeantwortet, wird die „Indio-Frage" in Mexiko nach der Unabhängigkeit immer kontroverser. Die Mischung von brutaler *Encomienda* und paternalistischer Evangelisierung wurde unter dem aufgeklärten und positivistischen Geist der unabhängigen Eliten durch eine weitestgehende Disziplinierung kultureller Formen fortgesetzt. Der antiindigenistische Affekt des Porfiriats[5] wurde aber von der darauffolgenden revolutionären Volksbewegung zum Teil korrigiert. Weder Ziel noch Resultat dieses langen und widersprüchlichen Prozesses war jedoch die Schaffung einer ethnisch und kulturell pluralistischen Gesellschaft: Die *Revolución Mexicana* hatte die Bildung der Nation versprochen[6]. Und dafür hatte sie nichts anderes als eine forcierte Mexikanisierung des Landes in Gang gesetzt. In diesem Rahmen entstand der Indigenismus.

Mitte der 50er Jahre wurden das *Instituto Indigenista* gegründet und die massiven Integrationspläne durchgeführt. Man kann nicht von einer einförmigen Ideologie reden. Der Indigenismus war eine synkretistische Mischung nationalistischer Moti-

---

[5] Unter Porfiriat versteht man die Regierung von General Porfirio Díaz (1830-1940), der von 1877 bis 1911 diktatorisch Mexiko regierte.
[6] Über die Komplexität der Voraussetzungen und Konsequenzen der sog. Mexikanischen Revolution siehe TOBLER 1984.

ve, integrationsorientierter Sozialpolitik und korrumpierenden PRI-Klientelismus.[7] Seine Programme und Intentionen ließen sich jedoch überall spüren. Für die Betroffenen selbst wirkte er ambivalent: Zum einen bedeutete er den ersten Versuch, der jahrhundertelang akkumulierten Benachteiligung der indigenistischen Gruppen entgegenzuwirken. Zum anderen setzte er gegenüber den Forderungen der indigenistischen Gruppen eine neutralisierende Politik durch: *Indios* sollten zu fleißigen *campesinos* werden.

Als Bestandteil der institutionalisierten Revolution durch und durch in die informellen Kanäle der politischen Hauptakteure der mexikanischen Gesellschaft involviert, aber auch von revolutionierenden und kritischen Ideologien als Fortsetzung des Klassenkampfes mit anderen Mitteln verstanden, blieb der Indigenismus bis in die 70er Jahre in seiner Zweideutigkeit gefangen. Er lag ständig zwischen zwei widersprüchlichen Optionen: Für die einen waren die indigenistischen Programme besser als nichts; für die anderen hätte es, statt der scheinbar indigenistischen, lieber keine Programme gegeben[8].

Ohne im Detail auf die gegenwärtige Geschichte Mexikos einzugehen, ist es verständlich, dass der Indigenismus seinen eigenen Ansprüchen erlegen ist. Zur Entstehung neuer, immer radikalerer indigenistischer Bewegungen haben mit Sicherheit verschiedene Faktoren beigetragen. Wie bekannt, führte das systematische Scheitern der Entwicklungsmodelle eines nach dem anderen zu einem drastischen Umdenken bezüglich der revolutionären Ziele. Von der zunehmenden Liberalisierung waren am meisten die Unter- und Mittelschichten – an erster Stelle selbstverständlich die indigenen Völker – betroffen, die jahrelang unter dem Schutz des Staates gelebt hatten. Die Unfähigkeit der Regierenden, diese rasante wirtschaftliche „Verwestlichung" des Landes mit einer Erhöhung der demokratischen Transparenz zu begleiten, führte zu einer politischen Stagnation, unter deren Konsequenzen Mexiko auch heute noch leidet. Sicherlich war nicht allein die Borniertheit der führenden Eliten dafür verantwortlich, dass die indigenen Gruppen am Rande der politischen Arena blieben. In der gesamten Geschichte der mexikanischen Arbeiterbewegung, in der Entwicklung der linken Parteien sowie in dem Aufstieg und Niedergang der Studentenbewegung der sechziger Jahre spiegelt sich ebenfalls die Orientierungslosigkeit der intellektuellen Gruppen wider, die den indigenen Gruppen

---

[7] Die PRI (Partido Revolucionario Institucional, Partei der Institutionalisierten Revolution) hat das Land in den letzten 70 Jahren unangefochten regiert.
[8] Zum Indigenismus in Mexiko siehe AGUIRRE BELTRÁN 1957, ALCINA FRANCH 1990 und MARZAL 1981.

kaum ein eigenes Profil zeigen konnten; und dies viel weniger angesichts der Krise der internationalisierenden Ideologien.

Die Ethnisierung der Ideologien und darüber hinaus die Verlagerung der sozialen Konflikte hin zu kulturellen und ethnischen Auseinandersetzungen ist sicherlich keine exklusiv mexikanische Besonderheit der Gegenwart. In Wirklichkeit ist es erstaunlich, wie wenig seitens der Minderheiten rebelliert wurde, trotz der krassen sozialen Unterschiede der Indios in Mexiko im Vergleich zu den Weißen, Criollos und Mestizen, und – historisch gesehen angesichts der teilweise immer noch fortdauernden Ungerechtigkeit – im Gegensatz zu anderen Ländern. Intoleranz zwischen Kulturen, Grenzen der Gemeinschaft und ethnischer Radikalismus sind mittlerweile Phänomene internationalen Ausmaßes. Mexiko ist in jener Hinsicht noch ein Beispiel gelungener Integration ethnischer Minderheiten.

Dies hat aber nicht verhindert, dass die indigenen Gruppen ein zunehmendes Selbstbewusstsein erreicht haben. Es handelt sich um eine Steigerung eigener Identität. Die Rede ist infolgedessen seit einigen Jahren nicht mehr von Indigenismus, sondern von „Indianismus" oder „Indianität". Im Kern versteht sich der Indianismus nicht als Fortsetzung des Indigenismus, sondern als seine radikale Umkehrung: Die „Indios" müssen sich nicht in die mexikanische Gesellschaft integrieren, sondern diese soll im Gegenteil endlich ihren ethnisch pluralen Charakter anerkennen.

Die schnelle Verbreitung der neuen selbstbewussten Indio-Bewegungen entspricht durchaus einer Verschiebung im politischen Leben Mexikos, die neuerdings oft als Aufblühen der Zivilgesellschaft verstanden wird. Parteiverdrossenheit, Erschöpfung politisch-kultureller Leitbilder und Rückwärtsentwicklungen des Sozialstaates haben ab den 80er Jahren den Rahmen der mexikanischen Politik tief verändert. Der Indianismus ist allerdings an sich kein politisches Programm. Er kann bestimmt zu einer Erhöhung demokratischer Performanz in Mexiko beitragen, indem er die Teilnahme von traditionell ausgeschlossenen Gruppen begünstigt. Obwohl kritische indigenistische Gruppen von den Beratungen ausgeschlossen wurden, ist es mit Sicherheit dem Druck dieses neuen Indianismus zu verdanken, dass es zu einer Verfassungsreform kam, in der Mexiko sich als pluriethnischer und multikultureller Staat bekennt[9].

Auch wenn der Indianismus eine bunte Mischung verschiedener Motive ist, deckt sein Erscheinen zweifellos einen kulturellen und sozialen Bedarf, der jedoch neue Konfliktpunkte, bzw. zumindest neue Diskursformen zur Regulierung von Konflik-

---

[9] Zum Indianismus siehe neben dem schon genannten Werk von ALCINA FRANCH 1990, die Texte von BONFIL BATALLA 1981; DÍAZ POLANCO 1991 und SÁNCHEZ 1999.

ten in Mexiko erahnen lässt. Wie weiter oben dargestellt, wurde die Entstehung des Indianismus hauptsächlich durch die Erschöpfung der traditionellen politischen Muster, als erstes besonders des PRI und seiner indigenistischen Politik gefördert. Vorerst ohne die intellektuellen Ursprünge und die sozialen Kausalitäten des Indianismus zu betrachten, ist eines seiner hervorzuhebenden Merkmale, dass seine Entstehung – mit den Neuen Sozialen Bewegungen der sechziger und siebziger Jahre zusammentreffend – die minimale Erfahrung an politischer Beteiligung der kritischen und marginalen Gruppen der Gesellschaft im mexikanischen Alltag aufdeckte. Er manifestiert also in der diffusen politischen Identität des Neozapatismus Chiapas vor allem die politische Unerfahrenheit der historisch immer wieder marginalisierten oder durch die dominierenden Ideologien kooptierten Akteure.

Hinter der Wiederauferstehungsbewegung, dieser Mischung radikaldemokratischer und sozialrevolutionärer Motive, spiegelt sich die Unfähigkeit wider, die autoritären und klientelistischen Strukturen hinter sich zu lassen. Betrachtet man die Ambivalenzen der Bewegung gegenüber der Demokratie, der politischen Gewalt und nicht zuletzt gegenüber der eigenen ethnischen Identität lässt sich zeigen, wie labil der angenommene Indianismus des Neozapatismus noch ist. Die unglückliche Allianz zwischen der Linken und den indigenistischen Gruppen ist jedoch bekannt. Schon seit Anfang des Jahrhunderts und besonders seit der ausgedehnten und konfusen revolutionären Periode, stellen die ethnischen Anforderungen einen der konfliktreichsten Aspekte innerhalb der Oppositionsbewegungen in Mexiko dar. Im Gegensatz beispielsweise zu Peru, wo um die Ideen von J.C. Mariátegui herum ein Impuls entstanden ist, der kritisch-soziale Diskurse mit Berücksichtigung kultureller Aspekte der Indianer hervorgerufen hat, hat die Revolution unter den Idealen einer mexikanischen Nation die sozialen Bestrebungen der indigenen Gruppen nivelliert.

Man kann jedenfalls annehmen, dass das Zusammenwirken der geringen Fähigkeit zur politischen Institutionalisierung der indigenen Gruppen und die schwache Mobilisierung der aus den zergliederten, neuen sozialen Protestbewegungen der 70er Jahre stammenden, kritischen intellektuellen Eliten gemeinsam den Platz für den Neozapatismus in Chiapas schufen. Auf einer solchen Summe an Motiven beruhend, ermöglichte der Indianismus die Entstehung neuer Formen politischer Partizipation, die sich zunächst verständlicherweise als radikaler Protest darstellte. Dem EZLN ist es in diesem Zusammenhang gelungen, durch eine der Zeit angemessene politische Inszenierung traditionelle Symbole der Mexikanischen Revolution mit einer diffusen indigenen ethnischen Identität zu verknüpfen.

2 Der EZLN als neuer politischer Akteur in Mexiko

2.1 Die überraschende Erscheinung

Die unerwartete Erscheinung des *Ejército Zapatista de Liberación Nacional* (EZLN) auf der politischen Bühne Mexikos überraschte sowohl die nationale und internationale Öffentlichkeit, als auch die Politik- und Sozialwissenschaftler. Bisher hatte es in Mexiko, im Gegensatz zum Großteil der anderen lateinamerikanischen Länder, in denen seit den 60er Jahren die Guerillas aufgeblüht waren, keine gewaltsamen politischen Oppositionen dieser Art gegeben, auch nicht innerhalb der indigenen Bewegungen. Auch wenn vor 1994 schon Informationen existierten, nach denen in der Region von Chiapas bewaffnete Gruppen agieren würden, vermutete niemand eine so weitläufige und gut organisierte Bewegung. Die Erscheinung eines *ejército*, das die historische Ideologie der Unabhängigkeitskämpfe für sich in Anspruch nimmt, erweckt nicht nur wegen dieses Anachronismus Verwunderung, sondern auch weil die Guerillas – außer der kolumbianischen – größtenteils schon wieder der Vergangenheit Lateinamerikas angehörten. Die gleiche antiimperialistische Rhetorik hatte sich inzwischen auf Fragmente verschiedener, nicht mehr aktueller Ideologien beschränkt. Desto überraschender erscheint es, dass das Auftreten des Neozapatismus genau mit dem Tag zusammenfiel, da Mexiko durch den NAFTA mit den nördlichen Nachbarn seinen Eintritt in die Erste Welt zu sichern suchte.

Vorerst ohne den politischen „Stil" des EZLN zu betrachten, steht es außer Frage, dass das Überraschungsmoment der Aktion ein essentieller Bestandteil ihrer Strategie politischer Partizipation und Mobilisierung war. Das Herausragende der neuen Bewegung war ohne Zweifel die Selbstdarstellung als "ethnische Rebellion". Sicherlich war eine der Aufsehen erregenden Eigentümlichkeiten, mit denen sich die neozapatistische Guerilla präsentierte, ihre Identifikation mit den ethnischen und sozialen Kämpfen. Ohne hier die unbestreitbare Wahrheit ihrer Anklagen an die wiederholte Übereinstimmung der ethnischen Segregation mit der sozialen Ungerechtigkeit über die ganze mexikanische Geschichte hinweg zu beurteilen, ist an dem neuen Bündnis zwischen der postkommunistischen Linken und den indigenen Bewegungen vor allem bemerkenswert, dass es eine aktive Variante des „Indianismus" geschaffen hat, die bisher nicht nur in Mexiko, sondern auch generell in Lateinamerika unbekannt war. Es ist unbestreitbar, dass in dieser Einheit der Motive einer der Gründe für die Wirkung liegt.

Aber in diesem Zusammenfluss von Ideologien finden sich wahrscheinlich auch die ernstesten Fragen, welche die Bewegung aufwirft. Selbst wenn kein Zweifel daran besteht, dass der EZLN fast als Erster eine Politik im Interesse der Indianer proklamiert hat, die bisher vom revolutionären „Institutionalismus" neutralisiert wurde, ist es nicht minder wahr, dass er, als Sprecher des „Indianismus", ebenfalls als Mauer zu Mäßigung der radikalisierten indigenen Bewegungen fungiert. D.h., der EZLN scheint trotz seiner Absichten letzten Endes eine neue, aber extreme Variante des klassischen Integrationismus zu reproduzieren.

Sowohl in seiner Sprache und seinen Mobilisierungsmethoden, als auch in den Zielen der politischen Aktion, hat der Neozapatismus keine neuen politischen, kulturellen oder ideologischen, und noch weniger auf kulturelle Traditionen der ethnischen Minderheiten beruhende Werte geschaffen, sondern er versucht gewaltsam, die Idee Mexikos als eine Gesellschaft diverser Ethnien mit nationaler Einheit aufrechtzuerhalten. Es reicht, einen Blick auf die indigenistischen Forderungen des EZLN zu werfen, um festzustellen, dass sie nicht weit von den Prinzipien und Bestrebungen entfernt sind, von denen die Gründung des *Instituto Indigenista* ausging und auf die angeblich die staatlichen Aktionen der letzten 50 Jahre bauen. Wer die Stellungnahmen des EZLN zu den indigenen Rechten verfolgt hat, wird von der *Primera Declaración de la Selva de la Lacandona* bis heute festgestellt haben, dass die Forderungen auf einer grundlegenden Ambivalenz beruhen[10]. Ohne die ökonomischen und sozialen Forderungen zu beachten, beschränken sich die ethnischen Forderungen zum einen auf die Anerkennung der vollständigen Autonomie der indigenen Kommunen, zum anderen auf die Idee der Einheit der Nation und des mexikanischen Volkes als höchstem Wert. Auf dieser Zweideutigkeit basiert der gesamte Kampf. Einerseits wird die Konstituierung von politischen Regionen nach den ethnischen Identitäten gefordert, während andererseits die Anerkennung der mexikanischen Nation als über allen Ethnien stehende Identität gefordert wird. Es ist nicht unplausibel, dass der ethnische Kurs des EZLN eher opportunistisch als primordialistisch bedingt war: Er suchte nach eine breite Unterstützung der immer noch politisch unterrepräsentierten Klientel der Indio-Bevölkerung. Der „Indianismus" hat der neuen Bewegung eine relativ sichere Basis beschert, er bereitet allerdings auch ihre größten Schwierigkeiten vor.

---

[10] Die Schriften des EZLN sind grundlegend: Las *Declaraciones de la Lacandona*: 1. *Hoy decimos: Basta!* (1993); 2. *Hoy decimos: No nos rendiremos!* (1.6.1994); 3. *Hoy decimos: La Patria vive!* (1995); 4. *Hoy decimos: Aquí estamos!* (1996); 5. *Hoy decimos Aquí estamos! Resistimos!* (1998) y las dos Declaraciones de la Realidad: 1. *Contra el Neoliberalismo y por la Humanidad* (1996); 2. *Por la Humanidad y contra el Neoliberalismo* (1996). Die gesamten Dokumente finden sich im Internet: www.ezln.org. Eine Auswahl von Texten auf Deutsch findet man bei MARCOS 1996.

Ursache-Wirkung-Erklärungen sind für ethnische Konflikte ziemlich schwer zu behaupten. Sie fordern aber gerade deshalb die Kreativität der Sozialwissenschaften. Es ist jedenfalls zu riskant, Hypothesen über die Ursprünge der Rassenspannungen und Konfrontationen zu wagen. Eine Beobachtung, die dennoch mehr oder weniger allgemein ist, zeigt, dass ethnische Konflikte nicht nur von den Beziehungen der betroffenen Ethnien auf ökonomischer, politischer und sozialer Ebene abhängen, sondern auch und vor allem von der politischen Perzeption der Eliten[11]. Ein Fall, der sich in Mexiko und speziell in Chiapas zu bestätigen scheint, denn trotz der starken Segregation waren vor 1994 keine Spuren einer ethnischen Kanalisierung der sozialen Unterschiede sichtbar.

Es ist unleugbar, dass die Region, als eine der am wenigsten entwickelten, eine große Offenheit für radikale politische Wege zeigte. Ohne die direkten sozioökonomischen Ursachen zu betrachten, welche die Entwicklung des Konflikts bestimmten und über die es eine Anzahl von Untersuchungen gibt, ist es hier von Interesse, die enge Verbindung der besonderen Geschichte der linken intellektuellen Eliten in Mexiko zu der Entstehung der „ethnischen Rebellion" in Chiapas hervorzuheben. Wie in anderen Fällen Lateinamerikas, war die geringe Fähigkeit des Systems, die neuen sozialen Bewegungen einzubinden, eine der charakteristischen Züge der politischen Entwicklung in den 70er Jahren. Der gewaltsame Einbruch der Studentenbewegung von 1968 sollte somit in der Folge eine von Grund auf neue Definition der eigenen Kultur politischer Partizipation mit sich bringen, um eine minimale Kontinuität aufrecht zu erhalten[12]. Das absolute Monopol des PRI über die Werte und Räume des mexikanischen politischen Lebens zwang die aus den neuen Bewegungen entstehenden intellektuellen Gruppen, ihre eigenen Kanäle zur Einschaltung in exzentrische soziale Fragmente zu finden. Der Übergang von der Stadt aufs „Land", vom Arbeiter zum „Indianer", die Integration traditioneller linker Motive mit den sozialkritischen Ideen der katholischen Kirche, die durch Basisgruppen zum Teil eine herausragende Pastoralarbeit in der Gegend leistete und das Erscheinen von Nichtregierungsorganisationen, welche die Fähigkeiten der indigenen Gruppen zur sozialen Aktion erhöhten, zeigen unter vielen anderen Faktoren, dass in seiner Gesamtheit die „Erhebung" Chiapas insgesamt das Resultat einer verzweifelten politischen Mobilisierungssehnsucht der aus den intellektuellen, bzw. der

---

[11] Mehrere Autoren haben beobachtet, dass ethnische Konflikte nie alleine auftreten, sondern als Widerspiegelung der sozialen, politischen oder ökonomischen Spannungen. Siehe zu diesem Thema die Zusammenstellung von WALDMANN u. ELWERT 1989 und STAVENHAGEN 1996.

[12] Zur Verwerfung der Studentenbewegungen von 1968 in Mexiko siehe GÓMEZ 1969. Eine Analyse der Konsequenzen bietet BELLINGHAUSEN 1988 und teilweise TRAINE 1998.

Mittel- und Unterschicht entstammenden Gruppen war, die dadurch die enormen Defizite der mexikanischen Demokratie anklagten.

2.2 Die ethnische Inszenierung

Die Politikwissenschaft hat sich noch nicht genug mit der Analyse der politischen Inszenierungsformen der radikalen Oppositionsbewegungen beschäftigt. Die politische Symbolforschung hat sich auf die Inszenierung von Schauspielern und vorherrschenden Institutionen beschränkt[13]. Die Guerillas in Lateinamerika und größtenteils auch die neuen Oppositionsbewegungen der sechziger und siebziger Jahre charakterisierten sich von Anfang an nicht so sehr durch ihre ideologische Erneuerung, sondern durch ihren politischen „Stil". Ein Blick auf die neozapatistische Erhebung verdeutlicht, dass die Bewegung es weniger verstanden hat, „militärische Erfolge" oder juristische und politische Eroberungen zu verwirklichen, sondern statt dessen mit großem Erfolg das Interesse der Öffentlichkeit auf sich lenken konnte. Diese intelligente, symbolpolitische Arbeit hat es dem EZLN ermöglicht, die soziale und indigene Realität in Chiapas in den alltäglichen politischen Sprachgebrauch einzuführen und dadurch die Tore für eine weite Verbreitung der Konflikte und Diskussionen über die Gegenwart und Zukunft der Demokratie in Mexiko innerhalb der Gesellschaft zu öffnen.

Seit der Erhebung des EZLN in der Öffentlichkeit, und zwar nicht nur in die mexikanische, sondern auch in die internationale, wird Chiapas mit einem sozialen und ethnischen Konflikt assoziiert. Die neozapatistische Bewegung hat es geschafft, mit einem relativ geringen Zugriff auf Ressourcen im In- und Ausland ein Bild zu verallgemeinern, nach dem die „Guerilla" von Lacandona und Los Altos de Chiapas das wahre Legat eines langen Kampfes der Mayas, Tzeltales, Tzotziles, Choles, Zoque und Tojolabales ist. Dank seines guten Verständnisses der aktuellen Dynamik der politischen Aktion konnte der EZLN einige der politischen Gründersymbole der mexikanischen Gesellschaft für sich ergreifen. Die neozapatistische indigenistische Guerilla stellt somit einen neuen Stil des politischen Oppositionskampfs in Mexiko dar, der darin bestand, soweit wie möglich die Inszenierungsmethoden der audiovisuellen Sprache der Medien zu benutzen, um die knappen Mobilisierungsressourcen durch diffuse Unterstützung zu kompensieren. Waffen nicht als Kampfmittel, sondern als symbolische Politik. Dies erklärt auch die absichtlich gesuchte, ideologi-

---

[13] Aus der reichlichen Literatur über die symbolische Politik können die klassischen Studien von EDELMAN 1976, und von ELDER u. COBB 1983 sowie der kleine Essay von MEYER 1992 eingesehen werden.

sche Breite der Gruppe. Treffend wurde infolgedessen die Guerilla in Chiapas als „postmoderne Guerilla" bezeichnet (KRAUZE 1997, S. 473 ff). Der EZLN repräsentiert weniger einen langen indigenen oder volkstümlichen Kampf, als vielmehr einen Versuch der radikalen Oppositionsgruppen Mexikos, den symbolpolitischen Raum zu füllen.

Der wesentlich bühnenbildmäßige Charakter der politischen Aktion des EZLN wird vor allem in seiner öffentlichen Identität sichtbar: in der Maske. Sicherlich ist es eine elementare Selbstschutzmaßnahme, sein Gesicht zu verbergen, um eventuelle juristische Schritte oder repressive Aktionen paramilitärischer Gruppen zu verhindern, aber es ist unbestreitbar, dass der systematische Gebrauch der Maske vor allem einem Prinzip der ethnischpolitischen Identität der Gruppe dient[14]. Dies bestätigt auch ihr kritisches Verständnis der Politik als „Theater"[15]. Die Notwendigkeit, sich zu „maskieren" denunziert nicht nur die Unsicherheit, in der die Bürger leben, sondern auch die Inauthentizität der Politik Mexikos, die zu einem „Spiel von Schauspielern" degradiert wird. Sich zu maskieren denunziert das Fehlen an Transparenz einer von Interessengruppen vermachten Öffentlichkeit, die unfähig ist, die soziale Wirklichkeit Mexikos wahrzunehmen. Aber die „Maske" verbirgt und kritisiert nicht nur, sie will das wahre Gesicht all derer sein, die seit der Ankunft von Cortés öffentlicher Präsenz beraubt worden sind: das Gesicht des Anderen, der Indianer, der Gesichtslosen. Die Maske verdeutlicht, dass sich das wirkliche Mexiko hinter dem sozialen Gesicht verbirgt, an einem dem Staat vorhergehenden Ort, in der Vertraulichkeit der Zivilgesellschaft, dort wo die Transparenz und die Identität überlebt haben.

Die symbolische Inszenierung des EZLN legt so eindeutig dar, dass die ethnischen Konflikte weniger aus dem Aufeinandertreffen menschlicher Gruppen verschiedener Genotypen resultiert, als aus sozialen „Konstruktionen", deren Mobilisierungsfähigkeit gerade in der Unbestimmtheit liegt. Die Maske bildet durch das Verbergen die Identität der „Indianer", aber die Realisierung dieser Identität hebt die ethnische Mannigfaltigkeit auf und setzt den Grundbaustein für eine nationale Einheit Mexikos.

---

[14] Historische und anthropologische Studien zeigen, dass die Maske bei fast allen vorkolumbianischen Kulturen des heutigen Mexikos auftaucht. Die heute von den Zapatistas benutzten Masken ähneln denen der aztekischen Krieger. Siehe hierzu KRIECKERBERG 1956.
[15] Zur politischen Gesellschaft als Theater, siehe den klassischen Text von GOFFMAN 1969.

2.3 Die politischen Symbole

Eine Analyse der einzelnen Symbole, auf denen die neozapatistische Politik erbaut worden ist, würde den Rahmen dieses Artikels sprengen. Es handelt sich jedenfalls um eine gute Verbindung historischer Motive, die tief in der politischen Kultur Mexikos verwurzelt sind, mit einer herausragenden Beherrschung der Spielregeln in der massenmedialen Gesellschaft. Sogar die unterschiedlichen Diskurstypen der Bewegung sind nicht zufällig. Es reicht ein kurzer Blick auf das Gefüge der Phänomene, die sich in der EZLN-Etiketten-Identität verbergen, um den signifikanten Synkretismus wahrzunehmen: Guerilleros, die keine Guerilleros sind; Politiker, die keine Politiker sind; Indianer, die keine Indianer sind. Eine Betrachtung seiner Symbole zeigt – wie bereits erwähnt –, dass der EZLN ein Versuch ist, einen die mexikanische Gesellschaft begründenden symbol-politischen Raum zurückzugewinnen, der von der klientelistischen Struktur der „institutionalisierten" Revolution versteinert worden ist. Es ist zu beobachten, dass der Neozapatismus um die Wiedererlangung einiger mehr oder minder mythischer Figuren der mexikanischen Geschichte herum aufgebaut ist: des Unabhängigkeitskampfs, des revolutionären Bauern, des ausgeschlossenen, aber unbesiegbaren Indianers. Selbst in dem Namen, mit dem die Gruppe sich identifiziert, steckt die Bevorzugung von Symbolen, die eine historische Kontinuität zu der eigenen Vergangenheit aufweisen. Daher die erneute Aneignung einiger zentraler Motive: „Armee", „Nation", „Zapata".

Es wurde mehrmals verdeutlicht, dass die Wirkung politischer Symbole in ihrer Fähigkeit liegt, starke Affekte mit diffusen Kenntnissen zu verdichten. Symbole werden als Einheiten objektiver Kenntnis, moralischer Bewertungen und ästhetischer Wahrnehmungen besonders von den politischen Akteuren bevorzugt, denn sie bieten die Möglichkeit, mit knappen Ressourcen Identitäten mit einer großen Mobilisierungskraft zu schaffen. Im Falle der Chiapasbewegung ist es daher notwendig zuerst den starken Synkretismus der Symbole zu betrachten[16]. Die gesamte Ikonographie ist eine Sammlung verschiedenster kultureller Fragmente, u.a.: katholische Werte, nationalistische Ziele, kommunistische Ideologien und indigene Traditionen. So ist z.B. das Heiligenbild der Jungfrau von Guadalupe zusammen mit drei kommunistischen, fünfzackigen Sternen auf den Uniformen zu finden.

Auffallend ist auch der Fortbestand der Pfeife als Identität. Einerseits drückt sie den politischen "Personalismus" aus, der in diesem Fall auf die charismatische Fi-

---

[16] Der kulturelle und politische Synkretismus ist nicht nur bei der zapatistischen Bewegung zu finden. Die gesamte postkoloniale Gesellschaft Mexikos wurde auf einer komplexen kulturellen Mischung erbaut. Siehe hierzu die anregende Studie von LAFAYE 1977.

gur des Subcomandante Marcos fixiert ist und der seinerseits Zapata und den Revolutionären vom Anfang des Jahrhunderts gleich gestellt wird, anderseits drückt sie die transkulturelle Identität des Tabaks als euro-amerikanische Symbiose aus [17].

Bekanntlich ist der „Krieg" nicht nur der Extrempunkt einer politischen Konfrontation, sondern auch eine der begehrtesten Metaphern der politischen Akteure. Mehr oder minder stark ist die Definition des eigenen politischen Profils durch die Nennung des „Feindes", oder die Interpretation der Wirklichkeit als „Kampf", häufig auftretende Motive, die durch die Akteure verschiedenster ideologischer Richtungen benutzt werden. Im Falle des EZLN ist zu beobachten, dass nicht nur eine bewaffnete Konfrontation beabsichtigt war, sondern vor allem die Wahrnehmung der sozialen Wirklichkeit Mexikos in der öffentlichen Meinung als ein sozialer und „ethnischer Krieg" verbreitet werden sollte. Das Kriegssymbol findet sich also nicht nur in der Identität als „Armee", sondern auch in einer Reihe anderer Motive, die sich in der gesamten Ikonographie wiederfinden: Uniformen, Waffen, Sprache, Mobilisierungsformen. So beschwört z.B. das Bild ihres politischen Führers, der sich als ein „Subkommandant" präsentiert, ein Bollwerk aus früheren Zeiten und nimmt außerdem eindeutig Bezug auf die wichtigste Ikone der lateinamerikanischen Guerillas auf: den „Comandante" Che Guevara. Die subalterne Stellung von Marcos lässt nicht nur auf einen politisch-militärischen Vorgesetzten schließen, sondern verdeutlicht auch, dass in der Zapatistischen Armee die höchste Autorität einer anderen unterliegt: dem gesichtslosen indianischen Volk.

Das gleiche gilt für den Ausdruck „nationale Befreiung", der aus der Sprache der antikolonialen Kämpfe des 20. Jahrhunderts in Afrika und Asien stammt und von dort von der lateinamerikanischen Linken übernommen wurde. Durch diesen Ausdruck wird versucht, eine historische Kontinuität zwischen den „Unabhängigkeitskämpfen" und dem sozialen und ethnischen Konflikt in Chiapas herzustellen.

Es ist wahrscheinlich überflüssig darauf hinzuweisen, dass keine ernstzunehmende empirische Untersuchung es ermöglicht, die interethnischen oder sozialen Spannungen in Mexiko als einen Bürgerkrieg zu definieren. Die kriegerischen Auseinandersetzungen der letzten Jahre zwischen den zapatistischen Kämpfern und den regulären Truppen, oder paramilitärischen Gruppen, die Militarisierung des ganzen Landes, weisen nicht die Züge eines Krieges auf, sondern die eines Prozesses der mangelnden Kontrolle und Gesetzlosigkeit. Das kriegerische Bild ist bei den Zapatisten symbolpolitisch gemeint. Die Gruppe zeigt sich der Öffentlichkeit in militärischen Uniformen und mit konventionellen Waffen. Die in den Medien verbreitete Tracht,

---

[17] Über den Tabak als Wert der Transkulturisierung siehe die klassische Studie von ORTIZ 1947.

der Name „Zapata", ebenso wie die Patronengürtel und die Gewehre bestätigen die Wiederverwendung folkloristischer Bilder aus der Mexikanischen Revolution. Es ist auch kein Zufall, dass sich der Subkommandant „Marcos" nennt. Ein Name, der eine kriegerische und kampflustige Figur andeutet.

In vielen verbreiteten Bildern von und über den EZLN, tauchen der „Subkommandant Marcos", aber auch andere „Kämpfer" auf Pferden reitend auf. Aus logistischen Gründen ist es möglich, dass die Nutzung von Zugtieren für die Fortbewegung in den waldigen Gebieten von Chiapas noch nützlich ist; eine ernste militärische Schlacht würde dennoch schnell deutlich machen, dass die heutige technische Entwicklung andere Anforderungen stellt. Bekanntlich ist das „Pferd" eine der wichtigsten Allegorien der Macht, der Überlegenheit und des Heroismus in der europäischen Kultur. Es ist nicht unwahrscheinlich, dass der EZLN versucht, einen Teil jenes Kapitals zurückzugewinnen, aber das Bild der Kämpfer und des Herrschers zu Pferd spricht in diesem Fall mit größter Wahrscheinlichkeit eine der Hauptfiguren der nationalen Geschichte an: die Mexikanische Revolution. Andererseits verkörpert das Pferd aus ideologischer Sicht und aus der Sicht der indigenistischen Plattform des Zapatismus auch die Souveränitätserklärung einer indianischen „Nation", die sich hinter den Masken verbirgt und in den „Wäldern" überlebt[18].

Trotz dieser und anderer Beobachtungen fällt in der Ikonographie des EZLN als einer Bewegung, die für die ethnischen Rechte kämpft, auf, dass die ursprünglich indianischen Symbole nicht nur selten sind, sondern, wenn sie benutzt werden, auch noch als klassische akkulturierte Werte der nationalen mexikanischen Identität verwendet werden. So erscheint heute beispielsweise in dem politischen Diffusionsmaterial der Gruppe eine kleine Figur mit dem Namen *Durito*, welche die vorkolumbische und die kriegerische Identität der Bewegung verkörpern soll.

3 Der EZLN und die Demokratie in Mexiko

3.1 Die politische Ethnisierung der Demokratie

Die Vielzahl möglicher Gründe ethnischer Konfliktivität verweigern der Politikwissenschaft einfache Erklärungen. Es ist jedenfalls unbestreitbar, dass die gegenwärtigen ideologischen Krisen und der, im Verhältnis zum Fortschreiten der sogenannten

---

[18] Es ist zu betonen, dass der „Wald" als Ort der Gründung der freien Nation Mexikos durchaus eine Kritik an der mit der europäischen „Invasion" beginnenden „Zivilisierung" transportiert, was gleichzeitig ein Resultat einer akkulturierten Mythologie ist, die den Indianer mit der primären Natur identifiziert.

Globalisierung, relative Verfall der nationalstaatlichen Kohäsion zu einer Zuspitzung der ethnischen Konflikte auf der ganzen Welt geführt haben. Auch in Lateinamerika ist es wahrscheinlich, dass die Ethnisierung der Politik in erster Instanz auf diesem epochalen Phänomen beruht. Es darf weiterhin nicht außer Betracht gelassen werden, dass gerade die Demokratisierungsprozesse neue Arten der politischen Beteiligung förderten. Die ethnischen Forderungen sind weder notwendigerweise disfunktional, noch unlösbar. Größtenteils schaffen sie einen Fortschritt und keinen Rückschritt demokratischer Qualitäten. Auch Mexiko fällt hier nicht aus der Reihe. Die Öffnung des politischen Systems, hat zusammen mit der Zersplitterung ehemaliger sozialer Ideen, zur Bildung neuer Identitäten beigetragen, zu denen die neuen indianischen Bewegungen zählen. Das Land hat sich immer größeren Herausforderungen gestellt. Die Demokratie hat neue politische Hoffnungen genährt, während die Integration mit den Vereinigten Staaten und Kanada auf Kosten neuer Arten der sozialen Selektion vorangeht.

Aber es war und ist nicht nur die starke politische Kontrolle der regierenden Elite oder die geringe demokratische Performanz des Landes, sondern auch die politische Apathie vieler der betroffenen Sektoren, ihre Unfähigkeit, kontinuierliche Strukturen zu schaffen, welche nachhaltige politische Aktionen seitens der ethnischen Minderheiten in Mexiko verhindert haben. In diesem Bündel von Widersprüchen ist der Neozapatismus geboren. Im Namen der Indios zu handeln, ist jedoch keine neue Versuchung. Viel stärker als seine historischen Vorläufer allerdings will der Neozapatismus soziale und ethnische Forderungen in einen einzigen Diskurs integrieren. Die gesamte politische Aktion hat sich um die Aufdeckung sozialer Ungerechtigkeit und ethnischer Segregation gedreht. Dadurch hat der EZLN, trotz seiner anachronistischen und gewaltsamen Sprache, zu einer ernsthaften und öffentlichen Diskussion über die großen Mängel der mexikanischen Demokratie beigetragen. Die Kritik am Verhalten der traditionellen politischen Parteien gegenüber den sozialen und ethnischen Forderungen sowie die Eingliederung von Mechanismen direkter Demokratie – auch wenn es praktisch unmöglich ist, deren Konsistenz zu überprüfen – hat der Wiederbelebung einer Idee von authentischer und partizipativer Demokratie in der Gesellschaft gedient. Dank dem EZLN wurde auf nationaler und internationaler Ebene auf die äußerst schlechten sozialen und politischen Verhältnisse aufmerksam gemacht, in denen die ethnischen Minderheitsgruppen in Mexiko leben.

Es gibt genügend Beweise, dass sich der EZLN, trotz seiner kriegerischen Auflehnung, ehrlich um eine friedliche Vermittlung der sozialen Defizite in Mexiko bemüht hat, während die mexikanische Regierung den Konflikt zu eigenen machtpolitischen Zwecke zu nutzen versuchte, anstatt ernsthaft einen Kompromiss zu suchen. Die direkte oder über „indianische" Gruppen erfolgte Militarisierung der Region und die politische Bestechung der indianischen Führer in den Kommunen beweisen zusätzlich die geringen Möglichkeiten und die geringe Absicht der herrschenden Eliten, einen demokratischen Wechsel im Süden Mexikos zu fördern. Der Indianismus des EZLN ist aber, trotz der gerechten Forderungen, ein neuer, im Grunde zerbrechlicher Treffpunkt, der alte Ungewissheiten der radikalen Linken Mexikos weiterträgt.

3.2 Klasse, Ethnie oder Nation

Abschließend könnte man zwei Scheidewege aufzeigen, mit denen der EZLN konfrontiert ist. Seine politische Zukunft und sein Beitrag zu einer pluralistischen und sozialen Demokratie in Mexiko hängt von seiner Entscheidung über den einzuschlagenden Weg ab: a) Chiapas als ein Klassenkampf oder als ethnische Autonomie; b) Chiapas als Weg zu einer indianischen Föderation oder als Neugründung der mexikanischen Nation.

(a) Die Polemik zwischen Marxisten und Indigenisten prägt die gesamte Geschichte der mexikanischen Linken. Die Sozialkritik in Mexiko war immer einer Spannung zwischen der Theorie des Klassenkampfes und der Theorie der indianischen Segregation unterworfen. Die Indigenisten und später auch die Indianisten haben den Marxismus immer wegen des ethnozentrischen Tons seines sozialen Modells kritisiert; diese haben dagegen jenen die nationalistische und kleinbürgerliche Ideologie ihrer Programme vorgeworfen. Der EZLN war – als Ergebnis der Konvergenz des Geistes der 68er, des revolutionären Christentums und nicht zuletzt des Scheiterns der real-existierenden sozialistischen Modelle – ein Versuch der Synthese zwischen Indianismus und Marxismus. Ihm ist es gelungen, miteinander inkompatible Motive in einer völlig ambivalenten Diskursform aufzuheben. Auf lange Sicht wird diese Unbestimmtheit zwangsläufig zu inneren Konflikten in der Bewegung führen. Eine andauernde Indigenisierung der politischen Sprache wird eine Ausweitung des EZLN auf das gesamte Land verhindern; gleichzeitig ist ein Aufeinanderprallen seiner radikalisierten, sozialen Forderungen mit den indianistischen Modellen nicht unwahrscheinlich.

(b) Die Kapitel, in denen die Vorschläge des EZLN zur konstitutionellen Reform ausgeführt werden, sind ein weiteres Beispiel der Ambivalenz. In den Abkommensvorschlägen und in den Deklarationen wird von „Autonomie" gesprochen und von

Mexiko als pluriethnischem Staat. Auch in diesem Fall ist die Unbestimmtheit groß und wird früher oder später zu immer größeren Reibungen in der zapatistischen Bewegung führen. Der EZLN will nicht wahrnehmen, dass die Idee einer, durch gemeinsame Symbole und durch eine gemeinsame Sprache und Kultur vereinten, mexikanischen Nation nicht mit der Schaffung einer Föderation indigener Gemeinden kompatibel ist. Alleine das Bild Mexikos als Summe kleiner, ethnisch bestimmter Staaten widerspricht der Auffassung des heutigen Staates und der heutigen Gesellschaft, die sich als eine vereinte und multiethnische Nation begreift.

Literatur

AGUIRRE BELTRÁN, Gonzalo (1957): El proceso de aculturación. – Mexiko.
ALCINA FRANCH, José (Hg. 1990): Indianismo e indigenismo en América. – Madrid.
BELLINGHAUSEN, Hermann (Hg. 1988): Pensar el 68. – Mexiko.
BONFIL BATALLA, Guillermo (1981): Utopía y Revolución. – Mexiko.
BRIESEMEISTER, Dietrich u. Klaus ZIMMERMANN (Hg. 1996): Mexiko heute. Politik. Wirtschaft. Kultur. – Frankfurt am Main.
COHEN, Abner (1974): Two-dimensional man. An essay on the anthropology of power and symbolism in complex society. – Berkeley.
COTT, Donna Lee Van (Hg. 1994): Indigenous peoples and democracy in Latin America. – New York.
DÍAZ POLANCO, Héctor (1996): Autonomía regional. La autodeterminación de los pueblos indígenas. – Mexiko.
DÍAZ POLANCO, Héctor (1998): La rebelión zapatista y la autonomía. – Mexiko.
DÍAZ POLANCO, Héctor (Hg. 1991): Etnia y Nación en América Latina. – Mexiko.
EDELMAN, Murray (1976): Politik als Ritual. – Frankfurt am Main.
ELDER, Ch. u. R. W. COBB (1983): The political use of symbols. – Nueva York.
ESCOBAR, Antonio u. Sonia ALVAREZ (Hg. 1992): The making of social movements in Latin America: Identity, strategy and democracy. – Boulder.
EZLN, véase las páginas en el Internet: http://www.ezln.org.
GANTER, Stephan (1995): Ethnizität und ethnische Konflikte. Konzepte und theoretische Ansätze für eine vergleichende Analyse. – Freiburg.
GLEICH, v. Utta (Hg. 1997): Indigene Völker in Lateinamerika. Konfliktfaktor oder Entwicklungspotential? – Frankfurt am Main.

GOFFMAN, Erwin (1969): Wir alle spielen Theater. Die Selbstdarstellung im Alltag. – München.

GURR, Ted R. u.a. (1998): Minorities at risk. A global view of ethnopolitical conflicts. – Washington.

GUTIÉRREZ ESTÉVEZ, Manuel u.a. (Hg. 1992): De palabra y obra en el Nuevo Mundo. 2. Encuentros interétnicos. – Madrid.

HOFMEISTER, Wilhelm u. Joseph THESING (Hg. 1996): Der Wandel politischer Systeme in Lateinamerika. – Frankfurt am Main.

Instituto Indigenista Interamericano, en: *América Indígena* 1987 ff.

KRAUZE, Enríque (1997): La presidencia imperial. Ascenso y caída del sistema político mexicano (1940-1996) – Mexiko.

KRIECKERBERG, Walter (1956): Altmexikanische Kulturen. – Berlin.

LAFAYE, Jacques (1977): Quetzalcóatl y Guadalupe. – Mexiko.

LAUTH, Hans-Joachim u. Hans-Rudolf HORN (Hg. 1995): Mexiko im Wandel. – Frankfurt.

MARCOS (1996): Botschaften aus dem Lakandonischen Urwald. – Hamburg.

MARZAL, Manuel (1981): Historia de la antropología indigenista: Méxiko y Perú. – Lima.

MEYER, Thomas (1992): Die Inszenierung des Scheins. – Frankfurt am Main.

MITTELSTÄDT, Hanna u. Lutz SCHULENBERG (Hg. 1997): Der Wind der Veränderung. – Hamburg.

MOLS, Manfred (1981): Mexiko im 20. Jahrhundert. – Paderborn.

ORTÍZ, Fernando (1947): Cuban Counterpoint. Tobacco and Suggar.

PSACHAROPOULOS, Georg u. Harry Anthony PATRINOS (Hg. 1994): Indigenous people and poverty in Latin America. An empirical analysis. – Washington.

SÁNCHEZ, Consuelo (1999): Los pueblos indígenas: del indigenismo a la autonomía. – Mexiko.

SÁNCHEZ, Enríque (Hg. 1997): Derechos de los pueblos indígenas en las Constituciones de América Latina. – Bogotá.

SEVILLA, Rafael u. Arturo AZUELA (Hg. 1993): Mexiko. Die institutionalisierte Revolution. – Bad Unkel.

STAVENHAGEN, R. (Hg. 1996): Ethnic conflicts and the nation-state. – New York.

TOBLER, Hans Werner (1984): Die mexikanische Revolution. – Frankfurt am Main.

TRAINE, Martin (1998): 1968: The Latin American Revolution reaches Europe. – Concordia 35.

WALDMANN, Peter u. Georg ELWERT (Hg. 1989): Ethnizität im Wandel. – Saarbrücken.

Anschriften der Autoren und Herausgeber

Dr. Anna-Maria Brandstetter, Institut für Ethnologie und Afrika-Studien, Johannes Gutenberg-Universität Mainz, Forum 6, 55099 Mainz

Dr. Erhard Franz, Deutsches Orient-Institut, Mittelweg 150, 20148 Hamburg

Prof. Dr. Günter Meyer, Geographisches Institut, Johannes Gutenberg-Universität Mainz, 55099 Mainz

Dr. Richard Rottenburg, Vergleichende Kultur- und Sozialanthropologie, Europa-Universität Viadrina, Große Scharrstr. 59, 15230 Frankfurt/Oder

Prof. Dr. Siegmar Schmidt, Institut für Politikwissenschaft, Universität Landau, Kaufhausgasse 9, 76829 Landau

Dr. Susanne Schröter, Institut für Ethnologie und Afrika-Studien, Johannes Gutenberg-Universität Mainz, Forum 6, 55099 Mainz

Prof. Dr. Jörg Stadelbauer, Institut für Kulturgeographie, Universität Freiburg, Werderring 4, 79085 Freiburg

Andreas Thimm, M. A., Studium generale, Johannes Gutenberg-Universität Mainz, 55099 Mainz

Dr. Martin Traine, Arbeitskreis Spanien, Portugal, Lateinamerika, Universität Köln, Albertus-Magnus-Platz, 50923 Köln

Dr. Christian Wagner, Lehrstuhl für Internationale Politik und Entwicklungszusammenarbeit, Universität Rostock, 18051 Rostock

Veröffentlichungen des Interdisziplinären Arbeitskreises Dritte Welt der Johannes Gutenberg-Universität Mainz

Bd. 1: Menschenrechte und Menschenbild in der Dritten Welt. 1982 vergriffen

Bd. 2: Ökologische Probleme in der Dritten Welt. Hrsg. v. Erdmann Gormsen und Andreas Thimm. 1989. IV, 158 S. Karten, Tabellen. ISBN 3-927581-00-3 DM 12,--
Udo Ernst Simonis: Entwicklung und Umwelt - ein Plädoyer für mehr Harmonie.
Wendelin Klaer: Hilfe für Bauern durch Partnerschaft der Hochschulen - Das "Projet Agricole et Social Interuniversitaire" der Johannes Gutenberg-Universität Mainz und der Nationaluniversität von Ruanda.
Horst G. Mensching: Desertifikation. Ein folgenschweres Problem der ökologischen Degradierung in der Dritten Welt - das Beispiel Sahelzone.
Wolfgang Hein: "American Way of Life" und ökologische Probleme in Zentralamerika.
Gerd Kohlhepp: Umweltprobleme in der Dritten Welt. Das Beispiel Amazonien.
Volkmar Hartje: Die Instrumente einer Nord-Süd-Umweltpolitik - Möglichkeiten und Grenzen.

Bd. 3: Frauen in der Entwicklung Afrikas und Lateinamerikas. Hrsg. von Elisabeth Grohs. 1989. XII, 112 S. ISBN 3-927581-01-1 DM 12,--
Eva-Maria Bruchhaus: Frauenselbsthilfegruppen - Schlüssel zur Entwicklung aus eigener Kraft oder Mobilisierung der letzten Reserven?
Elisabeth Grohs: Traueninitiativen und staatliche Intervention in Tanzania.
Regula Frey-Nakonz: Wandel zum Handel - Auswirkungen zunehmender Marktintegration auf Frauen in Südbenin.
Veronika Bennholdt-Thomsen: Überleben in der Wirtschaftskrise und die Würde des Menschen - zwei Beispiele aus Mexiko.
Renate Rott: Strukturen der Frauenerwerbsarbeit im urbanen Bereich am Beispiel Brasiliens - eine Fallstudie aus dem Nordosten (Fortaleza, CE.).

Bd. 4: Armut und Armutsbekämpfung in der Dritten Welt.
Hrsg. von Erdmann Gormsen und Andreas Thimm. 1990. 192 S., 1
Karte, 14 Diagramme, 7 Tabellen
ISBN 3-927581-02-X   DM 16,--

Andreas Thimm: Menschenrechte und Grundbedürfnisse.
Ulrich Duchrow: Geld für wenige oder Leben für alle? Kirche und Kapitalismus angesichts der Schuldenkrise.
Werner Lachmann: Ökonomische Aspekte zur Überwindung der Not in der Dritten Welt.
Günter Meyer: Der informelle Wirtschaftssektor als Möglichkeit zur Überwindung der Armut in der Dritten Welt - Das Beispiel des produzierenden Kleingewerbes in Kairo.
Klaus Bodemer: Krisenverwaltung oder politische Verhandlungslösung? Bemerkungen zum Schuldenmanagement und seinen entwicklungspolitischen Implikationen.
Dieter Uthoff: Das Nahrungspotential der Meere. Ein Beitrag zur Lösung der Ernährungsprobleme in Ländern der Dritten Welt?

Bd. 5:   Entwicklungskonzeptionen im Vergleich.
Hrsg. von Erdmann Gormsen und Andreas Thimm. 1991. 144 S.
ISBN 3-927581-03-8   DM 16,--

Werner Lachmann: Institutional Economics und Entwicklungspolitik.
Nikolaus Werz: Auf dem Wege zur Marktwirtschaft? Neuere Entwicklungen in Lateinamerika.
Eberhard Sandschneider: Modellfall oder Sonderweg? Strategische Erfolgsfaktoren in den Entwicklungskonzeptionen der Ostasiatischen Industrieländer.
Karl Wolfgang Menck: Entwicklungskonzeptionen für Afrika.

Bd. 6:   Zivilgesellschaft und Staat in der Dritten Welt.
Hrsg. von Erdmann Gormsen und Andreas Thimm. 1992. 166 S.
ISBN 3-927581-04-6   DM 16,--

Reinhart Kössler: Zivilgesellschaft in der Dritten Welt?
Dieter Neubert: Zur Rolle von freien Vereinigungen beim Aufbau einer afrikanischen Zivilgesellschaft.

Peter Thiery: Zivilgesellschaft, Staat und Entwicklung im Kontext neoliberaler Anpassungsstrategien. Die Beispiele Chile und Peru.

Dietmar Rothermund: Staat und Gesellschaft in Indien nach Erlangung der Unabhängigkeit.

Gudrun Krämer: Staat und Zivilgesellschaft im Nahen und Mittleren Osten. Das Beispiel Ägypten.

Bd. 7: Migration in der Dritten Welt.
Hrsg. von Erdmann Gormsen und Andreas Thimm. 1993. 188 S., 17 Karten, 13 Diagramme, 10 Tabellen.
ISBN 3-927581-05-4   DM 16,--

Erdmann Gormsen: Internationale Migration - Begriffe, Hintergründe, Folgen. Ein weltweiter Vergleich.

Bernd Wiese: Wanderungsbewegungen in Westafrika.

Georg Stauth: Arbeitsmigration und Restrukturierung ländlicher Gesellschaft. Das Fallbeispiel Ägypten.

Thomas Schwarz: Migrationssysteme in Ostasien.

Peter Imbusch: Flucht und Migration in Lateinamerika.

Martina Schöttes: Frauenspezifische Verfolgung und Fluchtmotive.

Bd. 8: Megastädte in der Dritten Welt.
Hrsg. von Erdmann Gormsen und Andreas Thimm. 1994. 192 S.
ISBN 3-927581-06-2   vergriffen

Bd. 9: Kunst, Literatur und Gesellschaft. Zur Rezeption und Bedeutung von Kunst und Literatur in der Dritten Welt.
Gerhard Grohs zu Ehren. Hrsg. von Dieter Neubert und Andreas Thimm. 1995. 80 S. ISBN 3-927581-07-0   DM 16,--

Dieter Janik: Literatur als gesellschaftliche Notwendigkeit der unabhängigen Staaten Spanischamerikas.

Ulla Schild: Vermittlung am Kreuzpunkt der Kulturen - eine biographische Skizze des Afrikanisten Janheinz Jahn.

Karl-Heinz Kohl: Kriterien ästhetischer Wahrnehmung und außereuropäische Kunst.

Godehard Czernik: Fassaden - aus dem Zettelkasten der Architektursoziologie.

Bd. 10: Tourismus in der Dritten Welt. Hrsg. von Günter Meyer und Andreas Thimm. 1996. 190 S., 4 Karten, 25 Diagramme, 29 Tabellen. ISBN 3-927581-08-9   DM 16,--

Erdmann Gormsen: Tourismus in der Dritten Welt - ein Überblick über drei Jahrzehnte kontroverser Diskussion.

Bernhard Müller: Naturschutz durch Tourismus? Probleme und Perspektiven des Ökotourismus in Entwicklungsländern.

Dieter Uthoff: Tourismus in Südostasien - Klischees und Realitäten. Ein Versuch der Korrektur eurozentrischer Vorstellungen.

Karl Vorlaufer: Tourismus in Kenya - Klischees und Realität.

Thomas Immelmann: Der lange Weg zum „sustainable management": Umwelt und Tourismus in der Dritten Welt am Beispiel der Malediven.

Christa Dammermann: Tourismus und Kinderprostitution - eine moderne Form der Sklaverei.

Bd. 11: Strukturanpassung in der Dritten Welt – wirtschaftliche, soziale und politische Folgen. Hrsg. von Günter Meyer und Andreas Thimm. 1997. 145 S., 9 Diagramme, 13 Tabellen. ISBN 3-927581-10-0   DM 16,--

Margareta E. Kulessa: Wirtschaftliche und soziale Auswirkungen der Strukturanpassungspolitik: Theorie und Praxis.

Tilman Altenburg: Wirtschaftliche und soziale Auswirkungen der Strukturanpassung in Zentralamerika.

Günter Meyer: Strukturanpassung in Ägypten - Wirtschaftliches Wachstum auf Kosten der Armen?

Gerhard Grohs: Tanzania. Folgen der Strukturanpassung.

Walter Thomi: Von der makroökonomisch konditionierten Nothilfe zur strukturellen Entwicklung? Zur Strukturanpassungspolitik in Afrika südlich der Sahara am Beispiel Ghana.

Bd. 12: Globalisierung und Lokalisierung – Netzwerke in der Dritten Welt. Hrsg. von Günter Meyer und Andreas Thimm. 1997. 145 S., 3 Karten, 4 Diagramme.
ISBN 3-927581-11-9 DM 16,--

Wolfgang Hein: Globalisierung und die Krise des Fordismus.
Jörn Dosch und Jörg Faust: Internationale Netzwerke im asiatisch-pazifischen Raum.
Helmut Buchholt: Chinesen im Entwicklungsprozeß Südostasiens.
Roman Loimeier: A World Wide Web: Das religiöse Netzwerk der Familie Niass (Senegal).
Anton Escher: Syrische Netzwerke in Venezuela.

Bd. 13: Naturräume in der Dritten Welt – Ausbeutung, nachhaltige Entwicklung oder Schutz? Hrsg. von Günter Meyer und Andreas Thimm. 1999. 202 S., 11 Karten, 22 Diagramme, 14 Tabellen.
ISBN 3-927581-12-7 DM 19,--

Ute Luig: Naturschutz im Widerstreit der Interessen im südlichen Afrika.
Hubert Job und *Sabine Weizenegger:* Anspruch und Realität einer integrierten Naturschutz- und Entwicklungspolitik in den Großschutzgebieten Schwarzafrikas.
Jörg Grunert und *Martin Kappas:* Desertifikation im Sahel Westafrikas. Neuere Forschungsergebnisse aus dem Oudalan im Norden von Burkina Faso.
Jan-Peter Mund, Martin Doevenspeck und *Suhel al-Janabi:* Aufbau nachhaltiger dörflicher Forstressourcen in der Côte d'Ivoire. Ansätze für eine Gemeindewaldbewirtschaftung in den westafrikanischen Tropenwaldregionen.
Manfred Nitsch: Amazonien zwischen Raubbau, nachhaltiger Nutzung und Naturschutz. Zu den Konsequenzen von alternativen Denkmustern und Diskursen über die „Grenze".
Dieter Uthoff: Mangrovewälder in Südostasien. Nachhaltige Nutzung versus Degradierung und Zerstörung.
Dagmar Haase und *Annegret Haase:* Integrative Ansätze zu Umweltschutz und Gesellschaftsentwicklung im nepalesischen Himalaya.

Bd. 14: Ethnische Konflikte in der Dritten Welt. Ursachen und Konsequenzen. Hrsg. von Günter Meyer und Andreas Thimm. 2001, 236 S., 11 Karten, 2 Diagramme, 2 Tabellen.
ISBN 3-927581-14-3   DM 19,--

Siegmar Schmidt: Ursachen ethnischer Konflikte in der Dritten Welt – einige Thesen.

Susanne Schröter: Nationale oder lokale Identität? Ethnische und religiöse Interpretation sozialer Konflikte in Indonesien.

Christian Wagner: Demokratie, Ethnizität, Globalisierung: der Fall Sri Lanka.

Eberhard Franz: Unregierbares Volk ohne Staat – die Kurden: das Beispiel Nordirak.

Jörg Stadelbauer: Krisenregion Kaukasien: Ethnographische Differenzierung, politische Konfliktpotentiale und wirtschaftliche Entwicklungschancen.

Anna-Maria Brandstetter: Die Ethnisierung von Konflikten in Zentralafrika.

Richard Rottenburg: Tod am Gazellenfluss. Staat, Souveränität und Repräsentation im heutigen Sudan.

Andreas Thimm: Ethnisch-politische Probleme der Modernisierung in den peruanischen Anden.

Martin Traine: Zur Instrumentalisierung von Ethnizität: Der Fall Chiapas.

Bd. 15: Wasserkonflikte in der Dritten Welt.
Hrsg. von Günter Meyer und Andreas Thimm. 2001, ca. 210 S.
ISBN 3-927581-15-3   DM 19,--
Erscheint im Herbst 2001

Bitte richten Sie die Buchbestellungen an:
Interdisziplinärer Arbeitskreis Dritte Welt, Studium generale, Universität Mainz,
55099 Mainz, Fax: (06131) 3923168, E-mail: thimm@mail.uni-mainz.de